A CAVERNA NA NEVE

A jornada de *Tenzin Palmo* rumo à iluminação

Vicki Mackenzie

A CAVERNA NA NEVE

A jornada de *Tenzin Palmo* rumo à iluminação

"*A caverna na neve* é repleto de insights extraordinários. É um livro para se levar a uma ilha deserta — um livro sem o qual não se pode realmente viver." TRICYCLE

© 1998 por Vicky Mackenzie
Publicado originalmente por Bloomsbury Publishing Inc.

Direitos desta edição:
© 2016 Editora Lúcida Letra

Coordenação editorial: Vítor Barreto
Tradução: Lúcia Brito
Projeto gráfico de miolo: Bibi | Studio Creamcrackers
Projeto gráfico de capa: Juliana Braga | Studio Creamcrackers
Preparação: Heloísa de Andrade
Revisão: Rafaela Valença, Fabio José Alfredo Santos da Rocha

1ª edição - 09/2016, 3ª tiragem - 09/2022

Dados Internacionais de Catalogação na Publicação (CIP)

M156c   Mackenzie, Vicki.
    A caverna na neve : a jornada de Tenzin Palmo rumo à iluminação / Vicki Mackenzie. – Teresópolis, RJ : Lúcida Letra, 2016.
320 p. : il. ; 23 cm.
Inclui bibliografia.
Tradução de: Cave in the snow.
ISBN 978-85-66864-30-4 (papel)
ISBN 978-85-66864-31-1 (e-book)

1. Tenzin, Palmo, 1943-. 2. Monjas budistas - Biografia. 3. Iluminação (Budismo). 4. Budismo - China - Região Autônoma do Tibet. I. Título.

CDU 294.3-055.2
CDD 294.3923092

Índice para catálogo sistemático:
1. Monjas budistas : Biografia   294.3-055.2
(Bibliotecária responsável: Sabrina Leal Araujo – CRB 10/1507)

Para minha mãe, Rene Mackenzie (1919–1998), a primeira mulher espiritual em minha vida; com profunda gratidão por seu amor, sabedoria e apoio infalíveis.

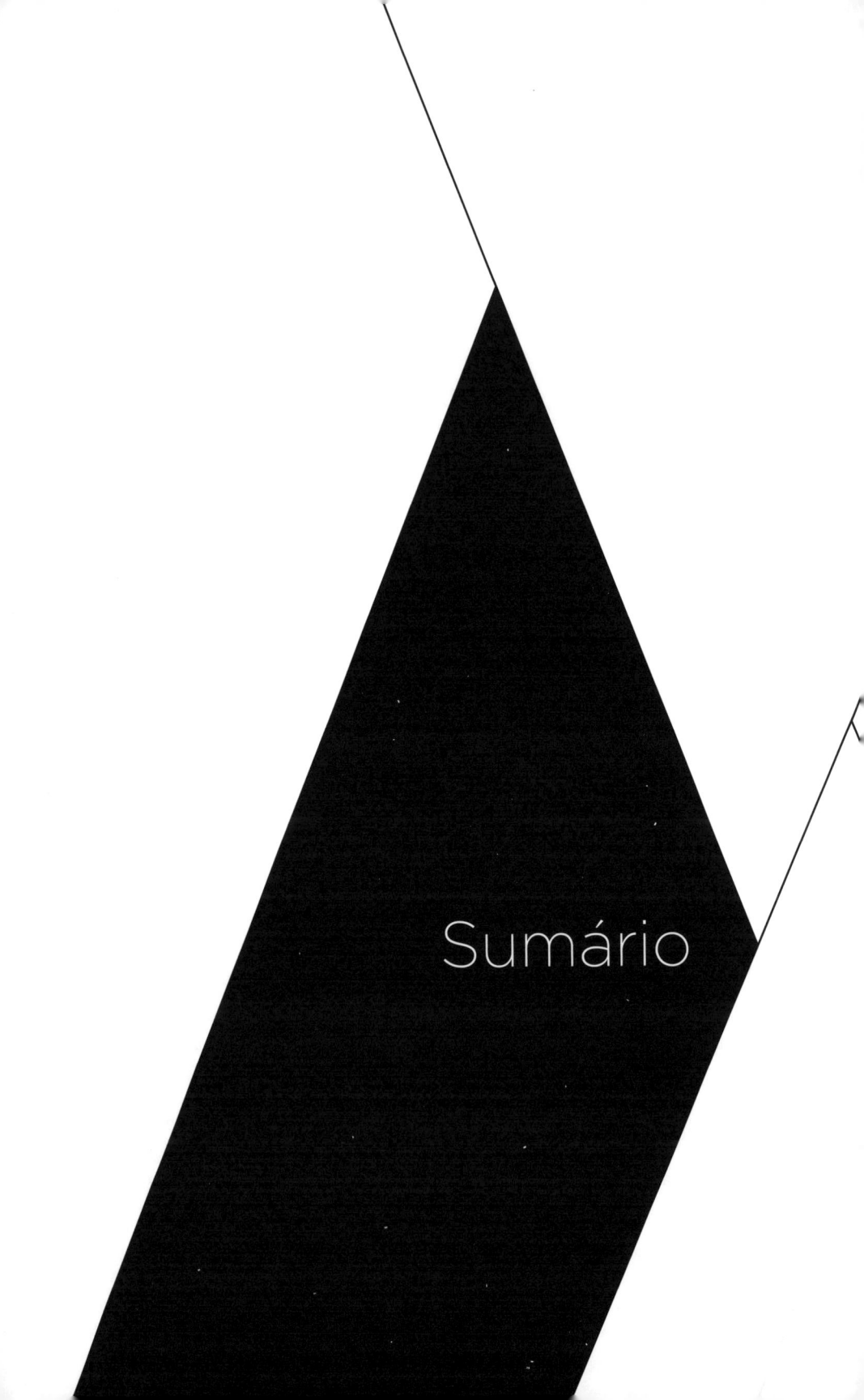

Sumário

1 O encontro, **8**

2 O lugar errado, **18**

3 O alvorecer — encontrando o caminho, **34**

4 O primeiro passo, **53**

5 O guru, **66**

6 O medo do feminino, **81**

7 Lahoul, **101**

8 A caverna, **119**

9 Encarando a morte, **145**

10 A iogue, **166**

11 Jeito feminino, **186**

12 A saída, **206**

13 A visão, **226**

14 O professor, **240**

15 Desafios, **259**

16 É necessário uma caverna?, **278**

17 Agora, **295**

Imagens, **305**

Bibliografia, **314**

Agradecimentos, **316**

Nota da autora, **316**

O Dongyu Gatsal Ling, **317**

Capítulo 7

O encontro

Pensando bem, foi um lugar curioso para conhecê-la. Foi no meio do verão, o lugar era Pomaia, uma cidadezinha empoleirada entre as magníficas montanhas da Toscana, a cerca de uma hora de carro de Pisa. Era fim de tarde e o ar estava tomado pelo cheiro do calor seco e pelo aroma dos pinheiros. Uma mansão outrora grandiosa, com paredes de cor ocre, portas arqueadas imponentes e telhado acastelado tremeluzia ao sol de agosto, e somente o som das cigarras quebrava o silêncio da sesta. Dali a poucas horas, a cidade mais adiante na estrada ganharia vida noturna. Lojinhas vendendo um estranho sortimento de salame, biscoitos e sandálias estariam abertas e os idosos se reuniriam na praça para discutir assuntos municipais e questões do Partido Comunista regional. A plena delícia da Itália, onde todas as coisas parecem conspirar para proporcionar prazer aos sentidos, não poderia fazer um contraste mais radical com o mundo do qual ela viera.

A primeira vez que a vi, ela estava de pé no pátio da mansão, à sombra de um bosquezinho — uma mulher de aparência um tanto frágil, no começo da meia-idade, com pele clara e costas bastante encurvadas. Trajava os mantos castanho-avermelhados e dourados de uma monja budista ordenada, o cabelo cortado rente, da maneira tradicional. Ao redor dela, um grupo de mulheres. Olhando de relance dava para perceber que a conversa era animada; a atmosfera, íntima. Era uma cena cativante, mas não particularmente incomum em um retiro de meditação budista de um mês.

Eu e cerca de cinquenta pessoas nos reunimos lá, vindas de todas as partes do mundo, para participar do curso. Esses eventos haviam se tornado uma parte regular e bem-vinda de minha vida desde que eu, por acaso, havia deparado com lamas no Nepal em 1976 e descoberto a riqueza de sua mensagem. Discussões animadas, tais como a que eu estava presenciando, eram uma pausa bem-vinda nas longas horas sentadas de pernas cruzadas, ouvindo as palavras do Buda ou tentando a árdua empreitada da meditação.

Mais tarde, naquela noite, no jantar sob as estrelas, embebendo grandes nacos de pão em azeite de oliva, o homem sentado ao meu lado fez minha atenção voltar-se de novo para aquela mulher. Ela estava numa mesa, de novo rodeada de gente, falando com entusiasmo.

"Aquela é Tenzin Palmo, a inglesa que passou doze anos meditando em uma caverna a mais de quatro mil metros de altitude nos Himalaias. Durante todo esse tempo ela ficou totalmente sozinha. Ela acaba de sair", disse ele.

Dessa vez meu olhar foi mais do que passageiro.

É claro que ao longo dos anos eu havia lido sobre tais personagens — os grandes iogues do Tibete, Índia e China que renunciavam a todo conforto mundano para vagar até alguma caverna remota e se dedicar à meditação profunda por anos a fio. Eram os virtuosos espirituais, seu caminho era o mais difícil e mais solitário de todos. Totalmente sozinhos, vestidos com uma túnica simples ou uma tanga frágil, encaravam a fúria dos elementos — vendavais uivantes, nevascas ferozes, frio congelante. O corpo ficava horrivelmente emaciado, o cabelo crescia emaranhado até a cintura. Encaravam animais selvagens e bandos de ladrões que, sem consideração por sua santidade, surravam-lhes brutalmente e os deixavam à morte. Mas tudo isso não era nada comparado a encarar os caprichos da própria mente. Lá, isolados das distrações da vida comum, todos os demônios que jaziam logo abaixo da superfície começavam a se levantar e a provocar. A raiva, a paranoia, os anseios, a luxúria (especialmente a luxúria). Estes também tinham de ser subjugados para a conquista da vitória. Todavia eles perseveravam. O que eles queriam era o prêmio mais cintilante de todos — a iluminação, uma mente escancarada, abrangendo a realidade universal. Um estado no qual o incognoscível é conhecido. Nada menos que a onisciência. E, acompanhando-a, uma felicidade sublime e uma paz inconcebível. Era o estado de evolução mais elevado que a humanidade poderia alcançar um dia.

Assim eu havia lido. Nunca pensei que de fato encontraria uma pessoa dessas, mas lá em Pomaia, Itália, estava uma personagem aparentemente saída das páginas dos mitos e lendas, de momento casualmente sentada entre nós como se não tivesse feito nada mais significativo do que simplesmente descer de um ônibus de uma viagem de compras. Além disso, não era um iogue oriental, como os mencionados nos contos, mas um ocidental contemporâneo. Mais surpreendente ainda, uma mulher.

A mente zunia com uma miríade de perguntas. O que havia levado uma inglesa moderna a viver em um buraco escuro e úmido na encosta de uma montanha como uma mulher das cavernas atual? Como ela sobrevivera àquele frio extremo? O que fizera em termos de comida, banho, cama, telefone? Como havia vivido sem o calor da companhia humana por todos aqueles anos? O que havia obtido? E, mais curiosamente, como ela emergia daquele silêncio e solidão excessivos tão tagarela quanto uma mulher em um coquetel?

O acesso súbito de curiosidade, no entanto, foi rapidamente seguido por uma admiração incontida e um pouco de temor. Aquela mulher se aventurara onde eu sabia que jamais pisaria. Sua sede de conhecimento, ao contrário da minha, a empurrara para além dos limites seguros de um curso de meditação de quatro semanas, com cláusula de saída garantindo um rápido retorno à vida normal. Retiro – eu sabia por uma experiência deploravelmente pequena – é um trabalho infinitamente difícil, envolvendo uma interminável repetição das mesmas preces, dos mesmos mantras, das mesmas visualizações, das mesmas meditações — dia após dia. Você senta na mesma almofada, no mesmo lugar, vendo as mesmas pessoas, no mesmo local. Para alguém mergulhado no *ethos* moderno de estímulos constantes e mudanças rápidas, o tédio é insuportável. Apenas o menor vislumbre de consciência e a sensação inusitada de calma profunda fazem-no valer a pena. Em última análise, retiro é um teste de resistência, coragem e fé no objetivo final.

No dia seguinte eu a vi no jardim novamente, desta vez sentada sozinha e, avistando ali a minha chance, eu me aproximei. Ela se importaria se me juntasse a ela por um instante? O sorriso abriu-se de orelha a orelha como saudação e um par de olhos azuis dos mais penetrantes fitou os meus sem se desviar. Havia calma ali, bondade, riso também, mas a qualidade mais excepcional era uma luminosidade inconfundível. A mulher praticamente resplandecia. De fato, ela era uma pessoa de aparência muito interessante — tinha feições marcantes, nariz comprido pontudo e orelhas pequenas e delicadas. Talvez fosse o cabelo cortado rente e a falta de maquiagem, mas também havia algo decididamente andrógino nela, como se um macho sensível estivesse alojado ali dentro.

Começamos a conversar. Ela me disse que agora estava morando em Assis, em uma casinha no jardim da residência de uma amiga e que estava gostando imensamente. Disse que havia sido chamada para ali quando seu tempo na caverna chegara ao fim. Parecera um lugar natural para ir. Fiquei sabendo que ela havia sido ordenada em 1964, quando tinha apenas 21 anos de idade, muito antes da maioria de nós sequer saber que o budismo tibetano existia. Isso fazia dela, eu concluí, a monja do budismo tibetano mais antiga do mundo ocidental. Trinta anos de celibato, no entanto, era muito tempo. Ela alguma vez havia desejado um parceiro, casamento ou filhos em todos aqueles anos?

"Isso teria sido um desastre. Não era meu caminho de jeito nenhum", ela respondeu, jogando a cabeça para trás e rindo. Eu não esperava tamanha animação depois de doze anos em uma caverna.

O que a levara para lá, para a caverna, eu perguntei.

"Minha vida tem sido como um rio, fluindo continuamente na mesma direção", ela respondeu. E adicionou após uma pausa: "O propósito da vida é realizar nossa natureza espiritual. E, para fazer isso, é preciso ir embora e praticar, colher os frutos do caminho; caso contrário, você não tem nada para dar a ninguém".

Não havia nada de que ela sentisse falta?

"Eu sentia falta do meu lama, fora isso, de nada. Fui muito feliz lá e tinha tudo que eu queria", disse ela calmamente.

Usando o argumento mais levantado contra os eremitas por aqueles de nós absortos no mundano, perguntei se ir para uma caverna não era uma fuga, um evadir-se das provações da vida "normal".

"De modo algum. Na minha opinião, a vida mundana é uma fuga", ela retrucou, rápida como um raio. "Quando você tem um problema, pode ligar a televisão, telefonar para um amigo, sair para tomar um café. Em uma caverna, no entanto, você não tem ninguém a quem recorrer além de si mesmo. Quando surgem problemas e as coisas ficam difíceis, você não tem escolha a não ser ir até o fim e dar jeito naquilo. Em uma caverna você enfrenta sua própria natureza na forma bruta, tem que encontrar uma maneira de trabalhar e lidar com ela", disse ela. Sua lógica era irrefutável.

Foi um encontro memorável. Tenzin Palmo, como eu tinha presenciado de longe, era notavelmente franca e afável. Também era falante e altamente articulada, exibindo uma mente sagaz e penetrante. Havia revelado ainda uma qualidade de sensatez distintiva que imediatamente dissipava qualquer leitura clichê de uma meditadora "viajandona". E por trás da vivacidade havia uma quietude profunda, uma imensa calma interior, como se nada pudesse ou fosse perturbá-la, não importa o quanto fosse eletrizante. No todo, concluí, ela era uma mulher que impressionava. Quando o curso terminou, pensei que seria pouco provável que nossos caminhos se cruzassem de novo. Então um dia, alguns meses depois, peguei uma revista budista que trazia uma entrevista com Tenzin Palmo. Lá pela metade, enterrada em meio ao texto, havia uma pequena frase:

"Fiz o voto de alcançar a iluminação em forma feminina — não importa quantas vidas demore", Tenzin Palmo havia dito.

Parei. O efeito de suas palavras foi eletrizante, pois o que Tenzin Palmo havia afirmado naquele jeito casual, despretensioso, era simplesmente revolucionário. O que ela havia prometido era tornar-se um buda feminino, e Budas femininos (como Cristos femininos e Maomés femininos) eram decididamente escassos. Com certeza houve muitas mulheres místicas e santas aclamadas em todas as partes do mundo, mas o pleno florescimento da divindade humana, pelo menos nos últimos milhares de anos, havia sido considerado domínio exclusivo do sexo masculino. O corpo feminino, por alguma razão, tinha sido visto como receptáculo inadequado ou indigno para conter o mais sagrado. Agora Tenzin Palmo anunciava publicamente que tinha a intenção de derrubar tudo isso. Era uma declaração ousada, corajosa. Até mesmo imprudente. Algo que poderia facilmente ser descartado como bravata ou pensamento esperançoso, caso não tivesse sido proferido por Tenzin Palmo, com seu excepcional histórico de capacidade de meditação e tenacidade. Era possível que ela conseguisse fazer isso! Se não nesta vida, talvez na próxima ou na seguinte.

Minhas esperanças aumentaram. Era algo que eu esperava há anos. Desde o início da minha busca no budismo, tinham me dito que todos nós possuíamos a semente do pleno despertar, homens e mulheres. Era nosso direito inato, nossa herança natural, diziam os lamas do alto de seus tronos de brocado. O estado de buda brilhava em nosso interior como uma pérola valiosa, e tudo que tínhamos a fazer era revelá-lo. A responsabilidade era nossa e só nossa. Quanto apelo tinha essa filosofia para uma mulher independente fazendo seu próprio caminho no mundo! Era preciso vidas de diligência e esforço, os lamas prosseguiam; mas, se nos lançássemos nessa jornada, o magnífico prêmio por fim seria nosso.

Esta, pelo menos, era a teoria. Na realidade, no entanto, os exemplos de excelência espiritual feminina eram decididamente escassos. Sim, havia budas femininos em grande quantidade em pintura e gesso — prestando homenagem ao ideal da divindade feminina em todas as suas várias e maravilhosas formas. Você podia encontrá-las espalhadas por toda parte nas paredes de templos e pelos jardins dos mosteiros, objetos dignos de veneração e prece.

Algumas eram bonitas, algumas pacíficas, outras poderosas ou francamente eróticas. Mas onde estavam os exemplos vivos? Quanto mais eu olhava, mais podia ver que não havia sinal de que as mulheres estivessem chegando a lugar algum no desafio da seleção espiritual. Os lamas que nos ensinavam eram do sexo masculino, os Dalai Lamas (todos os catorze) eram do sexo masculino, os poderosos detentores de linhagem que carregavam o peso da tradição inteira eram do sexo masculino; os reverenciados tulkus, os lamas reencarnados reconhecidos, eram do sexo masculino; a vasta assembleia monástica que enchia as salas dos templos e as escolas de aprendizagem era do sexo masculino; a sucessão de gurus que tinha ido ao Ocidente para inspirar novos e ávidos buscadores era do sexo masculino. Onde estavam as mulheres em tudo isso? Para ser justa, não era só o budismo tibetano que era tão carregado na testosterona, mas o budismo do Japão, Tailândia, Sri Lanka, Burma — na verdade, o budismo de todos os países orientais, com a possível exceção de Taiwan. (Minha própria religião de criação, o cristianismo, com sua insistência em um Deus masculino e seu medo dos sacerdotes femininos, não era melhor.) Onde estavam as gurus do sexo feminino para nós mulheres emularmos? De fato, como se parecia a espiritualidade feminina? Não tínhamos ideia. A verdade era que, apesar da palavra do Buda de que todos nós poderíamos avançar pela escada espiritual evolutiva até a iluminação, não havia provas de que as mulheres realmente pudessem fazê-lo. Para as mulheres praticantes sentadas aos pés do lama tentando seguir o caminho, isso era desencorajador, para dizer o mínimo.

Precisávamos com urgência da esperança de que o impossível pudesse tornar-se possível. Nós mulheres precisávamos muitíssimo de heroínas para liderar o caminho. Estava na hora. O século XX tinha visto a emancipação constante e inexorável das mulheres em todas as áreas da vida, exceto na religião. Agora, a instantes do novo milênio, parecia que a última onda da emancipação feminina estava prestes a começar. Se isso acontecesse, seria também a maior. A liberação última das mulheres com certeza seria um buda feminino, um ser onisciente. Tendo em conta a grande intenção de Tenzin Palmo, seu feito já notável de permanecer doze anos em meditação em uma caverna dos Himalaias era subitamente alçado ao reino da iniciativa universal.

Decidi procurá-la novamente. Agora havia muito mais para saber. Quem exatamente era ela, de onde tinha vindo, o que tinha aprendido na caverna, o que a incitara a fazer esse voto — e concordaria ela ser tema de um livro? Relutante, muito relutantemente, ela concordou e mesmo assim só porque inspiraria outras mulheres e ajudaria o seu próprio projeto já em andamento de facilitar a iluminação das mulheres. Assim, no ano seguinte eu a segui por Cingapura, Londres, Seattle, Califórnia e Índia, onde ela levava um estilo de vida muito diferente e, gradualmente, juntei os elementos de sua vida extraordinária e, diriam alguns, muito antinatural. Conversei com pessoas que a conheciam e visitei os lugares centrais da vida dela. Com muita dificuldade encontrei até mesmo a sua caverna e, tendo escalado àquela altitude de ar rarefeito e visto por mim mesma onde ela havia morado, maravilhei-me com novo apreço mediante o que ela havia realizado.

Esta é então a história de Tenzin Palmo — a narrativa da busca da iluminação por uma mulher.

Capítulo 2

O lugar errado

O mundo de onde Tenzin Palmo veio não poderia ser mais distante daquele em que ela viria a se encontrar.

Ela nasceu em uma mansão, Woolmers Park, em Hertfordshire, na biblioteca para ser exata. Não porque tivesse sangue azul, longe disso, mas porque, em 30 de junho de 1943, dia de seu nascimento, a Luftwaffe de Hitler estava bombardeando Londres, e as maternidades da capital haviam sido evacuadas para a paz relativa dos condados vizinhos. Deve ter acontecido alguma coisa terrivelmente errada com as contas, pois, embora tecnicamente já tivesse passado da data e o parto fosse induzido, ela chegou a este mundo sem cílios, sem unhas, sem cabelo e, até a mãe dela disse, muito feia; no entanto, a despeito da aparência pouco atraente do bebê encarquilhado, a mãe foi tomada de aspirações românticas e prontamente deu-lhe o nome de Diane devido a uma popular canção francesa que tinha capturado sua imaginação — mas ela insistia em que fosse pronunciado à moda francesa, que, com a pronúncia inglesa, ficava "Dionne". Ela foi conhecida assim até sua ordenação como monja budista, cerca de vinte e um anos depois, quando adotou o segundo nome de Tenzin Palmo.

Nos primeiros vinte anos de vida, seu lar foi em cima de uma peixaria em Old Bethnal Green Road, 72, em Bethnal Green, ao lado da histórica Old Roman Road, no coração do East End de Londres. Era praticamente o mais distante que se poderia estar das imensas montanhas cobertas de neve e das vastas paisagens abertas dos Himalaias, onde sua alma se libertaria. Hoje, o número 72 da Old Bethnal Green Road não existe mais, e Bethnal Green em si, com suas praças elegantes, vias estreitas e proximidade com o centro corre o risco de se tornar chique. Porém, quando Tenzin

Palmo chegou lá, era uma massa de escombros após a Blitz, e era assim que ela pensava que sempre tivesse sido antes de ter idade suficiente para saber mais. O lugar era populoso, enegrecido, muito enfumaçado, praticamente sem árvores. Desde suas primeiras recordações, ela nunca se sentiu parte dali: "Eu tinha aquela forte sensação de que estava no lugar errado. Ainda hoje nunca me sinto 'certa' na Inglaterra", disse ela.

Seu pai, George Perry, era peixeiro, proprietário da loja no andar de baixo. George era um homem baixinho, vinte anos mais velho que a esposa e gostava de se divertir. Frequentava os "cavalos", os "cães", as salas de música, e, como um *Pearly King*[1], paramentava-se com seu traje de botões de madrepérola sempre que a ocasião exigia. Ele tinha sido gaseado na Primeira Guerra Mundial e, em consequência disso, sofria de bronquite severa. Trabalhar em uma peixaria fria e úmida não ajudou. Ele morreu aos cinquenta e sete anos de idade, quando Tenzin Palmo tinha apenas dois anos.

"Infelizmente, não o conheci, mas ouvi dizer que era um homem muito gentil. Lembro de me contarem que minha mãe, sendo muito mais jovem, gostava de sair para dançar com seus pares de dança, e ele a encorajava, deixando uma refeição pronta em cima da mesa para quando ela chegasse em casa. Sei que ele me desejou muito, depois de ter dois filhos de um casamento anterior. Mas ele não estava mais aqui para mim", ela contou.

Coube à mãe, Lee Perry, uma ex-empregada doméstica, criar Tenzin Palmo e o irmão dela, Mervyn, seis anos mais velho. Lee

---

[1] Pearly Kings and Queens são integrantes de grupos de caridade londrinos surgidos no século XIX; faz parte de sua tradição o uso de trajes profusamente bordados com botões de madrepérola. (N.T.)

era uma mulher extraordinária sob todos os aspectos. Batalhadora, mente aberta, otimista diante da adversidade e, o mais significativo para esta história, uma buscadora espiritual e defensora ferrenha de Tenzin Palmo em todas as suas iniciativas ao longo de toda a vida. Elas eram muito próximas.

"Minha mãe era maravilhosa. Eu a admirava enormemente", disse Tenzin Palmo. "Ela trabalhava arduamente e estava sempre interessada em novas ideias. Também era um espírito livre. Quando conheceu meu pai, ele era separado, mas não divorciado da primeira esposa; todavia ela foi morar com ele e teve dois filhos naquela situação, o que era bastante incomum naquele tempo. Mesmo quando o divórcio saiu, ela não se casou com ele, pois tinha se acostumado com sua independência."

O ambiente em que Tenzin Palmo foi criada não poderia ter sido mais essencialmente inglês. Todos ao seu redor eram *cockneys*, os "verdadeiros londrinos", conhecidos pela sagacidade aguda, pela língua afiada e mais recentemente por vencerem as competições do *Brain of Britain*[2]. Na época, o East End era um lugar amigável para se viver. Tenzin Palmo conhecia todo mundo no bairro, seu tio Harry era dono do pub na estrada, a vida nas ruas era animada e os locais bombardeados proporcionavam às crianças excelentes parques de aventura.

Ainda assim, as sementes da vida incomum que ela viria a seguir estavam lá desde o início, provando que, no caso dela, a natureza venceu a cultura.

Ela era uma criança introspectiva e reclusa, tinha amigas, mas

---

[2] *Brain of Britain*, programa transmitido pela BBC Radio 4, é uma competição de conhecimentos gerais. (N.T.)

nunca queria levá-las para casa. "Eu não estava interessada. Eu sabia que havia outra coisa que eu tinha que fazer da minha vida", ela disse. "Eu realmente gostava de estar sozinha. Ficava muito feliz em apenas sentar e ler. Lembro-me das muitas vezes em que meus professores me emprestaram livros, coisa que não faziam com as outras crianças." Ela também era curiosamente atraída pelo Oriente, embora não houvesse uma comunidade asiática florescente no East End como existe hoje e ninguém na família dela que estivesse remotamente interessado pelo Oriente. "Eu passava horas sozinha desenhando damas japonesas com quimonos fluidos. Ainda consigo ver todos os padrões intrincados que pintava neles. Quando os primeiros restaurantes chineses abriram no West End, eu implorava à minha mãe para me levar até lá para que eu pudesse ver alguns rostos orientais." Havia também um fascínio inexplicável por freiras, especialmente das ordens contemplativas. "Eu gostava da ideia das freiras enclausuradas, aquelas que entram no convento e nunca mais saem, passando a vida inteira em oração. A ideia desse tipo de vida era extremamente atraente. Uma vez fui a uma loja do bairro e a dona perguntou o que eu seria quando crescesse. Respondi muito espontaneamente: 'Freira'. Ela riu e disse que eu mudaria de ideia quando ficasse mais velha, e pensei: 'Você está enganada!'. O problema era que eu não sabia que tipo de freira seria."

Havia outras anomalias. Do mesmo modo como se sentia perpetuamente deslocada na Inglaterra, Tenzin Palmo também se sentia estranhamente "errada" como menina. "Era muito confuso para mim ser do sexo feminino", ela explicou. "Simplesmente não parecia estar certo. Eu ficava ouvindo os adultos dizerem que na adolescência o corpo mudava, e pensava: 'Oh, que bom, então poderei voltar a ser um menino'." Esse enigma, como muitos outros, seria explicado mais tarde.

Se o temperamento de Tenzin Palmo era idealmente talhado para uma vida futura de meditação solitária em uma caverna, o corpo não poderia ser menos adequado. Toda a sua infância foi dominada por uma série de doenças que a deixaram tão debilitada que os médicos e professores aconselhavam que, quando deixasse a escola, ela jamais deveria seguir qualquer carreira que fosse remotamente desgastante. Ela nasceu com a base da coluna vertebral torcida para dentro e inclinada para a esquerda, deixando toda a espinha fora de prumo. Para agravar a situação, ela desenvolveu cifose, o aspecto curvado que apresenta até hoje. Era um problema de saúde extremamente doloroso, que a deixou com vértebras fracas e propensa a lumbago. Quando criança, ela ia ao hospital três vezes por semana para fazer fisioterapia, mas não adiantou (embora mais tarde a ioga tenha ajudado). Com poucos meses de vida, teve meningite, recuperou-se e aí teve de novo. Foi levada às pressas para o hospital, onde os pais só podiam vê-la por uma vidraça. Olhando para o bebê nanico deitado ali com membros que pareciam varetas e enormes olhos azuis, uma Lee em desespero declarou: "Ela vai morrer". "Oh, não, ela não vai. Olhe aqueles olhos! Ela anseia viver", respondeu George.

E havia ainda a doença misteriosa que desconcertava os médicos e a deixava internada por meses de cada vez. Ela perdia muitas aulas; em certa ocasião passou oito meses no famoso Hospital Infantil de Great Ormond Street; sua fraqueza geral era tamanha que a escola fez arranjos para que ela tivesse períodos regulares compulsórios de convalescença à beira-mar, custeados pela câmara municipal.

"Ninguém sabia o que era, mas duas ou três vezes por ano eu ficava completamente debilitada, com febre alta e dores de cabeça terríveis. Eu era muito doente. Pessoalmente, acho que foi uma coisa cármica, pois desapareceu quando fiquei mais velha e nunca fiquei seriamente doente na caverna", ela disse. "Por causa dessas febres muito altas, eu costumava ter muitas experiências fora do corpo", ela prosseguiu. "Eu costumava viajar pela vizinhança, mas como era uma garotinha, não me afastava para longe de casa. Não queria me perder. Então eu só vagueava pelas ruas, flutuando acima de tudo, olhando para as pessoas do alto só para variar, em vez de sempre olhar de baixo. Tentei de novo quando era adolescente, mas fiquei apavorada, então nunca desenvolvi a habilidade."

Além disso, ainda houve acidentes que também trouxeram consequências fascinantes, tais como a vez em que ela estava jogando bola dentro da casa e o vestido de nylon roçou na lareira elétrica. Em segundos, ela era uma massa de chamas. Felizmente, Lee por acaso estava em casa e não na peixaria, pois ela também estava doente. A jovem Tenzin Palmo entrou correndo no quarto da mãe com o vestido em chamas, gritando. Lee pulou da cama, embrulhou-a em cobertores e voou para o hospital.

"O mais espantoso foi que não senti dor alguma, embora minhas costas estivessem um horror, em carne viva. Lembro de ser levada em cadeira de rodas pelo corredor do hospital, com o médico segurando minha mão e dizendo que eu era uma garota muito corajosa por não chorar. Mas não estava doendo mesmo. Permaneci por séculos no hospital, com uma estrutura segurando os lençóis longe do meu corpo, mas não fiquei com nenhuma cicatriz. Mais tarde, quando eu era mais velha, minha mãe contou que, quando me viu engolfada em chamas, rezou fervorosamente para que minha dor fosse retirada de mim e dada a ela. Fiquei interessada, pois àquela altura eu tinha ouvido falar sobre a prática budista chamada *tong lin*, na qual você inspira o sofrimento dos outros para aliviá-los de suas misérias e em troca distribui sua saúde e bem-estar sob a forma de luz branca. Minha mãe tinha feito essa prática profunda de forma absolutamente espontânea! Além do mais, funcionou. Minha mãe disse que, embora sua prece fosse absolutamente sincera, ela nunca recebeu a dor extra de minhas queimaduras. Ela era incrível. Fez isso, embora ela mesma estivesse em sofrimento", disse Tenzin Palmo. "Na verdade, acho que vim para essa família por causa dela", acrescentou baixinho, referindo-se à sua crença inerente na reencarnação e insinuando que havia escolhido a vida ocidental em um corpo feminino para alguma finalidade específica.

Quando ela não estava doente, a vida em East End prosseguia normalmente. Era uma existência decididamente muito simples. Tenzin Palmo dividia o quarto com o irmão, Mervyn, tomava banho uma vez por semana e o dinheiro era desesperadoramente escasso. Ela explicou: "Depois que meu pai morreu, minha mãe assumiu a peixaria, só que ignorava que um tio que administrava o negócio apostava em corridas de cavalos. A família acabou enormemente endividada e minha mãe tinha que trabalhar dobrado para fazer face às despesas".

Ainda que financeiramente tensa e órfã de pai, foi uma infância feliz e normal, algo que lhe seria de grande valia mais tarde, quando encarasse seus anos de solidão. Havia passeios baratos de ônibus para os parques e museu, além do mimo ocasional de um filme de Walt Disney. Somado a isso, o prazer proibido das tubulações de fumaça da peixaria (as últimas remanescentes em Londres), duas grandes chaminés de tijolo no pátio dos fundos, enegrecidas com piche e revestidas de prateleiras para defumar hadoque e arenque. Era perigoso, mas divertido.

"Para ser honesta, nunca pensamos muito sobre sermos pobres, simplesmente era como vivíamos. Sempre tivemos o suficiente para comer e os objetivos naqueles tempos eram muito mais modestos", ela observou. "Não sentimos em absoluto a falta de um pai! Na verdade, nos demos muito bem sem ele. Eu notava que não tínhamos qualquer conflito ou tensão na nossa casa, ao passo que muitas vezes havia disso na casa dos meus amigos."

Tenzin Palmo cresceu e se tornou uma criança bonita, ainda magra, mas com os mesmos olhos azuis enormes. A cabeça careca deu lugar a uma cabeleira cacheada castanho-claro. De fato, ela era tão atraente ao olhar que, mais tarde, insistiram em pendurar uma foto dela naquela idade em seu mosteiro na Índia. "Cheguei ao meu auge aos três anos de idade — depois foi ladeira abaixo", ela ri. Ela brigava com o irmão, a quem idolatrava, seguindo-o nos inúmeros trotes que ele inventava. "Eu costumava ficar vestida como que para a noite de Guy Fawkes, sentada imóvel na calçada por horas! E uma vez ele me fez abordar estranhos em Hampstead Heath e pedir dinheiro para a passagem de ônibus para casa, dizendo que nossa mãe nos abandonara. Ele sempre dizia que foi ele que me colocou no caminho da tigela de mendicância!"

Ela gostava de suas duas escolas, a Escola Primária de Teesdale Street e o Liceu John Howard, cujo lema de Virgílio era singularmente adequado: "Eles podem porque pensam que podem". Era boa aluna, ainda que não extraordinária, indo bem em inglês, história e testes de QI, nos quais sempre pontuava alto. "Isso não significa que eu seja necessariamente inteligente, apenas que tenho o tipo de mente que sabe fazer testes de inteligência", diz ela, modesta. Invariavelmente também ganhava o prêmio de progresso anual, louvor que ela também recusa. "Basicamente, significava que você tinha feito o seu melhor, o que, no meu caso, não era verdade. Eu não me empenhava em absoluto na escola porque fundamentalmente não achava as matérias muito interessantes."

Contudo, como seria de esperar nessa história, era na arena espiritual que os acontecimentos mais interessantes tinham lugar. Lee era espiritualista e toda quarta-feira, às 20h, os vizinhos apareciam no número 72 de Old Bethnal Green Road para a sessão semanal.

"Costumávamos sentar em volta de uma enorme mesa de mogno proveniente de uma mansão, com pernas do tamanho de troncos de árvore e uma das vizinhas, que era médium, entrava em transe e recebia mensagens de guias espirituais. Lembro de uma noite em que minha mãe fez uma piada sobre os espíritos não serem muito fortes e eles aceitaram o desafio. Os espíritos pediram à verdureira, uma mulher de cerca de 115 quilos, para sentar em cima da mesa, em seguida ergueram tudo, aquele móvel enorme e pesado e o fizeram flutuar ao redor da sala com a verdureira empoleirada. Tivemos que correr para os cantos para sair do caminho", recorda Tenzin Palmo.

Ela nunca duvidou da autenticidade do que acontecia. Era na casa dela, ela sabia que não havia alçapões e que ninguém era pago. "Ganhei muito com aquelas experiências", continua. "Não há como alguém me dizer hoje que não existe consciência após a morte, pois tenho muitas e repetidas provas de que existe. Não é uma crença, é um conhecimento, uma certeza. Também aprendi que existem muitas dimensões de existência absolutamente reais, das quais normalmente não estamos cientes. E, por causa das sessões espíritas, conversávamos muito sobre a morte em nossa família, de uma forma muito positiva. Discutíamos do que se tratava e o que acontecia depois. Era um dos nossos principais tópicos de interesse. E sou imensamente grata por isso. Muita gente evita pensar sobre a morte e a maioria tem medo dela; se você não tem, você remove um fardo pesadíssimo de sua vida.

"Para mim, a morte é a próxima etapa, uma outra abertura. Fizemos muitas coisas no passado e na morte estamos a caminho de um futuro infinito. Isto causa muito menos ansiedade quanto a esta vida, pois ela é vista como uma pequena gota em um grande lago. Assim, nesta vida você faz o que realmente precisa fazer e todo o resto não importa, pois você provavelmente já fez antes ou então vai fazer no futuro. Isso dá uma sensação de espaço e esperança."

Desde tenra idade, no entanto, Tenzin Palmo mostrou sinais de uma mente penetrante e de uma natureza altamente questionadora — qualidades que levaria consigo por toda a vida. Ela jamais seria uma crente fácil. "Eu não gostava do modo como o espiritismo fisgava as pessoas, de um jeito que elas não largavam as coisas nem seguiam adiante na vida. Aquelas sessões espíritas tornaram-se o centro da existência de nossos vizinhos, aumentando a fixação deles. Eu também achava que no geral as pessoas faziam perguntas estúpidas", ela disse. "Não chegavam nos temas profundos que eu achava que realmente importavam. Em sua maioria, estavam interessadas em bater papo com os parentes mortos. Pessoalmente, achava que era um desperdício do tempo e do conhecimento dos guias espirituais."

Os "temas" que preocupavam a jovem Tenzin Palmo eram precoces e profundos. Também eram curiosamente budistas: "Eu não saberia dizer com estas palavras, mas o que me interessava era como ir além do dilema de voltar constantemente e ter que experimentar vez após vez o sofrimento inerente de nossa existência".

Um incidente particular da infância ilustra perfeitamente como sua mente funcionava: "Eu tinha uns treze anos e estava voltando para casa com minha mãe depois de visitar uma tia e um tio", ela lembrou. "Tivéramos uma noite muito agradável e estávamos esperando o ônibus. Sentada na parada, tive um lampejo súbito — todos nós iremos morrer e antes disso todos nós também vamos envelhecer e provavelmente ficar doentes. Não havíamos falado sobre essas coisas, apenas me ocorreu. Lembro de observar os ônibus a passar, as luzes acesas e as pessoas dentro deles rindo e falando, e pensar: 'Elas não sabem, não veem o que vai acontecer?'. Falei para minha mãe que a vida era realmente muito triste por causa do que tínhamos que passar. E minha mãe, que tivera uma vida realmente terrível, lutando para criar os dois filhos, com uma saúde incrivelmente péssima e tantos problemas financeiros, respondeu: 'Sim, claro que há muito sofrimento na vida, mas há coisas boas também'. Eu pensei: 'Ela não entendeu!

Há coisas boas, MAS, subjacente a tudo, está o fato do envelhecimento, doença e morte, e isso anula todas as outras coisas'.

"Mas as pessoas não conseguiam ver, elas eram tão indiferentes. Eu não podia entender por quê. Elas não entendiam que essa situação em que todos nós estamos presos é terrível? Eu sentia de verdade, realmente nas profundezas do meu ser", disse ela com grande sentimento. "No entanto, visto que ninguém entendia do que eu estava falando e apenas achavam que eu era incrivelmente sombria, parei de discutir isso."

Curiosamente, o que estava preocupando a jovem do East End de Londres era exatamente o mesmo tema que havia incomodado o jovem príncipe Sidarta na Índia em 560 a.C., quando ele deixou seu palácio protegido e se deparou com um homem doente, um velho e um cadáver. Essas visões desagradáveis tiveram um impacto tão chocante em sua sensibilidade que ele abandonou sua vida fácil e privilegiada, indo em busca das razões por trás da condição humana com todo o sofrimento concomitante. Depois de muitos anos vagando, testando e experimentando os vários métodos espirituais oferecidos, ele finalmente encontrou sua resposta sob a árvore *boddhi* em Bodhgaya, onde, em profunda meditação, rompeu as barreiras da ignorância e atingiu a iluminação. Ao fazê-lo, tornou-se o Buda, o Plenamente Desperto, e deflagrou uma religião que viria a inspirar milhões que tentaram emulá-lo através dos séculos. Mas eles estavam basicamente no Oriente.

Havia, porém, outra questão maior a preocupar Tenzin Palmo, aquela que moldaria a razão de ser de todo o curso desta vida. Era a própria pedra de toque do budismo. "Eu queria saber: como nos tornamos perfeitos? Desde pequena eu tinha a convicção de que na verdade somos inatamente perfeitos e temos que ficar voltando vez após vez para redescobrir nossa verdadeira natureza. Eu sentia que de alguma forma nossa perfeição ficara oculta e que tínhamos que deixá-la exposta para descobrir quem realmente somos. E era para isso que estávamos aqui. Perguntei para minha mãe se ela acreditava em reencarnação, e ela respondeu que lhe parecia muito lógico e que ela não via por que não, então essa parte da questão parece ok."

Obter a resposta para o resto foi mais problemático. Ela perguntou aos guias espirituais.

"Em primeiro lugar, perguntei: 'Existe um Deus?'. E eles disseram: 'Definitivamente não achamos que exista um Deus no sentido de uma pessoa, mas em última análise sentimos que existe amor, luz e inteligência'. Isso me soou bem. Então fiz a pergunta número 1 da minha vida: 'Como nos tornamos perfeitos?'. E eles responderam: 'Você tem que ser muito boa e muito gentil'. E eu pensei: 'Eles não sabem'. Nesse ponto, perdi completamente o interesse no espiritismo como um caminho", ela disse.

A seguir, ela recorreu ao sacerdote local, padre Hetherington, de quem gostava pelo fato de ser alto, ascético e com um ar de monge. Ela ia ocasionalmente à igreja anglicana local com Lee, apreciando a arquitetura pseudogótica.

"Ele respondeu: 'Bem, você tem que se tornar boa'. E: 'Você tem que se tornar boa e tem que ser gentil'. E eu pensei: 'Não é isso!'. Claro que você tem que ser boa e gentil, é a base. Mas, Perfeição... Isso é outra coisa! Eu conhecia muitas pessoas boas e gentis, mas com certeza não eram perfeitas. Era algo mais. O que era o *mais*, era isso que eu queria saber", ela disse, com a voz adquirindo a urgência que sentia quando criança.

O cristianismo, sua religião de criação, nunca teve qualquer ressonância para Tenzin Palmo. Na verdade, colocou mais dilemas do que soluções. O problema fundamental era que ela não conseguia acreditar na ideia de Deus como um ser pessoal. "Para mim, ele parecia Papai Noel", disse ela. "Também lembro de ficar particularmente intrigada com os hinos. Eu costumava cantar na escola: 'Todas as coisas brilhantes e bonitas, todas as coisas grandes e pequenas, todos as coisas sábias e maravilhosas, o Senhor Deus fez todas elas', e ao mesmo tempo eu pensava: 'Bem, então quem fez todas as coisas sem graça e feias?'. Era o mesmo com os hinos da colheita, louvando a Deus pelo sol e chuva. Nesse caso, pensei que Deus também devia ter trazido a seca e a fome." Ao que parece, Tenzin Palmo estava enfrentando o problema da "dualidade", bem e mal, trevas e luz, grande e pequeno, procurando uma resposta que transcendesse os opostos.

Ela seguiu olhando, procurando alguma coisa. Não sabia o quê. Quando tinha treze anos, tentou ler o Alcorão, tentou mais uma vez entender o cristianismo. Ele permaneceu um enigma. Aos quinze anos foi fazer ioga e, por meio disso, foi introduzida ao hinduísmo. Aquilo de certo modo a satisfez, mas apenas até um ponto. Mais uma vez o empecilho foi Deus.

"O problema é que todas essas religiões baseiam-se na ideia desse ser externo, com quem nosso dever de alguma forma é propiciar e entrar em contato. Isso simplesmente não tinha nenhuma referência interna em mim. Se é significativo para você, certamente funciona, mas, se não é, você fica sem nada. Em primeiro lugar, você precisa acreditar nesse ser transcendente e ter um relacionamento com ele a fim de fazer qualquer progresso. Se não acredita, como eu, não vai adiantar", ela explica. "Lembro de entrar em uma discussão com minha futura cunhada, que era bem amiga da família. Ela era judia e argumentava que Jesus não era o filho de Deus. Levando o argumento dela adiante, cheguei ao ponto de que não havia um Deus. Para mim, foi uma tremenda revelação. 'Sim! É exatamente o que sinto.'"

Adolescente, ela voltou-se para os existencialistas, lendo Sartre, Kierkegaard e Camus "de modo muito superficial". O problema aqui, ela descobriu, era que, apesar de fazerem todas as perguntas certas e afirmar o problema da condição humana, eles não apresentavam respostas.

Ela continuou procurando.

Na escola, um professor leu para os alunos *Sete anos no Tibete*, o livro de Heinrich Harrer sobre sua viagem para a Terra das Neves e sua amizade com o Dalai Lama. E Tenzin Palmo maravilhou-se com a existência daquele mundo. E, quando ela tinha uns nove ou dez anos, viu um programa sobre os templos da Tailândia. Em um templo havia um friso retratando a vida do Buda. Ela virou-se para Lee e perguntou quem ele era. "Ele é algum tipo de Deus oriental", respondeu a mãe. "Não, ele viveu e tem uma história, como Jesus", retrucou Tenzin Palmo com convicção. Era só uma questão de tempo até ela descobrir exatamente que história era essa.

Capítulo 3

O amanhecer – encontrando o caminho

A descoberta aconteceu no dia em que Tenzin Palmo e sua mãe estavam prestes a ir para a Alemanha para passar o Natal com Mervyn, irmão de Tenzin Palmo, que se alistara na RAF[3] e lá permanecia. Era 1961, e Tenzin Palmo tinha dezoito anos. Ela havia deixado o liceu um ano antes e começado a trabalhar na Biblioteca de Hackney, um serviço bom e tranquilo, como os professores haviam recomendado. Combinava admiravelmente com sua mente metódica e meticulosa e seu grande amor pelos livros. Ela tivera a esperança de ir para a universidade estudar inglês e filosofia, mas Lee não pôde pagar, e Tenzin Palmo se consolou com o pensamento de que ganhar dinheiro faria com que deixasse a Inglaterra mais rápido. "Às vezes a saudade do Oriente causava agonia", ela disse. Como precisava de algo para ler nas férias alemãs, pegou três livros da biblioteca: um Sartre, um Camus e outro que agarrou no último momento porque alguém acabara de devolver. Tinha uma bela imagem do Buda na capa, mas foi o título, *The Mind Unshaken*, que chamou a atenção. Na Alemanha, ela leu o Sartre e o Camus, mas por alguma razão ignorou o livro budista. No aeroporto a caminho de casa, no entanto, houve um atraso de oito horas e, como era uma instituição militar, sem opção de lojas ou distrações, ela não teve alternativa para aliviar o tédio a não ser abrir suas páginas. Ela tinha chegado na metade do livro quando virou-se para a mãe e disse em voz baixa e surpresa: "Eu sou budista". Lee Perry respondeu no seu estilo pé no chão: "Que ótimo, querida, termine de ler o livro e então me conte tudo". Tenzin Palmo não era tão fleumática.

"Para mim foi espantoso. Tudo em que eu acreditava estava ali! Colocado de um jeito muito melhor do que qualquer coisa

---

3 N.E.: Royal Air Force, a força aérea britânica.

que eu pudesse ter formulado por mim, é claro, mas ainda assim! Aquele ponto de vista! Era exatamente como eu pensava e sentia. E, junto com isso, aquele caminho absolutamente claro e lógico para nos levar de volta à nossa perfeição inata."

Para ser mais precisa, o que ela tinha realmente encontrado naquelas páginas era o confronto do Buda com o mesmo enigma que a atingira em cheio quando viu as pessoas no ônibus — o problema universal do envelhecimento, doença e morte. "A outra coisa de que gostei muito foi o ensinamento sobre o renascimento e o fato de que não havia nenhuma divindade externa interferindo. Além disso, quando, me deparei com o hinduísmo, havia muita ênfase em *atman* (alma) e sua relação com o divino. Quando ouvi a palavra 'atman' pela primeira vez, senti náusea, repulsa até mesmo pela palavra. O budismo, por outro lado, estava falando em *não atman*! Não havia uma entidade independente que fosse o 'Eu' com letras maiúsculas e luzes flamejantes. Para mim foi muito libertador. Foi maravilhoso finalmente encontrar uma religião, um caminho espiritual proveniente disso." Tal como aconteceu com tantas outras predileções estranhas em sua vida, a náusea inexplicável pela palavra "atman" seria esclarecida mais adiante.

Mas finalmente ela havia encontrado. "Esse livro transformou minha vida por completo", ela continuou. "Lembro de três dias depois, indo para o trabalho, pensar: 'Há quanto tempo sou budista? Três dias? Não, vidas'." Àquela altura ela não sabia o quanto estava certa.

Tendo descoberto seu caminho, Tenzin Palmo não perdeu tempo para entrar nele. "Se você vai fazer alguma coisa, pode muito bem fazê-la de modo adequado", foi seu lema ao longo de toda a vida. Não foi fácil na Grã-Bretanha de 1961. Hoje o budismo está em franca expansão, com centenas de livros sendo publicados sobre o assunto e centros de meditação multiplicando-se por toda parte (até mesmo o antigo posto dos bombeiros de Bethnal Green transformou-se em um requintado templo budista, um oásis de silêncio no meio do barulho), mas, quando Tenzin Palmo encontrou a mensagem do Buda, ela ficou por sua própria conta. No entanto, o que conseguia descobrir ela levava em conta com o entusiasmo e a ingenuidade de uma nova convertida.

"Eu ficava lendo que o mais importante no budismo é ficar livre de desejo, então pensei: 'Certo'. Tratei de dar todas as minhas roupas para minha mãe a fim de que se desfizesse delas, e comecei a andar com uma vestimenta que era uma espécie de túnica grega amarela. O traje tinha caimento reto e eu usava com um cinto e meias pretas", disse ela, rindo da lembrança. "Parei de usar maquiagem, prendi o cabelo, usava sapatos confortáveis e parei de sair com garotos. Eu estava tentando desesperadamente não ter desejos."

Essa fase não durou muito. Pouco tempo depois, Tenzin Palmo descobriu a Sociedade Budista em Eccleston Square, atrás da Victoria Station, fundada em 1924 pelo juiz Christmas Humphreys. É indiscutível que Humphreys fez mais do que qualquer outra pessoa para introduzir ao público britânico os caminhos espirituais do Oriente. Era um personagem fascinante, conseguindo combinar uma carreira distinta no tribunal com um interesse não convencional por medicina alternativa, astrologia, percepção extrassensorial e budismo. Dava-se com luminares como C.G. Jung, o mestre Zen Dr. D.T. Suzuki e a família real da

Tailândia, e foi um dos primeiros a conhecer e receber o Dalai Lama recém-exilado. Quando Tenzin Palmo chegou à Sociedade Budista, esta era a maior e mais antiga organização budista no Ocidente. Ainda assim, era um prédio pequeno com uma filiação muito limitada.

"Entrei e descobri que todas as outras pessoas ali não andavam por aí em túnicas amarelas! 'Fui mal em alguma coisa', pensei. 'Talvez tenha sido um erro doar todas as minhas roupas.' Contei para minha mãe e ela me deu a chave de um armário onde tinha guardado tudo. Ela não havia se livrado de nada. Ela nunca disse uma palavra, só esperou. Realmente, ela era muito hábil."

Em Eccleston Square, Tenzin Palmo mergulhou nos tesouros do budismo Theravada, a "Escola do Sul", que existia no Sri Lanka, Birmânia, Tailândia, Vietnã e Camboja. Aprendeu as Quatro Nobres Verdades do Buda, seu diagnóstico brilhante e lógico da condição humana e sua cura: a verdade do sofrimento, a verdade da causa do sofrimento, a verdade da cessação do sofrimento e a verdade do caminho da liberação. Foi a síntese de sua grande revelação sob a árvore boddhi, quando se tornou iluminado. Ela descobriu o Caminho Óctuplo do Buda: visão correta, pensamento correto, fala correta, ação correta, meio de vida correto, esforço correto, concentração correta, meditação correta — o plano do Buda para a condução da vida secular ou meditativa. Eram os fundamentos do caminho. Tenzin Palmo deliciou-se. "Era como estar em um banquete depois de passar fome", ela disse. O Zen, com seus enigmas e sua sagaz ginástica intelectual, a outra forma de budismo disponível na época, encheu-a de desespero. "Lembrei de ficar deitada na cama soluçando porque estava completamente fora do meu alcance! Era tão repleto de paradoxos. Hoje gosto do Zen, mas, se tivesse sido o primeiro livro que eu pegasse, jamais teria prosseguido", ela disse.

Tateando em frente, ela fez um altar coberto de uma toalha de banho amarelo-dourado e colocou uma estátua do Buda dada por uma mulher de quem tinha comprado dois gatos siameses. Foi algo emblemático quanto à maneira como as coisas chegavam a ela na época. A estátua estava na lareira da mulher, fora trazida da Birmânia por seu marido, um marinheiro mercante; quando a mulher descobriu que Tenzin Palmo era uma verdadeira budista, doou-lhe espontaneamente. Na frente de seu altar, Tenzin Palmo fazia prostrações de forma natural, com energia e grande alegria. "Quando estive na Sociedade Budista pela primeira vez e vi um altar, meu primeiro impulso foi me prostrar. Então pensei: 'Oh não, não, não! Não se pode fazer isso! Budistas não fariam uma coisa dessas'. Então não me prostrei, mas foi muito doloroso não fazê-lo. Mais tarde, vi fotos de pessoas no Oriente prostrando-se diante da imagem de Buda e fiquei muito feliz. Eu fazia prostrações e mais prostrações. Parecia muito correto", disse ela.

De algum modo ela também se deparou com o mantra tibetano "Om Mani Padme Hung", que evoca Chenrezig, o Buda da Compaixão, e começou a recitá-lo à sua maneira, com resultados surpreendentes.

"Eu não sabia nada a respeito", ela contou. "Pensei que você tinha que dizer o mantra o tempo todo, então comecei a recitar continuamente, primeiro verbalmente e em seguida em meu coração. Na verdade, parecia muito com aquele russo de *O caminho de um peregrino* dizendo a Prece de Jesus, embora eu também não soubesse de nada sobre ele naquele estágio. Apenas continuei recitando em meu coração. O efeito foi muito interessante e muito rápido. Embora naquela época eu estivesse trabalhando, descobri que conseguia produzir muito bem enquanto recitava o mantra em meu coração. O que isso fez foi separar uma parte de minha mente, de modo que eu tinha uma espécie de consciência observadora que ressoava com o 'Om Mani Padme Hung'. Proporcionou-me o espaço no qual eu podia desenvolver a consciência do que estava acontecendo, ao invés de ficar bem no meio dos acontecimentos."

Mas algo não estava bem certo. Embora ela soubesse sem qualquer sombra de dúvida que o budismo era para ela, havia aspectos da Escola do Sul que a preocupavam. Particularmente desconcertante para a mente de Tenzin Palmo eram os *arhats*, os grandes heróis que atingiram o nirvana, tendo erradicado para todo o sempre todos os vestígios de ignorância, ganância e ódio. Feito isto, eles jamais tinham que nascer de novo neste mundo de sofrimento. Estavam livres! Deveria ser o que Tenzin Palmo buscava, mas eles nunca a atraíram.

"Não havia nenhuma palavra sobre amor em tudo aquilo. Eu amava o Buda e chorava lágrimas de devoção sempre que pensava nele. Eu queria ser como o Buda, mas não queria ser como os arhats. Eles pareciam tão frios. Na verdade, acho que era uma imagem bastante injusta e agora sou muito mais gentil com os arhats. Mas na época isso realmente me preocupava. Se você tem um bolo de gengibre e não gosta de gengibre, você está encrencado. Assim, embora eu amasse o budismo, não gostava do rumo que o caminho Theravada estava tomando. Não era para onde eu queria ir. Faltava alguma coisa, mas eu não sabia o que era. Tudo que eu sabia na época era que o caminho Theravada não estava certo."

Ela continuou refinando sua busca, buscando o caminho exato que se adequasse a suas necessidades. Alguns meses depois ela encontrou um livro de Nagarjuna, o famoso santo e filósofo budista do século II, e nele achou uma definição de bodhisattva, o "herói espiritual" que opta por abandonar o nirvana a fim de retornar repetidamente a este mundo para ajudar a libertar todos os seres sencientes. "Eu soube na mesma hora. Era isso que eu queria! Essa era a meta! Fazer não para si mesmo, mas por compaixão por todos os seres. A ideia de ser um bodhisattva realmente ressoou."

Entretanto, a revelação da via exata que ela queria tomar trouxe consigo um enorme problema. Nagarjuna, o fundador do budismo Mahayana, o "Grande Veículo", era reverenciado e seguido principalmente no Tibete. E na década de 1960 o budismo tibetano era quase desconhecido e o que se conhecia dele não era apreciado. Haviam vazado histórias do Tibete trazidas por viajantes intrépidos que tinham conseguido esgueirar-se para dentro do país proibido, vetado a forasteiros — histórias de magia e fenômenos psíquicos que se tornavam mais fantásticas nos relatos. Lamas podiam "voar", conseguiam materializar e desmaterializar coisas à vontade, transformavam-se em animais ou qualquer outra forma que quisessem, podiam viajar distâncias improváveis quase que instantaneamente por meio de um estranho método de salto, numa espécie de transe. No Tibete havia espíritos, gênios e ídolos de aparência alienígena com muitos braços e pernas, dentes em formato de presas e olhos esbugalhados. Como resultado, o budismo tibetano foi rejeitado pelos membros em grande parte intelectuais da Sociedade Budista de Londres como xamânico, esotérico e basicamente degenerado. Ao contrário das linhagens castas do Zen e do dogma direto do Theravada, o budismo tibetano era simplesmente exótico demais, esquisito demais. Ninguém pensava que aquilo um dia pudesse ser uma religião a ser seguida.

Naquele momento, Tenzin Palmo, como uma nova e ávida integrante da Sociedade Budista, prontamente deu as costas ao budismo tibetano e a tudo que ele significava. Mas não ficaria por isso. Ao percorrer um outro livro, ela se deparou com uma breve descrição das quatro escolas do budismo tibetano: Nyingmapa, Sakya, Gelugpa e Kagyupa. "Quando li a palavra 'Kagyupa', uma voz interior disse: 'Você é Kagyu'. E eu perguntei: 'O que é Kagyupa?', e a voz respondeu: 'Não importa, você é Kagyupa'. Fiquei arrasada. Ser uma budista tibetana era a última coisa que eu queria."

Ao longo de toda a história de Tenzin Palmo, esta mesma voz se faria ouvir vez após vez em pontos estratégicos, orientando, aconselhando, guiando na direção certa. Ela sempre prestava atenção, independentemente do que sua cabeça pudesse dizer. "Na verdade, tem sido muito difícil de ignorar — ela se mostra bastante forte às vezes", disse Tenzin Palmo.

Seguindo os ditames da voz, Tenzin Palmo contatou a única pessoa que ela conhecia em Londres com algum conhecimento de budismo tibetano. Durante o chá da tarde, esta pessoa lhe entregou a biografia – escrita por Evan-Wentz – de Milarepa, o mais amado santo-poeta do Tibete, meditador de caverna por excelência e fundador da escola Kagyupa. Era um conto fascinante. Milarepa foi um herói espiritual e aventureiro do século XI com uma juventude espetacularmente mal-afamada, durante a qual praticou magia negra para vingar os agravos à sua família, matando várias pessoas no processo. Por fim, vendo o erro de suas atitudes, procurou um guru, o renomado Marpa, o tradutor, que trouxera os textos budistas da Índia, suplicando que lhe concedesse as verdades salvadoras. Marpa olhou para o jovem infame parado diante dele e prontamente incumbiu-o da tarefa hercúlea de construir uma alta torre de pedra. Quando a tarefa estava concluída, Marpa vistoriou o trabalho e bruscamente disse a Milarepa para desmontá-la, recolocando cada pedra no lugar de onde ela viera. Este processo foi repetido quatro vezes até Milarepa, sangrando e quase acabado, ter expiado suas ações faltosas e comprovado sua determinação. Marpa então conferiu a Milarepa as iniciações secretas e ensinamentos que ele tanto desejava.

Munido destes, de um cajado, um manto, uma tigela e nada mais, ele desapareceu na Montanha da Solidão, onde, no frio congelante e sem nada para comer além de urtigas, seu corpo ficou esquelético e sua carne totalmente verde. Todavia, suas meditações funcionaram, pois ele aprendeu a provocar o calor místico do êxtase, mantendo-se aquecido nas temperaturas abaixo de zero, e os agricultores relataram tê-lo visto voando sobre os vales. Quando, depois de anos de esforço dedicado, ele finalmente apareceu para ensinar, choveram flores e arco-íris apareceram no céu.

Todas as atividades mundanas têm um único e inevitável fim, que é a dor: Os ganhos terminam em dispersão; as construções, em destruição; os

encontros, em separação; os nascimentos, em morte.
Sabendo disso, deve-se renunciar de imediato aos ganhos, acumulações, construções e encontros,
E, fiel aos preceitos de um guru eminente, dar início à realização da verdade que não nasce nem morre.
Essa é a melhor ciência.

Suas palavras foram registradas pelo fiel discípulo Rechungpa, que mais tarde desempenhou um importante papel na vida de Tenzin Palmo.

Quando Tenzin Palmo largou o livro, estava convertida. Embora o lance esotérico pudesse ser anátema para os convencionais e respeitáveis membros da Sociedade Budista, Tenzin Palmo estava no seu elemento. "A narrativa sobre terras puras, reinos dos espíritos, céus e infernos que encontrei no livro abriram minha mente. Eram níveis da existência que eu conhecia das sessões espíritas em casa. Afinal, cresci com mesas flutuando ao redor da sala! E, para mim, conceitos como Milarepa voar eram completamente viáveis porque eu tinha feito a mesma coisa quando criança, quando estava doente e saía do corpo. Mas esses elementos estavam totalmente ausentes no Theravada e no Zen. Aqueles caminhos eram tão racionalistas que me incomodavam. Ninguém mencionava o espírito. Eu tenho uma mente muito lógica e não sou crédula, mas presto atenção quando me deparo com expressões genuínas do potencial humano mais elevado", disse ela.

O próximo passo óbvio era encontrar um professor, "um guru eminente", como Milarepa havia colocado, para guiá-la, assim como ele encontrara Marpa. "Eu sabia que tinha que procurar um professor, não qualquer um, mas *o* professor", ela disse. "Não creio que jamais tenha questionado o fato de que iria encontrá-lo, que ele seria Kagyu e que estaria na Índia, porque era para onde todos os refugiados tibetanos tinham ido. Decidi então que eu iria lá procurá-lo", acrescentou. Mas isto ainda não estava para acontecer.

Nesse ínterim, a vida não foi de todo uma busca espiritual séria. Tenzin Palmo tinha um outro lado. Era uma adolescente, era bonita, tinha cabelo cacheado comprido e foi descrita como "esfuziante" por aqueles que a conheceram. Ao ficar mais velha, não só havia se acostumado a estar em um corpo feminino, como tinha começado a apreciá-lo ativamente. Descobriu os garotos e eles, com certeza, a descobriram. A vida no coração de Londres era divertida. Era o início dos anos 1960, o tempo de Elvis Presley, de Ricky Nelson, dos beatniks, da Rádio Luxemburgo e do rock'n'roll. O culto da juventude estava bem no início e Tenzin Palmo atirou-se naquilo com todo o entusiasmo de que dispunha.

"Eu usava saltos altos e roupas bonitas, ia a clubes de jazz e adorava dançar. Era uma grande fã de Elvis Presley (ele foi minha grande renúncia quando me tornei budista!). Na verdade, eu tinha uma vida social muito agitada e tive muitos namorados, especialmente asiáticos. Curiosamente, nunca fui atraída por homens ocidentais. Uma coisa de que sempre tive completa certeza, porém, é que não queria me casar nunca. Eu tinha muita clareza quanto a isso. Lembro que, quando eu tinha 16 anos e estava prestes a ser dama de honra pela terceira vez, uma amiga disse: 'Não faça isso! Três vezes dama de honra, nunca uma noiva!'. E eu respondi: 'Isso é uma superstição boba, mas tomara que funcione, vai adicionar aquela coisinha extra.' Eu queria ser independente. Não queria ter minha cabeça preenchida por pensamentos sobre uma pessoa."

Os dois lados de Tenzin Palmo inevitavelmente colidiram, lançando-a em uma luta interior que não se resolveria por alguns anos. "De um lado eu era aquela jovem frívola e amante da diversão e, do outro, eu era séria e 'espiritual'. Eu hesitava entre colocar minha saia évasé e anágua ou as meias pretas e sapatos sem salto. Os dois lados estavam em guerra. Na época temi que o lado fútil vencesse", ela disse. A cisão causou outras dificuldades. "Eu tinha amigos de cada um dos lados e eles não se misturavam. Um dia fui a um encontro para o qual havia convidado os dois grupos. Me atrasei e, ao chegar, eles estavam totalmente confusos pois a única coisa que tinham em comum era eu e parecia que estavam falando sobre pessoas inteiramente diferentes. Isso causou-me uma verdadeira sensação de crise. Como é que vou resolver isso, me perguntei. E naquele momento ouvi novamente a voz dentro de mim dizendo: 'Não se preocupe. Quando chegar a hora de renunciar, você vai renunciar. Você é jovem, divirta-se! Assim, quando chegar a hora, você terá realmente algo de que desistir'. Ao ouvir isso, relaxei."

Ela continuou a ter encontros com garotos, a sair para dançar e em uma ocasião ficou devidamente bêbada de *chianti* durante uma festa italiana. Por baixo da leviandade, no entanto, ela não havia esquecido da busca para encontrar um guru. Por meio dos fuxicos budistas, ela ouviu falar de uma inglesa chamada Freda Bedi que havia se casado com um indiano, tornara-se budista e abrira um pequeno mosteiro para monjas Kagyupa, bem como uma escola para jovens lamas reencarnados em Dalhousie, no norte da Índia.

Era um lugar tão bom quanto qualquer outro para começar sua busca. Tenzin Palmo escreveu para Freda Bedi explicando que ela também era Kagyu e gostaria de oferecer seus serviços da forma que pudesse, embora fosse apenas uma bibliotecária estagiária e realmente não soubesse o que poderia fazer. Freda Bedi respondeu: "Por favor, venha, venha. Não se preocupe, apenas venha!".

A porta estava aberta, mas transpô-la era difícil. Chegar à Índia exigia dinheiro, mais do que Tenzin Palmo poderia acumular algum dia na Biblioteca de Hackney. Ela decidiu procurar um emprego mais bem pago. Ela nunca foi ambiciosa no sentido mundano — carreira, sucesso, elogios pessoais nada significavam para ela. "Nunca tive ímpeto para provar meu valor nesse sentido", ela disse. Tendo tomado a decisão, o destino ou karma mais uma vez atuou a seu favor.

"Quase imediatamente vi um anúncio de emprego da Escola de Estudos Orientais e Africanos de Bloomsbury e fui fazer uma entrevista com o bibliotecário-chefe, o senhor Pearson. Ele tinha acabado de voltar da Birmânia e da Índia, de modo que fiquei absolutamente fascinada e crivei-o de perguntas. Ele perguntou se eu estaria disposta a prestar exames para a biblioteca e eu respondi: 'Não, porque irei para a Índia para ajudar os refugiados tibetanos'. Com isso pensei que tinha perdido o emprego. O senhor Pearson então perguntou quando eu planejava partir. 'Assim que conseguir economizar o dinheiro, em um ano ou dois', respondi. Quando saí do gabinete dele, vi todas as outras pessoas que queriam o emprego esperando numa fila. Poucos dias depois recebi um telefonema. Era o senhor Pearson. 'Bem, tivemos uma entrevista tão fantástica que esqueci de falar sobre coisas como quanto você quer ganhar e os horários', ele disse. 'Ficaríamos muito felizes em recebê-la em nossa biblioteca'."

O senhor Pearson claramente assumiu responsabilidade pela missão pessoal de Tenzin Palmo. Logo que ela foi contratada pela biblioteca, ele providenciou aulas de tibetano para ela às custas da instituição e durante o horário de expediente com o renomado tibetologista David Snellgrove, uma das raras pessoas que de fato havia viajado para o Tibete nos anos de 1950. Estas lições elementares provaram-se inestimáveis mais tarde, quando ela encarou ficar em uma comunidade toda tibetana com apenas textos tibetanos para ler. De momento, no entanto, este benefício inesperado teve alguns momentos terríveis. "Snellgrove era aterrador. Costumava ficar diante de nós e proferir observações arrasadoras. Eu literalmente tremia antes de entrar na sala de aula. O bom é que ele tinha três lamas Bonpo (a religião do Tibete pré-budista) vivendo com ele. Foram os primeiros lamas tibetanos que conheci."

Ao longo do ano seguinte, alguns outros poucos lamas tibetanos iriam parar na Inglaterra, lamas que lideraram a primeira onda de implantação do budismo tibetano no Ocidente. Tenzin Palmo, na qualidade de uma das primeiras ocidentais a abraçar aquela fé não aprovada socialmente, estava na posição perfeita para conhecê-los. Sua mãe Lee, sempre interessada em novidades e aberta a novas ideias, especialmente em matéria de espiritualidade, convidava-os para almoçar e jantar na casa delas; eles, sem conhecer ninguém naquela terra estranha, ficavam muito felizes por interagir com pessoas que mostravam algum interesse pelo budismo tibetano.

Entre eles estavam Rato Rinpoche (que dirigiu a Casa do Tibete em Nova York e estrelou *O pequeno Buda*, o filme de

Bernardo Bertolucci) e o brilhante, carismático e posteriormente notório Chögyam Trungpa. Trungpa deixou sua marca de várias maneiras: não só escreveu alguns dos primeiros best-sellers budistas, incluindo *Além do materialismo espiritual* e *Journey Without Goal*, como estabeleceu o primeiro centro britânico de retiro e meditação tibetana, o "Samye Ling", na Escócia. Mais tarde mudou-se para os Estados Unidos, onde fundou em Boulder, Colorado, o Instituto Naropa, igualmente bem-sucedido e até hoje prosperando, que produziu alguns dos professores budistas mais proeminentes da América. Além de grande lama, mestre de meditação realizado, estudioso brilhante e comunicador talentoso, em seus últimos anos Chögyam Trungpa também ficou conhecido pelo comportamento escandaloso e pouco convencional que jogou sua organização no caos.

Nada disto ainda havia acontecido quando Tenzin Palmo, aos 19 anos de idade, conheceu o jovem e obscuro Chögyam Trungpa. Como os outros lamas daquele tempo, ele vagueava perdido e ignorado; ninguém fazia ideia do calibre dos professores que haviam chegado. Acontece que Tenzin Palmo estava ali naquele momento de transição, pronta.

"Logo depois que o conheci, ele olhou para mim e disse: 'Você pode achar difícil de acreditar, mas na verdade eu era um lama muito elevado lá no Tibete e nunca pensei que chegaria a isto, mas, por favor, posso ensinar meditação para você? Tenho que ter um discípulo!'."

Tenzin Palmo estava mais do que disposta. Tornou-se aluna particular do talentoso Trungpa. Agora, em vez de ter apenas alguns livros para buscar orientação, tinha uma fonte viva. Ela ficou encantada. "Senti que finalmente era a coisa verdadeira, embora Trungpa não fosse nada do que eu imaginava que um monge ou lama devesse ser. Ele não era nada bonito. Era muito simples e não sabia muito inglês, mas havia algo ali", ela disse.

Nos meses seguintes, Trungpa demonstrou algumas aptidões notáveis. "Em certa ocasião, ele começou a falar sobre os poderes dos lamas tibetanos de 'fazer o tempo', afirmando que era fácil provocar tempestades de granizo, mas não tão fácil impedi-las quando estavam a caminho. Ficamos fascinadas", recorda-se Tenzin Palmo. "Na semana seguinte, minha mãe e eu fomos visitá-lo em Oxford, onde ele estava hospedado. Era um dia quente e ensolarado em meados de julho, com um lindo céu muito azul; quando desembarcamos do ônibus, uma nuvenzinha negra começou a se aproximar e, no minuto seguinte, estávamos no meio de uma pequena chuva de granizo bem em cima de nossa cabeça."

Em um nível mais sério, ele estava lá para enfrentar a barragem de perguntas dela e travar discussões acaloradas de que ambos gostavam. Ele falou muitas coisas que ela não entendeu em absoluto na época, mas que fizeram sentido mais tarde. E lhe deu as primeiras aulas de meditação, ensinando-a como observar a mente, como torná-la relaxada, mas alerta ao mesmo tempo. Tenzin Palmo estava em seu elemento. "Achei maravilhoso. Sempre senti que a meditação era a essência do caminho e tinha muita fé em Trungpa", ela disse. Na época ela não conseguiria articular precisamente por que a meditação era tão importante, nem o que fazia. Passados trinta anos de prática sólida, ela consegue explicar exatamente de que se trata a habilidade de "olhar para dentro": "Nossa mente é muito selvagem, descontrolada, constantemente criando memórias, preconceitos, comentários mentais. É como um ato de motim para a maioria das pessoas! Anarquia interna. Não temos como escolher a forma de pensar e as emoções nos engolfam. Meditação é onde você começa a acalmar a tempestade, a cessar a tagarelice sem fim da mente. Uma vez que isso seja alcançado, você pode acessar os níveis mais profundos de consciência que existem para além do ruído da superfície. Junto vem a desidentificação gradual de nossos pensamentos e emoções. Você vê sua natureza transparente e já não acredita totalmente neles. Isto cria harmonia interior, que você pode então trazer para a vida cotidiana."

Mas Tenzin Palmo também experimentou em primeira mão o lado mais controverso de Trungpa. Ela não ficou nem chateada, nem indignada (ao contrário de seus detratores recentes), nem levou para o terreno da moral. Muito pelo contrário. "Lembro da primeira vez que o encontrei. Quando entrei na sala, ele deu tapinhas no assento ao lado dele no sofá, indicando que eu deveria sentar ali. Estávamos no meio do chá da tarde, comendo sanduíches de pepino e conversando sobre assuntos budistas profundos quando de repente senti a mão dele subindo pela minha saia. Não gritei, mas eu estava de salto alto e Trungpa de sandálias! Ele também não gritou, mas tirou a mão rapidamente", disse ela, rindo ao recordar o episódio.

Trungpa não se conteria. "Ele sempre sugeria que eu dormisse com ele. E continuei dizendo: 'Sem chance'", ela prosseguiu. "O fato é que ele não estava sendo sincero. Ele se apresentava como um monge puro e dizia que ter me conhecido havia virado sua cabeça etc., o que eu considerava a maior conversa fiada, embora achasse que ele era 'puro', pois não podia ver como um grande lama tibetano teria condições de ser o contrário. E eu com certeza não seria a causa de qualquer monge perder seus votos. Eu não queria que nada danificasse o budismo Mahayana. Se ele tivesse dito: 'Olha, minha querida, já estive com mulheres desde meus 13 anos e tenho um filho, não se preocupe com isso', o que era verdade, eu teria dito: 'Vamos nessa', porque o que seria mais fascinante do que praticar com Trungpa? Nenhum dos homens que conheci se parecia com ele", disse Tenzin Palmo com franqueza surpreendente, referindo-se ao fato de que, nos estágios mais elevados do budismo tibetano, no tantra, toma-se um parceiro sexual para intensificar os insights espirituais. "Então, ele perdeu ao apresentar aquela imagem patética!", acrescentou ela.

Apesar das escaramuças sexuais, Tenzin Palmo e Chögyam Trungpa permaneceram bons amigos. "Ele definitivamente tinha algo. Mesmo que fosse muito informal e com certeza jamais agisse como eu esperava que um lama agisse, ele era especial", reconhece Tenzin Palmo. Ele também foi instrumental em encorajar Tenzin Palmo a ir para a Índia a fim de encontrar seu guru. Em fevereiro de 1964, Tenzin Palmo, então com vinte anos, tinha economizado as noventa libras necessárias para a passagem de navio para a Índia. Foi a forma mais barata que ela conseguiu encontrar; contudo, ganhando apenas oito libras por semana, havia sido um processo lento. O navio dela, *Le Vietnam*, sairia de Marselha, no sul da França. Um trem, a travessia do canal e outro trem foram necessários antes da jornada propriamente dita ter início. Trungpa estava no grupo que foi à Victoria Station dar adeus a ela.

Capítulo

4

O primeiro passo

Enquanto o trem afastava-se da plataforma, deixando sua mãe e seu país para trás, sem que ela soubesse por quanto tempo, Tenzin Palmo permaneceu com os olhos secos. Entretanto, suas companheiras de viagem, Ruth Tarling e Christine Morris, que também estavam indo para a escola de Freda Bedi, estavam em prantos. "Eu não conseguia entender. Eu estava extremamente feliz. Finalmente estava de partida. Era o momento que eu havia esperado por anos", disse Tenzin Palmo.

Ela levava duas mochilas grandes, contendo um sortimento bizarro de apetrechos: seis camisolas, montes de sabonete e um suéter grande que um dos lamas de Londres queria que ela entregasse ao irmão dele na Índia. "Eu estava levando as coisas erradas. Por que eu precisaria de seis camisolas nunca vou saber, e a Índia produz sabonetes perfeitamente bons", riu ela.

Le Vietnam era um cargueiro de bananas tripulado por etíopes, vietnamitas, sudaneses e argelinos recrutados nas antigas colônias francesas. Era a Índia a preço baixo. Não havia jogos no convés, nem festas, nem piscina de luxo; havia apenas um punhado de passageiros, todos fazendo o percurso para o leste lentamente, rumo à Índia e além. A viagem levou duas semanas, com paradas em Barcelona, Porto Said, Áden e Bombaim antes de navegar mais para o leste. Tenzin Palmo conhecia uma garota que morava em Bombaim e tinha escrito para ela perguntando se podia ficar alguns dias enquanto se orientava.

O ritmo vagaroso da viagem combinava perfeitamente com o estado de espírito de Tenzin Palmo. "Era como estar em um estado do bardo, naquele mundo entre a morte e o renascimento. Você não faz parte do passado e também não do futuro. Eu tinha aquele tempo limitado em que simplesmente poderia estar no navio antes do próximo capítulo. Foi uma bela maneira de viajar."

Contudo, a jornada se provaria memorável. Como em todas as boas histórias de viagem marítima, houve um romance a bordo. Junto com Tenzin Palmo, também havia um jovem japonês que ela conhecera há pouco. Como muitos de seus pretendentes, ele havia se apaixonado profundamente por aquela mulher vivaz e inteligente. De sua parte, Tenzin Palmo ficara extremamente atraída pelo asiático alto, de boa família e que também era budista. Eles tinham decidido viajar juntos, 'o japonês com a intenção de ir até Tóquio'. Uma vez a bordo, o romance inevitavelmente floresceu e, certa noite, sob as estrelas, ele a pediu em casamento, ainda que de uma maneira bastante incomum.

"Ele disse que falaria uma coisa e que eu tinha que dizer 'hei' no final. Eu disse: 'Ok', pensando que fosse um jogo. Ele falou por uns cinco minutos, parou, olhou para mim, e eu disse 'hei'. Perguntei com o que eu havia concordado e ele respondeu: 'Você acaba de concordar em casar comigo'. Comecei a rir. Pensei que ele estivesse brincando. Mal nos conhecíamos. Não pensei que fosse a sério, mas era."

Tenzin Palmo vacilou, capturada mais uma vez entre os dois lados de si mesma. "A questão é que ele era tão bonito e uma pessoa tão adorável. Tinha um coração tão bom. Minhas amigas disseram que era melhor eu casar com ele logo porque não encontraria alguém igual novamente tão cedo. E foi a primeira vez que conheci alguém por quem senti: 'Com esse eu quero ficar'. Ainda assim, bem no fundo, eu realmente não queria casar. Minha ideia era vivermos juntos por um tempo, aí ele ficaria farto de mim porque ele era incrível e eu realmente não era nada, e eu então entenderia para valer que esta vida é sofrimento, como o Buda disse. Depois eu poderia voltar e me tornar uma monja. Era nisso que eu estava pensando", ela contou.

"O problema foi que eu de fato nunca disse 'não'. Quando sugeri que vivêssemos juntos, ele ficou horrorizado e disse que isso estava fora de cogitação. A família, a tradição nunca permitiriam. Era impensável. Tínhamos que casar. Naquele instante todas as sirenes de alarme tocaram e senti o terror de ficar aprisionada."

Presa entre os impulsos opostos da necessidade de intimidade física e emocional e a sempre presente vocação espiritual, ela decidiu manter suas opções em aberto. Eles fizeram um acordo. Tenzin Palmo ficaria na Índia por um ano e depois iria para o Japão. Só que o namorado japonês quase conseguiu que as coisas fossem do jeito dele mais cedo do que o esperado. Ao desembarcar em Bombaim, Tenzin Palmo descobriu, para seu desespero, que, ao contrário do combinado, não havia ninguém à espera nas docas para recebê-las. Assumindo o controle da situação, o namorado japonês deixou as moças com a bagagem e foi dar uma olhada nos arredores.

"Ele voltou absolutamente horrorizado. 'Isso aqui é um lugar terrível. É um inferno. Não posso deixar você aqui', ele disse. Eu não sabia o que fazer. 'Se alguém não vier nos buscar em meia hora, irei com você para o Japão", finalmente concordei. Esperamos por mais vinte minutos, quando um homem de repente veio correndo em nossa direção, acenando com uma carta. 'Você escreveu para minha filha, mas ela não está em casa, então abri. Só chegou pelo correio hoje de manhã. Corri para cá imediatamente', ele disse. A cronometragem do destino é assim. Lembro de chorar até adormecer naquela noite, pensando em deixar meu namorado. Na manhã seguinte, no entanto, acordei me sentindo muito alegre! Ah, deixa pra lá, pensei."

Então Tenzin Palmo e suas amigas fizeram o trajeto para Dalhousie, no norte da Índia, e a escola de Freda Bedi para jovens lamas. Elas chegaram em março e, nas últimas duas horas do percurso, Tenzin Palmo arrastou-se pela neve de sandálias. Os pés podiam estar molhados, mas seu espírito estava em ebulição: "Eu ia subindo pelas montanhas e mais e mais tibetanos iam aparecendo. Quando finalmente cheguei a Dalhousie, havia milhares deles. Montanhas nevadas por toda a volta, o céu azul resplandecente — era adorável."

Ela seguiu contando: "Encontramos a senhora Bedi na cozinha, inspecionando um fogão que jorrava fumaça sem que calor algum saísse dele. Estava cozinhando um mingau feito com algum tipo de queijo tibetano. Era nojento. Ela era uma mulher alta, roliça, na metade dos cinquenta anos, com olhos azuis, nariz aquilino e cabelos grisalhos puxados para trás em um coque. Lembro que ela vestia um sári marrom-avermelhado de tecido de lã pesado, que a fazia parecer enorme".

Freda Bedi era de fato uma figura fascinante, hoje uma lenda dentro dos círculos do budismo tibetano. Também levou uma vida pitoresca. Nascida e criada na classe alta inglesa, escandalizou a sociedade ao se casar com um indiano que conheceu em Oxford antes de retornar para o subcontinente para viver com ele. Na sequência, ela pegou em armas contra seu próprio país para combater os britânicos no movimento de independência e foi devidamente presa por suas atividades. Ao ser solta, uma heroína para seu país recém-adotado, Freda teve outra guinada dramática em sua carreira quando foi despachada pela direção da Central de Bem-Estar Social para trabalhar com os refugiados tibetanos recém-chegados, que afluíam em massa para a Índia na esteira da fuga do Dalai Lama em 1959. Uma vez instalada entre eles, Freda foi arrebatada por sua situação penosa e pela potência de sua mensagem de tal forma que, na meia idade, casada e com cinco filhos (um deles Kabir Bedi, o famoso astro de cinema indiano), tornou-se monja, a primeira mulher ocidental a fazê-lo, tomando o nome de Khechok Palmo.

"Ela era definitivamente uma figura — uma estranha mistura de indiana e inglesa. Ela nunca extirpou suas raízes por completo. Todos chamavam-na de mamãe. Eu a amava muito", comentou Tenzin Palmo. "O fato é que ela era muito boa em lançar ideias e excelente em ganhar dinheiro. Naquela época os tibetanos ainda não estavam organizados, não sabiam inglês, nem tinham conhecimento de entidades de ajuda e como se candidatar para receber auxílio. Freda Bedi, por outro lado, era extremamente organizada e excelente ao apresentar sua causa. Ela conseguiu um monte de dinheiro. Sua principal falha, no entanto, foi que, em vez de comprar uma propriedade, na época uma coisa muito barata, e se estabelecer, ela desperdiçou os fundos na compra de coisas como roupas de cama, toalhas e isto e aquilo. Ela não era muito prática. Depois de alguns anos, os preços da terra dispararam e as agências humanitárias passaram a fazer doações para outros, e ela perdeu. Ainda assim, o convento que ela começou ainda existe e muitos professores tibetanos que vieram para o Ocidente, como Trungpa, tiveram seu inglês básico na escola dela. Então, na verdade, ela contribuiu muito."

Dalhousie era um lugar lindo, espalhado por uma série de colinas cobertas de pinheiros majestosos e habitadas por bandos de macacos barulhentos. Foi fundado em 1854 por Lord Dalhousie como uma estação de montanha e quando Tenzin Palmo chegou lá, estava repleto de clubes de oficiais decadentes, igrejas anglicanas e casas de tijolo inglesas com telhados altos, grandes varandas e jardins cheios de rosas e dálias — hoje relíquias do Raj. A dois mil metros de altura, não só proporcionava um alívio abençoado do sol de verão escaldante, como também oferecia vistas deslumbrantes das planícies de um lado e do sopé dos Himalaias indianos do outro.

Tenzin Palmo conseguiu agendar sua viagem a tempo de chegar em um momento interessante da história — quando cerca de cinco mil tibetanos estavam congregados em Dalhousie, fazendo do lugar o principal centro de refugiados na Índia. Mais tarde eles levantaram acampamento e foram para Dharamsala, para o sul da Índia e outros assentamentos, mas em 1963 estavam lá em massa, corajosamente estabelecendo réplicas dos grandes mosteiros que tinham florescido em sua pátria, Sera e Drepung, e tentando ressuscitar pelo menos os restos da sua cultura original. "Era um lugar lindo na época. Não havia carros e tinha uma atmosfera muito especial. De manhã e à noite, todos os tibetanos saíam para fazer kora em torno das colinas", Tenzin Palmo lembrou.

Podia ser interessante, mas fácil não era. Os tibetanos haviam testemunhado atrocidades indescritíveis. Tinham visto seus poderosos mosteiros saqueados, seus monges e lamas elevados torturados, tinham sido traumatizados pela perigosa jornada de fuga; estavam destituídos, deslocados e num estado lastimável. "Eles eram desesperadoramente pobres e as condições em que viviam eram terríveis. Tinham tendas feitas de sacos de farinha, que naturalmente eram irremediavelmente inadequadas, e tentavam fazer seu chá de manteiga com banha de porco. O calor indiano também era terrível para eles depois do frio seco do Tibete. Muitos ficaram doentes e morreram."

A situação em que ela mesma se encontrava não era muito melhor. Primeiro ela foi colocada na varanda coberta do convento que Freda Bedi tinha fundado para monjas Kagyu e a seguir em um quartinho individual. "Era frio, um frio de congelar e, quando chovia, chovia lá fora e dentro. Ficava tão molhado que na verdade eu tinha que dormir debaixo da cama. E então havia os ratos. Eles estavam por toda parte. Além disso eram enormes e comiam tudo, inclusive tecido e minhas contas de oração. Costumavam me manter acordada à noite pois pulavam em cima de mim. Na verdade, eu não ligava para os ratos tanto quanto para as aranhas. Lembro que havia uma aranha imensa com olhinhos vidrados. Isso era muito pior."

Todos os dias ela contornava o morro desde o convento até a curiosamente denominada "Escola Domiciliar de Jovens Lamas" que Freda Bedi havia montado em uma das antigas casas inglesas, abandonada, mas magnífica. A construção de muitos cômodos empoleirava-se bem na borda de um morro, cercada por um jardim lindo. (O primeiro dos vagabundos do Dharma, o poeta norte-americano Allen Ginsberg, estivera lá pouco antes de Tenzin Palmo, reunindo a inspiração que deflagraria um culto.)

Tenzin Palmo recebeu dois serviços, atuando como secretária de Freda Bedi e ensinando inglês básico para os jovens lamas. Entretanto, os alunos não eram lamas comuns, eram os tulkus, as reencarnações reconhecidas de elevados mestres espirituais anteriores, em cujas mãos repousava o futuro do budismo tibetano em si. Chögyam Trungpa estava entre os muitos futuros professores eminentes no Ocidente que ali aprenderam suas primeiras lições de inglês rudimentar.

Apesar das condições de vida espartanas, Tenzin Palmo amava aquilo, como revela a carta para sua tia na Inglaterra:

Minha querida tia Joan,
Muito, muito obrigada por suas duas cartas, realmente adorei recebê-las, tão logo consegui decifrar sua caligrafia — conhecer a escrita tibetana ajudou! ...
Atualmente estou dando algumas aulas para iniciantes a manhã toda. O lama mais jovem tem 12 anos de idade, há um lama de 25 anos que é muito meigo e muito bom lama, mas irremediável no inglês, e também há um lama de 22 anos que é realmente lindo e trabalhou na construção de estradas por dois anos antes de vir para a escola, então seu corpo é algo! Além disso, ele é muito inteligente e está aprendendo muito rápido. É como uma escola de aldeia, com montes de turmas tendo aulas na mesma sala — bastante barulhento, mas muito divertido.
Temos dois gatos e um pequeno cão tibetano na escola e também temos uma cadela chamada Shu-shu, cuja mãe e irmão foram comidos por leopardos. Nós a amamos muito, mas ela definitivamente carece de traquejo social, tendo um notório apetite por esterco de vaca e pelas canelas de transeuntes indianos. Ela dorme na minha cama e é uma cachorra adorável quando adormecida. De

qualquer forma, dizemos a nós mesmos: ela tem personalidade...
Neste momento as monjas estão realizando o puja da noite. A tempestade cortou nossa eletricidade, de modo que só dispõem da luz bruxuleante das lamparinas de manteiga para enxergar. Realmente, agora está parecido com o Tibete. Do meu quartinho posso ouvir os sons dos sinos, do tambor e da recitação muito claramente. É muito bonito. Muitas vezes vamos aos pujas dos lamas porque é realmente muito bom e os movimentos simbólicos com as mãos são lindos e fascinantes.
Obrigada por se oferecer para me enviar coisas, mas realmente não há nada de que eu precise; além do mais, o imposto aduaneiro é de 100% sobre tudo. Envio meu amor a Arthur, Graham, Martin, Kim e você, claro.
Diane.

Conforme a carta também revela, o olhar de Tenzin Palmo ainda era muito muito atraído pelo sexo oposto. Ela tinha vinte anos, era atraente, vivaz, e a divisão entre os dois lados de si mesma não estava resolvida. Como para enfatizar o dilema, certa noite uma monja trouxe três cartas. Uma era de um antigo namorado cingalês lamentando o fato de ela ter ido embora e suplicando que retornasse à Inglaterra para se casar com ele. A segunda era de outro rapaz japonês dizendo que havia mudado de ideia sobre casamentos inter-raciais jamais darem certo e perguntando se ela queria voltar com ele. E a terceira era do "noivo" japonês, dizendo que as condições sobre as quais ela escrevera soavam tão terríveis que ela deveria voar imediatamente para o Japão — e que ele estava enviando uma passagem.

"Eu ria sem parar. A monja que entregou a correspondência perguntou o que estava acontecendo. 'Três homens acham que eu deveria casar com eles', falei. Ela perguntou qual pedido eu ia aceitar. Fiz uma pequena pausa e respondi: 'Não vou casar com nenhum deles. Vou ser monja'. Nenhum daqueles homens percebeu que eu estava curtindo minha vida ao máximo. Todos os três pensavam que eu devia estar arrasada por não estar com eles. Não entendiam coisa nenhuma. Naquele momento lembrei de novo por que eu estava lá."

O fato é que alguns novos homens verdadeiramente notáveis e interessantes estavam entrando na vida de Tenzin Palmo. O inglês autor John Blofeld, conhecido por sua representação de mestres Zen e sua tradução do *I Ching*, subiu a montanha para visitá-la. Depois de ler *The Wheel of Life* (A roda da vida), relato da jornada do próprio Blofeld no budismo, escrito com requintada eloquência, Tenzin Palmo tinha escrito para ele expressando o quanto o livro havia significado para ela e, para sua surpresa, ele respondeu. Seguiu-se uma longa correspondência na qual Tenzin Palmo falou de seus planos e John Blofeld respondeu oferecendo orientação e conselhos. Ele viria a desempenhar um papel importante na vida dela até sua morte em 1987.

"Ele era muito mais velho que eu, mas nos demos muito bem. Era um amigo adorável e uma pessoa maravilhosa — bondoso, inteligente. Era uma pessoa muito humilde e tinha uma devoção genuína ao Dharma (caminho budista), sem qualquer tipo de arrogância. No final da vida, me escreveu dizendo que estava cada vez mais envolvido com o budismo chinês, estava começando a falar mandarim como um chinês, tinha deixado crescer uma barba branca e, quando se olhava no espelho, achava-se parecido com um sábio taoísta. Eu respondi que esperava que ele também tivesse deixado o cabelo crescer e estivesse usando um nó no alto da cabeça com um grampo de jade porque, se você vai fazer alguma coisa, melhor fazer corretamente", disse ela, citando sua sabedoria pessoal. "Com ele era tudo muito natural — como redescobrir uma personalidade muito profunda."

"Mas ele também tinha uma ligação muito forte com os tibetanos, especialmente com Tara. No entanto, ele odiava o que nos davam para comer; bolinhos num dia, arroz e lentilhas no seguinte. Pessoalmente, não vejo o que havia de errado nisso!", ela acrescentou.

Sendo um dos primeiros ocidentais na cena, Tenzin Palmo mais uma vez encontrou-se na singular condição de conhecer alguns dos mais eminentes lamas do budismo tibetano, figuras como Sua Santidade o Karmapa, chefe da linhagem Kagyu, cujas reencarnações podem ser rastreadas mais longe no passado que as do Dalai Lama. Ele era objeto de imensa reverência de todos os tibetanos.

"Foi um período maravilhoso. Naquela época, se você fosse um ocidental interessado no Dharma, todo mundo ficava espantado e encantado e todas as portas eram abertas", ela recorda. "Lembro da primeira vez que encontrei o Karmapa; eu estava muito amedrontada, pois ele parecia muito severo, um pouco como Napoleão. Fui lá, comecei as prostrações e ouvi aquela risada muito aguda. Olhei para cima e lá estava ele com suas grandes covinhas, rindo, apontando um dedo e perguntando: 'Quem é esta, quem é esta?'. Naquela época realmente tínhamos um tratamento de tapete vermelho, não como hoje em dia."

Em um dia de junho, apenas três meses depois de ter chegado a Dalhousie, ela conheceu o próprio Dalai Lama. Ela estava usando o traje tibetano tradicional — um vestido longo, envolvendo todo o corpo, chamado *chuba*, azul-escuro, com uma blusa turquesa por baixo, que anteriormente pertenceram a uma princesa. Era quente e elegante. "Você se parece com uma senhora de Lhasa", foram as primeiras palavras do Dalai Lama. Estas foram seguidas por uma frase bem mais enigmática: "*Oh, Ani-la, tukdam gong phel?*" ("Oh, monja, sua prática está progredindo bem?").

O intérprete virou-se para Tenzin Palmo confuso. "Não sei por que ele chamou você de Ani-la, essa saudação é usada apenas quando dois eremitas se encontram", ele disse. Com sua clarividência lendária, teria o Dalai Lama visto o que estava por vir e talvez até mesmo o que acontecera antes?

Tenzin Palmo olhou para o Dalai Lama e se ouviu dizendo: "Não, não sou de Lhasa, sou uma khampa", significando uma pessoa do Kham, região do Tibete oriental. Ela não sabia por que dissera aquilo — não tinha conhecimento específico do Kham, tampouco dos khampas.

"Quais são seus planos?", perguntou o Dalai Lama em seguida.

"Você deve saber que o melhor dos planos se extravia", respondeu Tenzin Palmo, com uma audácia que viria à tona em uma ocasião bem mais à frente, quando ela se dirigiria ao Dalai Lama novamente a respeito de um tema muito mais sério.

Uma semana depois deste encontro auspicioso, Tenzin Palmo conheceria o homem mais importante de sua vida — o homem que ela tinha ido à Índia para encontrar.

Capítulo 5

O guru

O oitavo Khamtrul Rinpoche tinha percorrido um longo caminho.

Certa noite ele deixou seu mosteiro no Kham, Tibete Oriental, disfarçado de mercador, pronto para fazer sua ousada fuga. O Khampagar era uma vasta construção, grande como um palácio, com paredes amarelas brilhantes e telhado dourado que brilhava ao prístino sol tibetano. Tinha sido o mundo de Khamtrul Rinpoche por quase trinta anos, contando apenas esta vida. Considerando todas as suas reencarnações, contudo, tinha sido sua casa e a sede de seu considerável poder nos últimos 450 anos, desde 1548, quando a primeira de suas reencarnações foi reconhecida. Quando o oitavo Khamtrul Rinpoche nasceu, em algum momento da década de 1930, o Khampagar havia crescido em tamanho e influência, abrangendo cerca de 200 mosteiros afiliados, centenas de milhares de monges e um corpo de elite de iogues famosos em todo o Tibete. Isto não era tudo. Como um enclave do Renascimento Oriental, ao longo dos séculos o Khampagar simultaneamente tinha desenvolvido a excelência em todos os campos da arte sacra, incluindo pintura e a dança dos lamas. Em face da destruição chinesa, Khamtrul Rinpoche deixou tudo para trás — a pompa, os privilégios, regalias, seu séquito e todo um estilo de vida.

A jornada foi traiçoeira. Viajando a cavalo, o pequeno grupo de seguidores cruzou rios gélidos em plena cheia, os cavalos nadando com apenas as narinas acima da água, seus parcos haveres transportados em jangadas. Contava-se que Khamtrul Rinpoche acalmou as ondas lançando areia sagrada; seja qual for o motivo, nenhuma vida foi perdida e todos os bens cruzaram em segurança para a outra margem. Depois disso, havia o que era um largo trecho de campo aberto para se atravessar em plena vista de uma estrada usada pelos comboios de caminhões militares chineses. Milagrosamente, nenhum deles apareceu enquanto os cavaleiros passavam. O último e maior obstáculo eram os Himalaias, a cordilheira mais alta do mundo. Khamtrul Rinpoche cavalgou-os para cima e para baixo, rumo à segurança da Índia.

Nos últimos anos, ele estivera em Dalhousie e arredores com o resto dos tibetanos, reunindo os poucos discípulos que também haviam conseguido escapar, tentando reviver o estilo de vida do Khampagar naquele solo muito estrangeiro. Em 30 de junho de 1964, Khamtrul Rinpoche encontrava-se na Escola Domiciliar de Jovens Lamas visitando Freda Bedi.

Tenzin Palmo teve a primeira premonição de que seu guru estava prestes a aparecer numa noite enquanto checava a correspondência da escola. Em meio a todas as cartas, ela achou a de uma comunidade de artesanato tibetano, contendo uma amostra de papel feito à mão que esperavam que a senhora Bedi pudesse comercializar. Era assinada por alguém chamado Khamtrul Rinpoche. Ela não fazia ideia de quem fosse Khamtrul Rinpoche, mas, como comentou mais tarde: "No instante em que li aquele nome, a fé surgiu".

Ela recorreu à senhora Bedi, ouviu a história dele e ficou sabendo que ele era aguardado a qualquer momento. "Quanto mais ouvia falar dele, mais animada eu ficava. Senti que era a pessoa com quem eu queria tomar refúgio", Tenzin Palmo explicou, referindo-se à cerimônia em que a pessoa compromete-se oficialmente com o caminho budista.

Foi no vigésimo primeiro aniversário de Tenzin Palmo, a 30 de junho de 1964, que ele chegou. "Era lua cheia e estávamos fazendo os preparativos para iniciações de longa vida quando o telefone tocou. A senhora Bedi atendeu. 'Seu melhor presente de aniversário acaba de chegar na parada de ônibus', disse ela. Fiquei muito animada e ao mesmo tempo absolutamente aterrorizada. Eu soube que meu lama estava lá", ela recorda. "Corri de volta para o convento, para vestir meu traje tibetano e pegar um *kata* (o lenço branco tradicionalmente dado em saudação), mas quando voltei à escola Khamtrul Rinpoche já tinha chegado e entrado. Aventurei-me atrás dele nervosa. Ele estava sentado em um sofá com dois jovens lamas, ambos reencarnações reconhecidas. Eu estava tão assustada que sequer olhei para ele. Só olhei para a barra de seu manto e seus sapatos marrons. Não sabia se ele era jovem ou velho, magro ou gordo."

A senhora Bedi apresentou-a, explicando que Tenzin Palmo era ligada à Sociedade Budista da Inglaterra e tinha vindo para a Índia recentemente para trabalhar com ela. "Lembro de pensar que o que ela dizia era extremamente irrelevante, mas ao mesmo tempo fiquei muito grata por ela simplesmente estar falando", Tenzin Palmo prosseguiu.

Cortando a conversa fiada e ainda sem saber realmente qual era a aparência de Khamtrul, ela falou de chofre: "Diga que quero tomar refúgio", ela contou, referindo-se à cerimônia em que o indivíduo torna-se oficialmente budista.

"Oh, sim. Claro", respondeu Khamtrul Rinpoche. Nesse momento ela olhou para cima.

Ela viu um homem alto, grande, cerca de dez anos mais velho que ela, com um rosto forte, redondo, de expressão quase severa e um nó estranho no topo da cabeça. Aquilo era semelhante ao retratado em efígies do Buda. "A sensação era de duas coisas ao mesmo tempo. Uma era de ver alguém que se conhecia extremamente bem e que não se via há muito tempo. Um sentimento de 'oh, que bom ver você de novo!'. E ao mesmo tempo era como se uma parte muito íntima de meu ser tivesse tomado forma diante de mim. Como se ele sempre houvesse estado ali, mas agora estivesse do lado de fora", explicou ela.

O encontro com um verdadeiro guru é assim — isso raramente acontece.

Em questão de horas Tenzin Palmo também declarou que queria tornar-se monja e perguntou se ele faria o favor de ordená-la. De novo Khamtrul Rinpoche disse: "Sim, é claro", como se fosse algo muito natural. Três semanas mais tarde, em 24 de julho de 1964, estava feito. "Demorou todo esse tempo porque Khamtrul Rinpoche disse que queria me levar de volta para seu mosteiro em Banuri, para realizar as cerimônias lá", disse ela, sem qualquer traço de ironia.

Ela estava na Índia há apenas três meses, mas o que, olhando de fora, parecia uma decisão imprudente e precipitada, em sua mente era totalmente razoável e completamente lógico.

"O ponto é que eu estava em busca da perfeição. Eu sabia que o budismo tibetano não só oferecia a descrição mais perfeita daquele estado, como oferecia o caminho mais claro para chegar lá. Por isso me tornei monja. Porque, para seguir nesse caminho, é necessário o menor número possível de distrações", ela afirmou, resoluta como sempre.

Na Inglaterra, no entanto, Lee ficou apreensiva. "Pense um pouco mais sobre isso", ela escreveu à filha. Porém, quando

Tenzin Palmo recebeu a carta, era tarde demais. Ela já havia vestido os mantos castanho-avermelhados e dourados e raspado o cabelo comprido encaracolado. Ela enviou à mãe uma foto de seu novo visual, com as seguintes palavras escritas atrás: "Está vendo? Pareço muito saudável. Eu deveria estar rindo, assim você saberia que também estou feliz". Lee respondeu: "Minha pobre ovelhinha tosquiada!".

A mãe dela não foi a única a se afligir com a careca de Tenzin Palmo. Na véspera de sua ordenação, quando ocorreu a cerimônia de corte de cabelo, alguns dos lamas que tinham passado a apreciar a jovem atraente imploraram para que ela não fizesse aquilo. "Pergunte a Khamtrul Rinpoche se não precisa raspar a cabeça", um deles suplicou. "Não estou me tornando monja para agradar os homens", ela retrucou. "Quando saí, eles olharam embasbacados — ficaram horrorizados. Mas me senti ótima. Adorei! Me senti mais leve, livre de um fardo. A partir daquele dia, não tive mais que pensar sobre o meu cabelo. Eu ainda raspo uma vez por mês", disse ela.

O dia da ordenação está gravado indelevelmente em sua mente: "Eu estava extraordinariamente feliz", recorda ela. Entretanto, nem tudo transcorreu sem incidentes. Como é de costume, ela tinha comprado alguns itens em Dalhousie para fazer uma oferenda a Khamtrul Rinpoche, mas, misteriosamente, quando foi buscá-los, não conseguiu encontrá-los. Haviam sumido completamente e, na verdade, ela nunca os reencontrou. Ela sabia que ir de mãos vazias para a ordenação era uma terrível violação da etiqueta espiritual. "Me senti horrível. Quando chegou a hora de apresentar meus presentes, disse a Khamtrul Rinpoche: 'Me desculpe, não tenho nada para lhe dar, mas ofereço meu corpo, fala e mente'. Ele riu. 'É isso que quero', ele disse."

Khamtrul Rinpoche então deu a ela o nome de Drubgyu Tenzin Palmo, "Senhora gloriosa que defende a doutrina da sucessão da prática" e, ao fazê-lo, colocou-a como a segunda mulher ocidental a se tornar monja budista tibetana — sendo Freda Bedi a primeira. Ela seria ponta de lança de um movimento, pois em seguida muitas mulheres de toda a Europa, América do Norte, Austrália e Nova Zelândia seguiram seus passos, também raspando a cabeça e vestindo os mantos, ajudando a formular o budismo ocidental recém-surgido.

Agora estabelecida como parte da comunidade de Khamtrul Rinpoche, o verdadeiro significado do que estava por trás do primeiro e extraordinário encontro de ambos começou a se revelar. Se Tenzin Palmo tinha de alguma forma "conhecido" Khamtrul Rinpoche intuitivamente, ele com certeza a reconhecera. Bem como os monges do mosteiro. Tenzin Palmo ostentava notável semelhança com uma figura retratada em uma pintura pendurada no mosteiro de Khampagar, no Tibete, pintura que lá estivera por anos. A figura tinha penetrantes olhos azuis e um nariz comprido distintivo. Além disso, obviamente era alguém de importância espiritual pois, conforme outros mais tarde testemunharam, os monges imediatamente começaram a tratar Tenzin Palmo com a deferência concedida a um tulku, uma reencarnação reconhecida. Khamtrul Rinpoche manteve-a bem junto de si, um comportamento incomum, visto que ele despachava a maioria dos ocidentais para longe, não querendo atrair um fluxo de discípulos estrangeiros, ao contrário de outros lamas de seu tempo. Esta proximidade especial entre Khamtrul Rinpoche e Tenzin Palmo foi mantida por toda a vida dele.

O que exatamente se passava nessas trocas não comentadas de identidades anteriores ninguém com percepção comum poderia dizer, especialmente o ocidental comum, para quem a reencarnação permanece em grande parte um enigma. Para os tibetanos, no entanto, o renascimento é uma certeza. Todos nós nascemos vezes e mais vezes, dizem eles, em muitas formas e situações diferentes, em famílias com as quais temos fortes conexões cármicas. Aos olhos do budista, portanto, sua mãe e seu pai podem muito bem ter sido seus pais em uma vida anterior, ou talvez até mesmo seu filho, filha, tio, primo, amigo íntimo ou inimigo. O vínculo foi assentado em algum momento do "tempo sem princípio" e cimentado no lugar por meio de incontáveis relacionamentos subsequentes. E assim prosseguiu, girando e girando na roda da vida e da morte, a mente ou consciência irrevogavelmente arrastada para sua próxima existência pelas propensões que desenvolveu dentro de si.

Se o renascimento é uma certeza, e bastante comum, a reencarnação não. É dito que somente aqueles que atingiram o nível mais elevado do desenvolvimento espiritual podem treinar a mente para, no momento da morte, reencarnar conscientemente no lugar e circunstâncias exatos que queiram. E só reencarnações são procuradas e reconhecidas no âmbito do elaborado sistema tibetano desenvolvido ao longo dos séculos. São os tulkus, os rinpoches ou "preciosos", que abandonaram seu lugar nas terras puras a fim de cumprir o voto de retornar à terra vezes e mais vezes para liberar todos os seres scientes do sofrimento.

Quem Tenzin Palmo foi ou tinha sido exatamente era difícil

de estabelecer, e ela mesma é particularmente vaga sobre o assunto. "Acho que fui monge por muitas vidas e minha relação com Khamtrul Rinpoche começou há muito tempo. Por isso, quando nos encontramos de novo, foi só uma questão de retomar de onde havíamos parado. Acho que eu era seu monge atendente, ou algo assim. Uma vez um lama perguntou com um certo espanto: 'Você não sabe quem foi na vida passada?', e, quando eu disse 'não' e se ele poderia contar, ele respondeu: 'Se Khamtrul Rinpoche ainda não contou, ele deve ter suas razões'. Mas eu nunca perguntei", disse ela.

"O fato é que nos conhecemos e reconhecemos um ao outro e foi o suficiente", acrescentou. "Khamtrul Rinpoche disse que estivemos muito unidos por muitas vidas. Também comentou que dessa vez, por eu ter assumido uma forma feminina no Ocidente, muito distante dele, tinha sido difícil ficarmos juntos, mas não obstante ele sempre me guardou em seu coração."

Mais adiante foram reveladas informações mais específicas sobre as vidas passadas de Tenzin Palmo. Ela suspeita que em uma vida foi iogue e muito próxima do sexto Khamtrul Rinpoche, que viveu no início do século passado. O sexto Khamtrul Rinpoche deixou o Mosteiro de Khampagar, casou e foi morar em uma caverna no lado oposto da montanha do mosteiro. Ele foi um grande iogue que ostentava entre os discípulos o famoso Shakya Shri, considerado um dos maiores meditadores do século XX. Dizem que Shakya Shri recebeu ensinamentos do próprio Milarepa enquanto na clara luz. Presumivelmente Tenzin Palmo, na vida passada, conheceu os dois.

Ali estava finalmente a resposta para talvez muitos dos enigmas da vida de Tenzin Palmo: por que ela se sentia perpetuamente "errada" em Londres, a estranha falta de familiaridade com um corpo feminino quando criança, a afinidade natural com o budismo tibetano, especialmente a escola Kagyu, o desejo espontâneo de ser ordenada, a declaração ao Dalai Lama de que ela era do Kham. Se ela havia sido homem, monge e meditador no Tibete oriental por muitas vidas, tudo aquilo fazia sentido.

Por que dessa vez ela tinha nascido ocidental e mulher era, no entanto, uma questão de especulação.

Como Tenzin Palmo disse, ela agora estava prestes a retomar a relação com Khamtrul de onde havia parado, desta vez não como monge ou lama, mas como monja. Tenzin Palmo deixou a escola da senhora Bedi e começou a trabalhar como secretária de Khamtrul Rinpoche, cargo que significava estar em estreito contato com ele regularmente. Mais uma vez, apenas a estranheza dos tempos tornava uma coisa dessas possível. Tivesse ela nascido de novo no Kham como mulher, ele poderia muito bem tê-la reconhecido, mas o protocolo e os séculos de tradição teriam exigido que a enviasse para um de seus conventos. Com a grande proximidade, ela veio a conhecê-lo novamente.

"Ele era um homem alto, de compleição pesada, mas, como muitas pessoas grandes, surpreendentemente leve nos movimentos. Era um excelente 'lama dançarino' e um pintor muito talentoso também. Bastante famoso entre seu próprio povo. Também foi poeta e gramático", ela começou contando. "Sua presença também era imponente, mas ele era extremamente doce e gentil, com uma voz muito suave." A voz dela também fica suave ao recordar. "Eu ficava aterrorizada com ele. É interessante sentir esse tipo de temor. Ele era considerado uma das formas iradas de Guru Rinpoche (também conhecido como Padmasambhava, o homem a quem se atribui ter levado o budismo da Índia para o Tibete no século VIII), e às vezes as pessoas o viam dessa forma. Então acho que era isso mesmo. Por fora, ele era muito doce, mas você sentia aquela grande força dentro dele.

"Certa noite eu estava escrevendo quando Khamtrul Rinpoche chegou, parecendo muito cansado. Ele deu uma olhada em mim, olhei para ele e, por um momento, foi como se a máscara tivesse caído e eu fosse atingida por um raio. Dei um pulo e em seguida comecei a tremer. Foi como se uma corrente elétrica tivesse passado por todo meu corpo. Ele imediatamente levantou-se e veio a mim. 'Sinto muito... Foi sem querer. Sinto muito', ele disse. Ele mandou um dos monges me levar para casa e passei a noite toda simplesmente tremendo. Era assim. Ele tinha aquele enorme poder, que tentava manter guardado o tempo todo. Mas realmente era extremamente gentil, engraçado e muito carinhoso. Algumas pessoas o consideravam distante e desligado, mas comigo ele era carinhoso. Segurava minha mão, acariciava meu rosto e era muito afetuoso — como um pai e uma mãe combinados."

"Era um relacionamento bonito", ela continuou. "Era muito simples, muito descomplicado. Nunca duvidei de quem fosse meu lama. Ele nunca duvidou de que eu pertencesse a ele. Ele sempre dizia: 'Você é minha monja'. Mesmo quando me tornei muito ligada a outros lamas, a inter-relação não estava lá. Eu me sentava com pessoas como Sakya Trizin (chefe da escola Sakya), que se tornou meu segundo lama e, de repente, sentia aquela grande saudade de Khamtrul Rinpoche. É como com sua mãe — pode haver outras pessoas que você admira e de quem gosta, mas o sentimento especial que você tem com sua mãe você não consegue ter com mais ninguém", disse ela.

"Veja bem, a relação com seu lama é tão íntima e em um nível tão profundo; não é como nenhuma outra. Como é que pode? Trata-se de um relacionamento que vem acontecendo vida após vida. Seu verdadeiro lama está comprometido com você até a iluminação ser alcançada. O que poderia ser mais íntimo do que isso?"

Outra pessoa que conhecia Khamtrul Rinpoche intimamente é Choegyal Rinpoche, um de seus principais discípulos, que esteve com ele no Kham. Ele lançou mais luz em quem era o guru.

"Ele era incrível. Sua mente mantinha-se a mesma acontecesse o que acontecesse. Notei que ele era exatamente o mesmo aqui na Índia, como refugiado, tal qual havia sido no Tibete, onde tinha muito poder e status. Não se importava de ter que ir comprar o cimento e construir o mosteiro ele mesmo. Passava o braço em volta dos comerciantes indianos, brincava com todos os habitantes locais, as pessoas realmente o amavam. Ele também era muito, muito ecumênico, muito amplo. Reunia-se com muçulmanos e hindus e discutia suas religiões com eles", disse Choegyal Rinpoche.

Tenzin Palmo, aos vinte e um anos de idade, tinha renunciado a muita coisa — sua família, seu país, sua formação, seu cabelo e todas as aspirações de acumulação mundana, mas havia uma parte do seu ser que ainda tinha que ser resolvida. Logo após a ordenação, ela recebeu uma carta de John Blofeld convidando-a para a casa dele na Tailândia, para passar um tempo com sua esposa e com ele. Tenzin Palmo achou uma excelente ideia. A Tailândia era um país budista, John era simpatizante e as condições da casa dele tendiam a ser mais propícias para um retiro de meditação do que as de Dalhousie. Ela pediu permissão a Khamtrul Rinpoche e ele disse: "Sim, mas volte depressa".

Quando ela chegou à casa de John Blofeld, encontrou o namorado japonês por lá também. Ela havia escrito para ele dizendo que se tornara monja e que, portanto, o noivado estava desfeito, mas ele ficou sabendo por um amigo comum que ela iria à Tailândia e decidiu tentar mais uma vez. Sem recuar diante da cabeça careca e das vestes disformes de Tenzin Palmo, ele pressionou-a mais uma vez para casar com ele. Tenzin Palmo hesitou. Ela era apenas uma monja noviça, e Khamtrul Rinpoche em sua sabedoria dera-lhe apenas o voto de "não matar". O rapaz japonês foi tão atraente como sempre.

"Nos dávamos maravilhosamente bem. Nos sentíamos completamente à vontade um com o outro, como se nos conhecêssemos desde sempre. Era um relação muito meiga. Ele era uma pessoa adorável, adorável", disse ela. "Uma vez ele esborrachou um mosquito. Eu falei: 'O que você está fazendo?'. Engatei naquele assunto de como os mosquitos têm sentimentos e de que, assim como nossa vida é preciosa para nós, para um mosquito a coisa mais preciosa que existe é sua própria vida e, assim como não queremos que ninguém nos esmague, não devemos tirar a vida de outro ser pois, embora possamos tirá-la, jamais poderíamos devolvê-la. No fim ele estava em lágrimas. 'Por que ninguém me falou isso antes?', ele disse. Ele tinha um coração bondoso. Ele nunca disse uma coisa má sobre ninguém, nunca. Era muito doce e inteligente. Era excepcional, muito, muito excepcional. Pensei que seria improvável eu um dia encontrar alguém assim outra vez. E, desse modo, a ideia de desistir dele era uma renúncia", ela lembrou.

Ele sugeriu que Tenzin Palmo fosse para Hong Kong por uns dois meses, deixasse o cabelo crescer e em seguida rumasse para o Japão. Ela ficou extremamente tentada. "Eu pensei: tenho vinte e um anos e nunca mais serei beijada novamente. Sou muito jovem! Eu queria a chance de cuidar dele, de agradá-lo, de ficar com ele. De fazer esse tipo de coisa. Ter esse tipo de relacionamento, estar com alguém, cuidar — me expressar dessa forma. Queria a oportunidade de fazer isso, não para sempre, mas por um tempo. Sendo monja, me sentia frustrada", ela disse com franqueza. "Eu era muito jovem. E de novo pensei que talvez pudéssemos viver juntos por um tempo, até a relação desandar, e depois eu poderia assumir meu papel de monja uma vez mais."

Havia outras tentações. As condições em Dalhousie eram terríveis. O mosteiro de Khamtrul Rinpoche ainda não fora reconstruído e todo mundo morava em tendas. Frequentemente havia lama na altura do joelho, não havia banheiros, tampouco água potável na torneira. Os pais do namorado japonês, por outro lado, haviam acabado de se mudar para uma nova casa tradicional e convidado Tenzin Palmo para ficar lá. Ela sabia que iria adorar. A luta interna intensificou-se. Lentamente, no entanto, a decisão estava sendo tomada.

"Pensei: do que eu me arrependeria mais daqui a dez anos, da chance de estar com o guru e praticar o Dharma ou da chance de um pouco de felicidade samsárica? E era tão óbvio! Passamos pelos prazeres mundanos vezes e mais vezes e aonde isso leva? Como isso poderia ser comparado com a chance de estar com o lama?", ela questionou.

O que finalmente a fez decidir foi o *I Ching*, o antigo livro chinês de adivinhação. John Blofeld tinha acabado de traduzi-lo e Tenzin Palmo foi ajudá-lo a corrigir. No processo, ele a ensinou como montar um santuário de I Ching e jogar as varas de milefólio, vendo de que lado caíam para deixar o hexagrama pronto para a leitura. Ela decidiu fazer a primeira e única pergunta que faria ao I Ching: deveria ir para o Japão ou voltar para a Índia? A resposta foi: "Viajar mais a leste não é aconselhável. Retorne para o sábio".

Não poderia ter sido mais claro. Tenzin Palmo agora sabia que curso tomaria. Ainda assim, abandonar o amor terreno não seria isento de tristeza. Naquela noite, deitada na cama, em lágrimas, pensando no que havia acabado de abrir mão, ela rezou ao guru para que a ajudasse. Ele ouviu o chamado.

"Enquanto eu orava, senti meu corpo todo encher-se com uma luz dourada vinda de minha cabeça até meus pés, e a voz de Khamtrul Rinpoche disse: 'Volte para a Índia imediatamente!'. Depois disso, fiquei perfeitamente feliz. Fiquei preenchida de bem-aventurança", ela explicou.

No dia seguinte, foi comprar a passagem de volta para a Índia. Ela nunca mais viu o rapaz japonês.

Capítulo

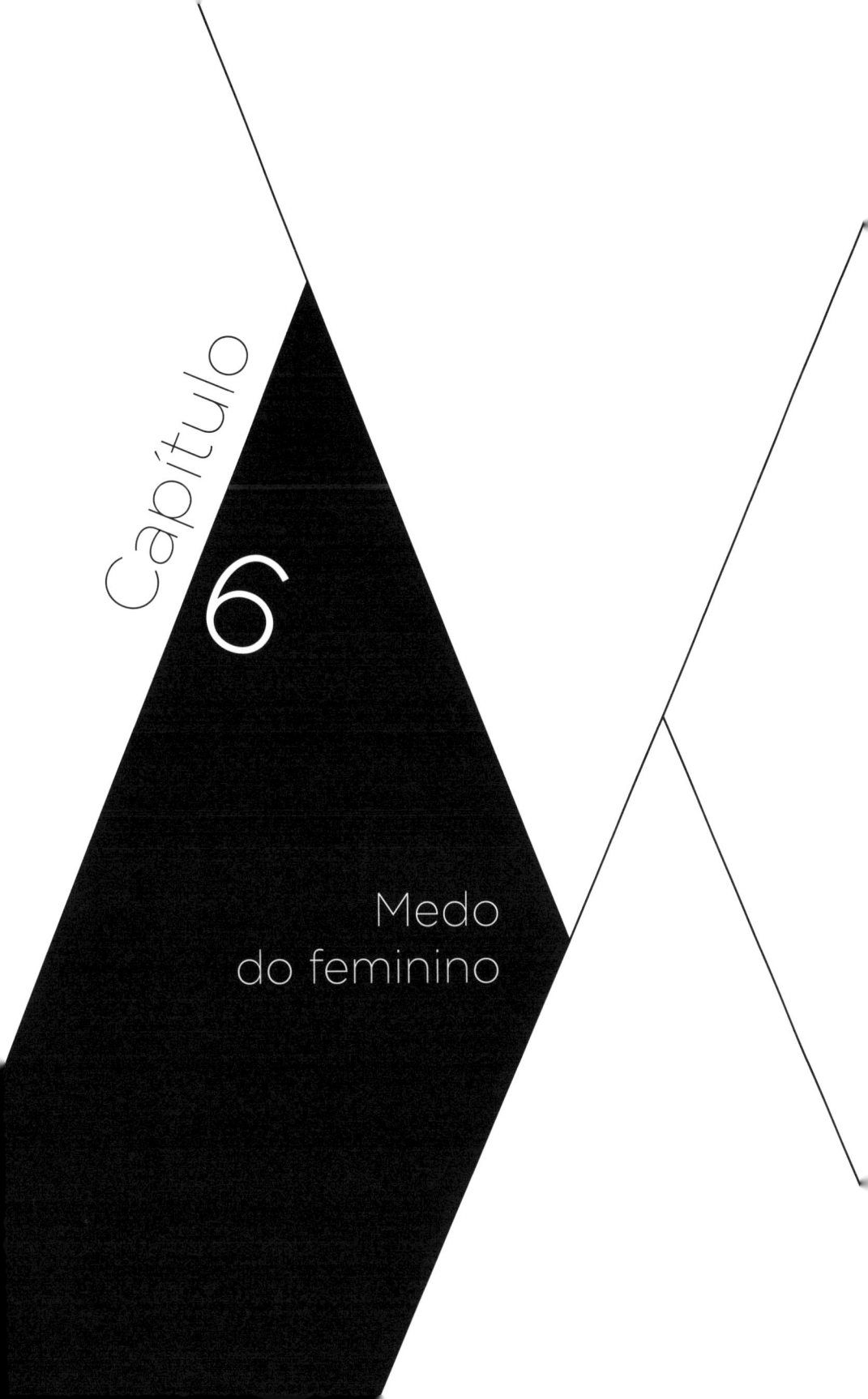

6

Medo
do feminino

Decisão tomada, divisão resolvida, Tenzin Palmo retornou a Dalhousie pronta para atirar-se incondicionalmente à vida de monja e seguir o caminho para a perfeição. Era a única coisa que ela realmente havia desejado a vida inteira. Ela era dedicada, extraordinariamente resoluta e instigada pelo mais alto dos ideais. O certo seria ter sido o início de uma gloriosa vocação, mas ela acabou entrando no que se revelaria a fase mais miserável de sua vida. Durou seis anos.

Por alguma força do destino (ou força do karma) Tenzin Palmo, como "única monja" de Khamtrul Rinpoche, conseguiu encontrar-se na situação bizarra de ser uma mulher solitária entre cem monges. Por puro acaso ela havia adentrado o poderoso portal do monasticismo tibetano, barrado ao sexo oposto há séculos.

Os mosteiros estavam para o Tibete como as pirâmides para o Egito. Em seu apogeu, eram instituições grandiosas, estendendo-se como cidades sobre as encostas das montanhas e fervilhando com a vitalidade maciça de milhares de monges engajados na busca da excelência espiritual. Instituídos desde o início do milênio, os mosteiros adquiriram estatura em ritmo constante e produziram alguns dos melhores místicos e santos eruditos que o mundo já viu. Ali, naquelas academias da iluminação, a disciplina era rígida; o currículo, impressionante. Entrando na infância, durante cerca de vinte e cinco anos (o tempo necessário para obter a graduação de *geshe*) os monges estudavam temas profundos como lógica e raciocínio, a identificação dos diferentes tipos de consciência, métodos para gerar concentração unidirecionada e "absorção sem forma". Examinavam as variadas visões da vacuidade, a filosofia perene do "vazio" e, quando estavam suficientemente desenvolvidos, eram iniciados no reino esotérico do tantra, o caminho secreto, considerado o mais rápido e, portanto, o mais perigoso de todos. E em meio a tudo aprendiam sobre bodhicitta, o coração altruísta, sem o qual nada do restante era verdadeiramente viável. Em suma, os mosteiros do Tibete eram magníficos, o orgulho da nação e exclusivamente masculinos.

Foi para dentro deste patriarcado não adulterado que Tenzin Palmo marchou. Não fosse ela ocidental, não tivesse sido reconhecida como parte do séquito de Khamtrul Rinpoche e não estivessem os tibetanos em desordem, nunca teria acontecido. No entanto, não era uma posição confortável de se estar. Fosse por simplesmente não saber o que fazer com ela, ou fosse porque desde a infância tinham sido treinados para ver as mulheres com um olhar desconfiado (especialmente mulheres jovens e atraentes), os monges, em geral tão calorosos e afetuosos, mantinham Tenzin Palmo à distância. O efeito sobre a jovem que ansiava por afeição física, que recém-renunciara ao namorado, foi devastador.

"Era horrível. Havia uma dor interna por amar muito as pessoas, mas não ser capaz de chegar e tocá-las", ela explicou. "Era como ter uma divisória de vidro — dava para ver, mas não dava para chegar perto. Era muito doloroso ficar tão alienada, especialmente naquela idade. Foi assim por muito tempo. A única pessoa que chegava perto de mim era Khamtrul Rinpoche, que às vezes me dava um grande abraço de urso. Eu chorava todas as noites, era muito infeliz", ela recorda.

A sensação de isolamento e rejeição era agravada pelo fato de, como mulher, ela ser impedida de viver com o resto da comunidade e partilhar de suas atividades diárias. Consequentemente, de dia ela trabalhava como secretária de Khamtrul Rinpoche no escritório do mosteiro e à noite voltava para a cidade onde morava sozinha. Ela alugou um quartinho bizarro no topo de uma casa em ruínas, grande o bastante para conter apenas uma cama, uma mesa e nada mais. Seu banho era num cano de água fria, a privada era um balde. Ali ela comia sozinha, dormia sozinha, sem pertencer nem à comunidade leiga nem à dos monges.

"Mais tarde as pessoas me perguntariam se eu não ficava solitária na minha caverna. Nunca fiquei. No mosteiro foi onde realmente fiquei sozinha", disse ela.

Ironicamente, sua angústia emocional e seu desejo de afeto finalmente agiram a seu favor. Ela explicou: "Certa noite olhei para dentro de mim e vi a fixação e o apego, e quanto sofrimento estavam me causando. Ao ver tão explicitamente naquele momento, tudo aquilo sumiu. Daquele momento em diante não precisei buscar contato."

Parecia que Tenzin Palmo tinha aprendido a lição do desapego. Trata-se de um princípio budista fundamental, considerado essencial para se chegar a qualquer lugar no caminho da perfeição. Afinal, como pode alguém sentir compaixão por todos os seres vivos, argumentou o Buda, enquanto em seu coração ele os divide em "amigo", "inimigo" e "estranho"? Em termos ideais pode parecer sensato, mas o desapego também é extremamente difícil de alcançar, pois na realidade não há muitos seres humanos que de fato queiram viver com tamanha equanimidade. Mais adiante Tenzin Palmo comentaria incisivamente: "As pessoas estão sempre me perguntando como podem largar a raiva, mas ninguém me perguntou ainda como largar o desejo".

Antes desse avanço ocorrer, as coisas em Dalhousie foram de mal a pior. De todas as discriminações que Tenzin Palmo sofreu, a mais difícil de suportar foi o veto aos ensinamentos esotéricos e rituais sagrados — a essência do budismo tibetano, contendo os métodos que levam diretamente à iluminação. Ela se tornara monja para isso. O caminho para a perfeição estivera ao seu alcance e em seguida lhe fora negado. A razão, mais uma vez, era exclusivamente o sexo. As mulheres, diziam, nunca tiveram acesso a estas verdades sagradas. E assim, enquanto as cerimônias e danças rituais aconteciam dentro do templo, ela sentava-se literalmente do lado de fora olhando para dentro. E, quando pediu ensinamentos sobre os textos secretos, foi vetada. Em vez disso, foi encaminhada a Choegyal Rinpoche, um dos discípulos mais próximos do seu guru, que começou a lhe contar histórias budistas bonitas e simples. Era a maneira que consideravam que uma mulher, uma mulher ocidental, deveria começar.

Sua frustração foi enorme. "Era como estar num enorme banquete e receber algumas migalhas aqui e ali. Fiquei louca. Não conseguia absolutamente nada em profundidade", ela disse. "Se eu fosse um homem, seria tudo muito diferente. Eu poderia ter participado de tudo. Realmente, era uma situação de domínio masculino. Era como se eu tivesse entrado em um grande clube masculino. Os monges eram muito gentis comigo, mas em um nível mais profundo havia ressentimento. Eles consideravam ter uma mulher em seu território um desafio!"

Tenzin Palmo tinha atingido a barreira invisível da discriminação espiritual — contra a qual todas as monjas budistas com aspirações espirituais colidiam. Ao longo dos séculos, as monjas tiveram um tratamento injusto. Enquanto as contrapartes masculinas entretinham-se nas universidades monásticas, absortas em profunda erudição e brilhante debate dialético, as monjas tibetanas eram relegadas a pequenos conventos onde, sem saber ler ou escrever, ficavam reduzidas a fazer rituais simples, rezar para a comunidade local ou, pior ainda, trabalhar nas cozinhas dos mosteiros servindo os monges. Por isso não havia Dalai Lamas femininos, nem mestres de linhagem femininos. Excluídas do sistema, privadas de ensino e status, não eram sequer iniciantes nos desafios da seleção espiritual.

Para suas irmãs nas escolas budistas do sul era ainda pior. Na Tailândia, as monjas tinham que deslizar para trás de joelhos para se afastar de qualquer monge e nunca permitir que qualquer parte de seu corpo tocasse na esteira de meditação deles. Aquelas com seios grandes recebiam ordens para prendê-los, para não parecerem ostensivamente femininas!

A raiz do problema remonta ao tempo do Buda (e mesmo antes disso), quando as mulheres eram consideradas uma propriedade sem direitos próprios. Neste ambiente, o Buda supostamente recusou mulheres em sua ordem recém-formada. Provavelmente, argumenta-se, por considerar que a vida de mendicante seria difícil e perigosa demais para o sexo "fraco". Havia objeções mais insidiosas também. Afirmava-se que as mulheres eram seres inferiores, incapazes de alcançar a iluminação. Seus corpos as proibiam. Elas eram imundas. Shariputra, um dos principais discípulos do Buda, resumiu os sentimentos da época quando, ao ouvir falar que uma menina de oito anos atingira o despertar, exclamou: "É difícil de acreditar nisso. Pois que o corpo da mulher é imundo e não um vaso de lei".

Isso estabeleceu o tom para o preconceito e discriminação subsequentes. No Tibete, onde a palavra para mulher é "nascimento inferior", estava escrito que, "com base em seu corpo", a mulher era inferior ao homem. Por conseguinte, em qualquer cerimônia religiosa, as monjas tinham que sentar atrás dos monges e, na oferenda do chá de manteiga, a monja mais antiga seria servida depois do monge ordenado há um dia. Para agravar tudo, as mulheres recebiam ordenação inferior à dos monges, confirmando-as dessa maneira como cidadãs espirituais de segunda classe aos olhos da sociedade.

O efeito de tudo isso sobre as mulheres, como Tenzin Palmo agora estava descobrindo por si mesma, era esmagador. A autoconfiança na capacidade de chegar a qualquer lugar no caminho espiritual era reduzida a praticamente zero. "Entre as mulheres tibetanas, a oração principal é para renascer em um corpo masculino. Elas são olhadas de cima por todos os lados. É muito injusto", comenta Tenzin Palmo. "Certa vez visitei um convento onde as monjas tinham acabado de voltar de um ensinamento com um grande lama. Ele tinha dito que as mulheres eram impuras e tinham um corpo inferior. Elas ficavam tão deprimidas. Sua autoimagem era muito ruim. Como você pode construir uma prática espiritual genuína quando lhe dizem por toda parte que você é imprestável?

"Em certa ocasião, perguntei a um lama muito elevado se ele achava que as mulheres podiam realizar o estado de buda, e ele respondeu que elas poderiam ir até o último segundo, e então teriam que mudar para um corpo masculino. E eu indaguei: 'O que há de tão essencial num pênis para se tornar iluminado?'. O que há de tão incrível no corpo masculino?", ela perguntou, franca como sempre. "E então perguntei se havia alguma vantagem em se ter uma forma feminina. Ele disse que iria embora pensar sobre isso. No dia seguinte, ele voltou e disse: 'Pensei no assunto e a resposta é não, não existe nenhuma vantagem de qualquer tipo'. Eu pensei: uma vantagem é que não temos um ego masculino."

Incitada por sua própria infelicidade e pela flagrante injustiça de tudo, Tenzin Palmo começou a pesquisar as razões para a aversão ao corpo feminino. Suas descobertas foram elucidativas. "O Buda nunca negou que as mulheres pudessem se tornar iluminadas", diz ela. "Nos primeiros sutras, o Buda falou de trinta e dois aspectos do corpo sobre os quais meditar em profundidade. O meditador tinha que se visualizar removendo a pele para examinar o que realmente havia ali — vísceras, sangue, pus, dejetos. O objetivo do Buda era duplo: criar desapego de nossa obsessão com nosso próprio corpo e diminuir nossa atração pelo corpo de outras pessoas. A ideia é que ficamos bem menos fascinados ao ver um esqueleto forrado com vísceras, sangue e fezes! No entanto, os textos posteriores mudaram. Quando se chega a Nagarjuna, que escreveu no século I, e Shantideva, o objeto da contemplação transformou-se especificamente no corpo da mulher! O meditador agora tem que ver o corpo da mulher como impuro.

"O Buda era verdadeiramente iluminado e via as coisas como elas realmente eram. Outros, no entanto, usaram os insights do Buda para servir a seus próprios fins. Então, ao invés de olhar para nossa identificação e obsessão com o físico, os ensinamentos do Buda foram usados como um meio de provocar repulsa em relação às mulheres. Se você tem uma estrutura monástica, é útil ver a mulher como 'o inimigo'", acrescenta ela incisivamente.

A ideia de que as mulheres eram "perigosas", extraviando os homens da santidade e da salvação por seu poder de sedução e sexualidade desenfreada, era tão antiga quanto a fábula de Eva. Tenzin Palmo não aceitava nada disso: "Francamente! Não é a mulher que cria o problema, são as impurezas mentais do homem. Se os homens não tivessem desejo e paixão, nada do que as mulheres pudessem fazer causaria qualquer problema", diz ela. "Uma vez um lama me acusou de ser sedutora e lhe causar dificuldades. Fiquei horrorizada. 'Não estou fazendo nada para você, é a sua própria mente', protestei. Ele riu e admitiu que era verdade."

"O problema é dos homens, mas eles jogam a culpa nelas!", prossegue Tenzin Palmo. "As mulheres supostamente são criaturas lascivas e sedutoras, mas, quando você olha para isso, é um absurdo. Quem tem haréns? As mulheres têm cortes de homens à mão para satisfazer suas necessidades sexuais? Os homens têm medo de andar nas ruas à noite porque mulheres vão pular em cima deles e estuprá-los? Olhem como os homens na prisão e no exército se comportam juntos! E quantos prostitutos existem? Até mesmo os prostitutos que existem estão aí para satisfazer outros homens", diz ela, inflamada pelo tema. "É tudo uma projeção inacreditável. Os homens têm este grande problema e atribuem tudo às mulheres porque elas têm uma forma que é excitante para eles. As mulheres nem precisam usar roupas sedutoras para os homens ficarem interessados. Quando eu era jovem e passei pela fase de puxar meu cabelo para trás, vestir suéteres grandes e não usar maquiagem, tive tantos namorados e admiradores como quando me arrumava."

Somando à miséria geral, havia o relacionamento desafiador com Choegyal Rinpoche, o monge encarregado de lhe ensinar budismo. Era um homem interessante. Alguns anos mais jovem do que Tenzin Palmo, estivera intimamente ligado com todos os Khamtrul Rinpoches (e, portanto, com Tenzin Palmo também). Choegyal Rinpoche não era apenas um mestre da linhagem reconhecido, também em sua oitava reencarnação; além disso, era um artista aclamado. Enfrentou uma fuga particularmente traumática do Tibete com apenas treze anos de idade, tendo sido capturado e depois libertado por um "guarda vermelho" tibetano que o reconheceu sob o disfarce. Essa experiência, junto com o trauma de ver seu mosteiro e as obras de arte do local destruídos, deixou-o altamente tenso, e para Tenzin Palmo era difícil lidar com ele.

"Nosso relacionamento era próximo e extremamente carregado. Na verdade, eu o via como um sábio taoísta, vivendo em uma montanha pintando a lua", ela conta. "Fui afetada pelo temperamento dele. Ele era bastante errático e neurótico, de modo que eu nunca sabia como me relacionar com ele. Francamente, foi uma das relações mais difíceis que já tive. Senti que era algo cármico, que precisava ser resolvido nesta vida." Ela implorou a Khamtrul Rinpoche que nomeasse outra pessoa para instruí-la, mas ele recusou. "Não, Choegyal Rinpoche é seu professor", ele insistiu.

A alienação de Tenzin Palmo era agravada pelo fato de não conseguir falar a língua nem ler os textos, pois as aulas de Snellgrove em Londres haviam sido muito rudimentares. "Eu tinha que procurar cada palavra de uma página. Demorava séculos. E ninguém falava inglês. Choegyal e eu nos comunicávamos em 'tinglês'. A relação com Khamtrul Rinpoche era assim. Ele não era um lama da moda, que quisesse atrair um grande grupo de seguidores ocidentais. Se você queria ficar com ele, tinha que aprender tibetano e fazer do jeito dele."

Finalmente ela seria capaz de manter longas conversas em tibetano e ler os textos com fluência, de fato preferindo-os às traduções, que, diz ela, perdem quase toda a poesia e o sabor de inspiração arrebatador dos originais. Mas, de momento, obter significados naquela escrita não familiar era uma verdadeira provação.

Tenzin Palmo foi em frente em meio a tudo isso — a discriminação, o preconceito, as humilhações — por um longo período. Não havia ninguém para aconselhá-la de outra forma. Ela nunca tinha ouvido falar em liberação da mulher, nunca viu uma queima de sutiãs, nunca tinha lido as palavras revolucionárias de Germaine Greer em *A mulher eunuco*: "As mulheres não fazem ideia do quanto os homens as odeiam. Ela tinha deixado a Inglaterra muito antes de tudo isso acontecer. Mais especificamente, não havia gurus mulheres para pedir ajuda.

"Foi apenas gradualmente que comecei a pensar: não, espere aí, isso não está certo — e a ficar muito triste", diz ela. A coisa toda atingiu o ápice em um momento significativo. Foi aí que Tenzin Palmo fez o voto que inspiraria centenas de mulheres em todo o mundo quando mais tarde ouvissem falar disso. O voto de atingir a iluminação como mulher.

"Foi num momento de pura frustração, depois de ter sido rejeitada mais uma vez em função de ser mulher. Fiz o seguinte voto sincero: vou continuar a assumir forma feminina e atingir a iluminação!", ela contou, bufando com indignação. "Eu estava tão exasperada com o machismo terrível ao meu redor. Pensei:

'Esqueçam! Não quero nascer em um corpo masculino sob tais circunstâncias'. E então fiz a seguinte prece forte: mesmo que eu não faça muito nesta vida, que no futuro este fluxo de consciência possa ir em frente e assumir a forma transitória de mulher ao invés de homem."

Ela não era particularmente militante. Acontece simplesmente que o equilíbrio de poder no campo espiritual tinha que ser corrigido. "Claro que ser homem ou mulher é relativo, mas neste momento estamos vivendo em um plano relativo, e o caso é que há uma imensa escassez de professores espirituais femininos. Então, ser mulher neste momento é mais útil", diz ela com simplicidade.

A escuridão era pontuada por breves momentos de luz. Cerca de um ano depois de Tenzin Palmo estar morando em Dalhousie, a indômita Lee viajou para ver a filha. "Quem me dera poder fazer algo de significativo da minha vida", ela havia escrito. "Bem, nesse caso por que não vende sua casa e vem conhecer os lamas?", Tenzin Palmo respondeu. Lee fez exatamente isso e chegou em Dalhousie carregando fitas de Bob Dylan em um esforço para atualizar Tenzin Palmo em cultura ocidental. Ela adorou tudo na Índia, o estilo de vida, os tibetanos, a doutrina budista e decidiu tomar refúgio com Khamtrul Rinpoche, dessa forma comprometendo-se oficialmente com o caminho budista, como a filha havia feito. Na manhã da cerimônia, enquanto ainda estava na cama, ela teve uma visão de Tara, o Buda feminino da ação compassiva, sorrindo beatificamente para ela e lhe dando uma flor.

"Ela teve uma estada maravilhosa e queria morar na Índia permanentemente", disse Tenzin Palmo, "mas não aguentou a comida, o clima e a falta de conforto; por isso voltou para a Inglaterra depois de dez meses".

A vida continuou. Havia a excursão de sábado à noite até a loja de doces bengali em busca dos *gulab jamuns* xaroposos e o piquenique ocasional que, no típico estilo tibetano, às vezes durava dias e dias. Houve um famoso piquenique que começou para ser de três dias, passou para dez e depois foi esticado para vinte. A comida podia ser muito fraca, mas a capacidade dos tibetanos para se divertir ainda estava intacta.

Certo dia, em 1967, quando obteve uma renda inesperada de 400 rúpias (cerca de R$23), Tenzin Palmo fez uma jornada ao Sikkim, do outro lado da Índia, para receber ordenação completa do Karmapa, chefe da tradição Kagyu e amigo próximo de Khamtrul Rinpoche. Era a admissão formal na assembleia monástica, poeticamente chamada de "a partida" — referindo-se à partida para uma vida sem lar, que no caso de Tenzin Palmo já estava em vigor. Ela gostaria que Khamtrul Rinpoche realizasse o ritual, mas ele mesmo não havia sido formalmente ordenado há dez anos, conforme o pré-requisito, e ela não queria esperar mais.

A cerimônia em si foi memorável. Durante o acontecimento, o Karmapa inclinou-se para baixo e sussurrou no ouvido dela: "Você é a primeira monja ocidental que eu ordeno. Você nunca foi casada, não teve filhos, portanto, há mais tentações para você. Você tem que ser muito forte e muito cuidadosa. Nós tibetanos acreditamos que a fundação de qualquer movimento ou instituição é de grande importância para o futuro. Em anos vindouros haverá muitos, muitos ordenados. Aconteça o que acontecer, você nunca deve desistir de sua ordenação". A responsabilidade realmente atingiu-a em cheio.

Quando tudo acabou, Tenzin Palmo voltou para seu quarto e caiu na cama. Tinha sido um dia longo; a cerimônia durou quase três horas e tinha sido conduzida inteiramente em tibetano. Ela adormeceu imediatamente, apenas para ser despertada por uma batida ruidosa na porta e uma voz gritando: "Usha chegando, Usha chegando".

"Saltei da cama e voei de volta ao mosteiro, pensando que alguém importante estava prestes a chegar. Quando cheguei lá, encontrei o Karmapa em uma sala lateral, sentado em um trono alto com uma caixa de chapéu diante dele. Naquele momento percebi que 'Usha' era o nome honorífico de 'chapéu' e o Karmapa iria realizar a cerimônia do chapéu preto."

Tenzin Palmo estava prestes a ser espectadora de um dos rituais mais místicos e poderosos do budismo tibetano. Feito, segundo dizem, do cabelo de 100.000 *dakinis* (poderosos espíritos femininos), o chapéu preto, ou coroa, é considerado um objeto místico de incrível poder. Acredita-se que esteja sobre a cabeça de todos os Karmapas, visível para aqueles cuja visão é pura o suficiente para vê-lo, e afirma-se que seja capaz de liberar os seres que conseguem vê-lo.

O Karmapa tirou a réplica terrena da caixa, ergueu-a no ar e colocou-a na cabeça. Ao mesmo tempo, construiu em sua mente o verdadeiro chapéu preto, recitando o mantra de Chenrezig, o Buda da Compaixão, "Om Mani Padme Hung". Tenzin Palmo, sentada aos pés do Karmapa, foi subitamente tomada de emoção.

"Eu já estava emocionalmente agitada e ali as lágrimas de devoção absoluta começaram a rolar por meu rosto. Quando acabou, todo mundo foi receber a bênção, mas eu não consegui me mexer. Eu estava vazia. As pessoas foram embora e eu ainda estava lá sentada. O Karmapa estendeu as mãos para mim, levantei e fui ter com ele. Ele colocou as duas mãos na minha cabeça e me deu sua bênção."

No dia seguinte ela foi visitar o antigo mosteiro de Rumtek, outrora pertencente ao Karmapa, agora deserto. Em um cômodo havia um buraco nos tijolos e, por alguma razão totalmente imprudente em um lugar subtropical como Sikkim, Tenzin Palmo teve o ímpeto de enfiar a mão. Dali de dentro, ela extraiu um artefato de osso, feito de peças lindamente esculpidas, amarradas como uma rede. Era idêntico ao ornamento usado pela poderosa divindade tântrica feminina *Vajrayogini*. Contudo, tendo feito o voto de "não pegar nada que não fosse dado livremente", Tenzin Palmo zelosamente colocou-o de volta. Mais tarde, quando contou para Khamtrul Rinpoche, ele disse que ela deveria ter pego. "Era para você", disse ele.

O ponto mais luminoso de todos aqueles dias sombrios em Dalhousie foi sem dúvida conhecer os *togdens*. Eram figuras fascinantes. Com seus *dreadlocks* e saias brancas desalinhadas, pareciam rastafáris orientais. No entanto, eram monges ordenados, a elite dos iogues da comunidade de Khamtrul Rinpoche. Tradicionalmente, eram sempre em número de treze, embora em Dalhousie houvesse apenas sete. Selecionados na infância pela pureza de sua intenção, eram afastados do resto dos monges para submeter-se ao mais rigoroso e mais secreto dos treinamentos. Seus feitos místicos eram lendários. Um de seus antepassados, chamado

Amkha Dechen Dorje, casado e com filhos, conseguiu desmaterializar não só a si próprio, mas também toda a sua família, mais seus iaques, ovelhas, cabras e cães — um conjunto de cerca de sessenta e dois indivíduos. De acordo com a história, Amkha foi primeiro para uma terra pura tocando seu *damaru*, seguido por sua esposa, seus filhos e finalmente seus animais.

Entre a comunidade atual ainda havia alguns homens notáveis. No Tibete, um velho togden, Atrin, tinha meditado à beira de um precipício para parar de cair no sono. Ele viveu durante anos apenas com água e *tsampa* e, quando isso acabou, pegava as sobras da caça de um leopardo. Um dia o leopardo flagrou-o catando pedacinhos de um veado e o perseguiu. Atrin, percebendo como ainda tinha apego à comida, largou a carne e retornou à sua caverna para continuar a meditar de estômago vazio.

Por um ano, Tenzin Palmo viveu com estes homens notáveis; ela teve um cômodo só dela numa das casas do complexo deles. À noite eles sentavam-se no ar frio e úmido, o corpo envolto em lençóis molhados, aprendendo a secá-los pela força da produção do calor interno místico, o *tumo*. Ela os ouvia saltar no ar e cruzar as pernas na posição de lótus completa antes de pousar no solo. Ouvia suas recitações. De todos os monges, apenas os togdens trataram Tenzin Palmo como um deles.

"Uma vez fui procurá-los e os encontrei reunidos em uma sala totalmente nus, preparando-se para algum ritual. 'Entre, Ani la!', eles chamaram, completamente à vontade. Eu recuei rapidamente e fechei a porta. Em outra rara ocasião, quando fui convidada a participar de uma iniciação, estava indo para os fundos do templo quando um dos togdens me chamou para a fila da frente, para sentar ao lado dele em seu tapete de pele de tigre. Sentei lá por horas, imóvel, tentando ser como um togden, mas fiquei gelada. De repente, senti um aquecimento — o togden ao meu lado tinha posto seus longos dreadlocks no meu colo, cobrindo-me com um cobertor de cabelo.

"Eu me preocupava com o cabelo deles — pensando que devesse estar cheio de piolhos. Quando falei isso para um deles, ele se abaixou e me deixou olhar — era completamente limpo! Quando nadavam no rio, os dreadlocks caíam como cordas até seus pés, e os monges pequenos agarravam e giravam em redor, brincando como se fosse um pau de fita.

"Contaram-me que no Tibete, quando eram escolhidos para ser togdens e levados para as cavernas, eles ficavam muito animados porque sentiam que agora iriam se tornar iogues. Todavia, nos primeiros três anos, eram instruídos a não fazer nada além de observar sua mente e praticar bodhicitta, a mente altruísta. Faziam isso e mais nada por três anos! Eles disseram que era nesses três anos que suas mentes se transformavam. Depois disso, todas as muitas práticas que faziam eram apenas construídas sobre aquela fundação. Uma vez um deles me disse: 'Você pensa que nós iogues fazemos alguma prática muito elevada, fantástica, esotérica e que, se você tivesse os ensinamentos, também poderia decolar para valer! Deixe-me dizer, no entanto, que não estou fazendo nada que você não tenha sido ensinada. A única diferença é que eu estou fazendo, e você não'", lembrou ela.

"O surpreendente desses iogues é que são tão comuns", Tenzin Palmo continuou. "Não há nenhum ego ali. São pessoas maravilhosas, totalmente não julgadoras, totalmente despretensiosas, absolutamente livres de autointeresse, e as pessoas mais fáceis do mundo para se conviver. Suas mentes são tão vastas. Uma vez alguém me mandou uma fita de cantos gregorianos e eu toquei bem baixinho para não perturbá-los. Dez minutos depois, bateram na porta. Era um dos togdens. 'Você pode aumentar porque não consigo ouvir?', ele falou. E depois de ouvir por um tempo ele perguntou: 'Isso é o puja cristão?'. Quando respondi que sim, ele comentou bastante melancólico: 'Nós não somos assim, não é?'. Depois disso, ele costumava vir e tocar a fita por si mesmo."

Vivendo em estreita proximidade e intimidade com os togdens, o instinto natural para cuidar de um homem, que ela havia suprimido após recusar o pedido do namorado japonês, ressurgiu de novo. "Eu pegava as roupas deles, lavava e tentava remendá-las. Eu queria tanto servir, e as roupas deles estavam em péssimo estado. Eles não tinham dinheiro e não possuíam nada. Mas não admitiram nada daquilo. Ficaram horrorizados com a quantidade do tempo que levava e não me deixaram continuar."

No entanto, a primeira lição que os togdens ensinaram a Tenzin Palmo foi a que deixou a impressão mais forte. "Se alguém pergunta que realizações você obteve, você responde 'nenhuma', porque, comparado aos Budas, não é nada. E, de qualquer modo, quanto mais realiza, mais você realiza que não há nada a realizar", disseram-lhe. Foi um conselho que ela lembraria para sempre.

Um dia Tenzin Palmo ouviu falar das *togdenmas*, as mulheres equivalentes aos togdens, e seu coração bateu mais forte. Ela ficou sabendo que houvera uma comunidade de togdenmas associadas aos Khamtrul Rinpoches no Kham; elas viviam em lugares secretos praticando suas habilidades espirituais com grande sucesso. Diziam que, mesmo quando velhas, pareciam mulheres no início dos trinta anos, um sinal de seus poderes espirituais. Infelizmente, como a maioria dos tesouros do Tibete, as togdenmas tinham desaparecido com o zelo revolucionário da Revolução Cultural e ninguém sabia o que era feito delas. Mas o que Tenzin Palmo aprendeu empolgou-a imensamente.

"Ouvi dizer que elas tinham cabelo comprido, que penduravam sobre cordas quando se reuniam para fazer os pujas. Os homens não tinham autorização para se juntar a elas e só podiam olhar de uma galeria acima. Elas eram extremamente poderosas. Os togdens disseram que se eu tivesse visto as togdenmas, nem teria olhado para eles", disse Tenzin Palmo. "Eu soube que era o que eu queria ser. Corri até Khamtrul Rinpoche para pedir a ele. Ele ficou encantado. 'No Tibete, tive muitas togdenmas', ele disse. 'Mas agora não tenho nenhuma. Rezo para que você se torne um instrumento para restabelecer a linhagem Togdenma'."

Como todos os desejos de Tenzin Palmo de progredir no caminho espiritual, esse também foi frustrado pela oposição da comunidade. Ela continuou a receber os ensinamentos mais elementares. Um dia ela finalmente cansou. Fez as malas e se preparou para dizer adeus a Khamtrul Rinpoche, o homem que a guiara por centenas de anos e que nesta vida tinha sido tão difícil de encontrar.

"Indo embora? Você não vai embora! Onde pensa que está indo?", exclamou Khamtrul Rinpoche. "Você sempre será meu lama em meu coração, mas parece que tenho que ir para outro lugar para obter ensinamentos — caso contrário poderei morrer e ainda não ter recebido Dharma algum", ela respondeu.

"Uma coisa eu garanto: você não vai morrer antes de ter todos os ensinamentos de que precisa", ele prometeu, e fez os arranjos para ela ser ensinada por um dos togdens. Ajudou, mas não o suficiente. Na opinião dela, a situação ainda estava longe de ser satisfatória. E então um dia Khamtrul Rinpoche virou-se para ela e anunciou: "Agora está na hora de você ir embora e praticar".

Sua provação havia acabado. Ela olhou para o guru e sugeriu o Nepal. Khamtrul Rinpoche sacudiu a cabeça. "Você vai para Lahoul", disse ele, referindo-se à remota região montanhosa mais ao norte de Himachal Pradesh, na fronteira com o Tibete. Era famosa por seus meditadores e mosteiros budistas, especialmente aqueles iniciados por um discípulo do sexto Khamtrul Rinpoche, o iogue de quem Tenzin Palmo fora próxima em uma vida anterior.

Dessa vez atendendo alegremente os desejos de seu guru, Tenzin Palmo empacotou seus poucos pertences e partiu. Haviam encontrado um *gompa* (comunidade monástica) para acomodá-la. Era 1970, ela estava com vinte e sete anos de idade e um outro estilo de vida inteiramente novo a aguardava.

Capítulo 7

Lahoul

Como todas as jornadas empreendidas tendo em mente um objetivo espiritual, o trajeto para Lahoul foi repleto de dificuldades e perigos, como se tais obstáculos fossem colocados de propósito pelos poderes celestiais a fim de testar a determinação do buscador espiritual. Por um lado, o remoto vale dos Himalaias ficava totalmente isolado do resto do mundo durante oito meses do ano por uma barreira impenetrável de gelo e neve. Tenzin Palmo teria apenas algumas curtas semanas de verão para poder chegar lá e tinha que calcular o tempo corretamente. Por outro lado, o trajeto para esta terra secreta era guardado pelo traiçoeiro Desfiladeiro de Rohtang. A 3.978 metros, havia tirado muitas vidas, recebendo o justo nome de "Pilha de Cadáveres". Não bastasse isso, Tenzin Palmo tinha que fazer a viagem a pé, pois quando foi para Lahoul, o vale vizinho, Spiti, ainda não havia sido descoberto pelos turistas, e não havia nenhuma estrada bem-construída e percorrida por ônibus lotados de aventureiros segurando seus guias *Lonely Planet*, nem rapazes fazendo viagens românticas em motocicletas, como é hoje em dia.

    Ela começou a subir antes do amanhecer. Era essencial cruzar o Rohtang antes do meio-dia. Depois do meio-dia, os famosos ventos se levantariam, chicoteando a neve que perdurava mesmo no auge do verão, cegando os viajantes incautos, desorientando-os, levando-os a se extraviar. Passar a noite perdido no Rohtang significava ficar exposto aos elementos e morte certa. Sabendo disso, as autoridades insistiram em que, antes de partir, Tenzin Palmo redigisse uma carta absolvendo-as de qualquer responsabilidade caso lhe ocorresse uma desgraça. Ela concordou alegremente.

À medida que subia, ela deixou para trás o verde exuberante e afável de Manali, com seus pomares pesadamente carregados e os bazares caóticos abarrotados dos famosos xales feitos em tear. A pitoresca cidade no Vale de Kulu tinha sido a sua última parada desde Tashi Jong, e ela aproveitara a oportunidade de ficar com um lama eminente, Apho Rinpoche (um descendente do famoso Sakya Shri, de sua tradição Drukpa Kagyu), em seu pequeno e encantador mosteiro cercado de rosas e dálias. Ele a acolhera muito bem, impressionado com o fervor espiritual da monja ocidental, sentimento que seria reforçado nos anos vindouros, quando ele e sua família viriam a conhecê-la melhor. Então ela rumou para o Desfiladeiro de Rohtang, subindo para além da linha das árvores, a terra ficando mais acidentada e desolada a cada passo. Aqui e ali ela via um iaque ocasional de pelo hirsuto, pequenos rebanhos de cavalos selvagens atarracados e, ao longe, um enorme abutre solitário imperialmente empoleirado em uma rocha. Àquela altitude, as trilhas não eram mais amigáveis e cobertas de pinheiros, mas austeras, irregulares e desnudas, marcadas pelo peso da neve quase perpétua e pelos deslizamentos do degelo do verão. Cruzando seu caminho havia glaciares deslocando-se lentamente e "torrentes" de rochas soltas de desmoronamentos recentes. Mesmo no auge do verão o vento era gélido. Sem se deter, ela continuou a subir até chegar ao cume. Então, como para recompensá-la pelo esforço considerável, foi saudada com uma visão notável.

"No topo havia uma grande faixa de terra plana, com cerca de um quilômetro e meio de comprimento e montanhas nevadas ao redor. Foi incrível. O céu era de um azul profundo, imaculado. Lá em cima encontrei um lama com seu tambor de mão e um fêmur humano, que ele usava como um trompete ritual para lembrá-lo da morte, e caminhei com ele. Atravessamos o desfiladeiro juntos e praticamente deslizamos descida abaixo até o outro lado", ela disse.

Quando chegou lá embaixo, ela percebeu que tinha entrado em outro mundo. "Era como chegar em Shangri-la. Eu tinha ido de uma cultura indiana para uma tibetana. Todas as casas tinham telhados planos, as montanhas eram pontilhadas por mosteiros budistas, o lugar estava cheio de rodas de oração e *stupas* e as pessoas tinham maçãs do rosto salientes, olhos amendoados e falavam tibetano", ela recordou.

Tenzin Palmo se deparou com um dos mais antigos e mais potentes baluartes do budismo no mundo. Existia há séculos — primeiro alimentado pelo influxo de refugiados que escaparam da invasão islâmica (que saqueou as grandes universidades monásticas existentes na Índia na época) e, a seguir, abastecido por um fluxo constante de iogues realizados das regiões vizinhas de Ladakh e do Tibete. Escondido naquelas vastas montanhas e vales estreitos, o budismo havia florescido, estimulado pelos esforços de muitos eremitas místicos que usavam as cavernas da região para praticar em solidão. Ao longo dos anos, suas proezas espirituais tinham atingido proporções legendárias, tanto que se dizia que o ar de Lahoul era ionizado com espiritualidade. E simplesmente pôr o pé naquele solo garantia a qualquer aspirante espiritual sincero engrenar em uma marcha mais alta.

Em 1970, quando Tenzin Palmo chegou lá, os lahoulis tinham visto pouco do mundo exterior. Eram um povo de boa aparência, simples, mergulhado em sua fé, que passava a vida cultivando plantações de batata e cevada e cuidando de seus animais. Invenções do século XX, como eletricidade e televisão, no entanto, ainda estavam para ser vistas, assim como uma grande quantidade de rostos brancos. A chegada de Tenzin Palmo, nada menos que em trajes budistas castanho-avermelhados e dourados, causou redemoinhos de excitação e desconfiança. O que uma pessoa de aparência tão estranha estava fazendo ali? Como poderia uma ocidental ser monja budista? Rapidamente espalhou-se o boato de que a única explicação possível é que ela fosse uma espiã do governo! Somente quando testemunharam a sinceridade de sua vida espiritual e sua total dedicação, eles relaxaram e a aceitaram como uma dos seus. Ela ficou conhecida como "Saab Chomo" (monja europeia) e depois de seu longo retiro na caverna foi saudada como santa.

Seu destino era o Tayul Gompa, que significa "lugar escolhido" em tibetano. Era um prédio impressionante de cerca de 300 anos, situado entre as árvores a alguns quilômetros da capital, Keylong. Continha uma excelente biblioteca, uma bela coleção de pinturas religiosas em tecido e uma grande estátua de Padmasambhava, o poderoso santo a quem se atribui ter levado o budismo para o Tibete. Aos olhos de muitos budistas ele é considerado um buda. As condições de vida de Tenzin Palmo então melhoraram. Após anos mudando-se de um quarto alugado para outro, ela finalmente ganhou sua própria casa, uma das casinhas de pedra e barro atrás do templo, onde todos os monges e monjas viviam. Ela gostou imensamente das pessoas da vizinhança e, ao longo dos anos, fez amizade com muitas delas, tornando-se especialmente próxima de um homem, Tsering Dorje, a quem chamava de "meu irmão lahouli". Ele era um homem grande e encarquilhado, de ascendência aristocrática, vindo de uma das famílias mais antigas e famosas de Lahoul. Tinha feito fama como erudito, acumulando uma coleção de livros excelentes de todo o mundo e mais tarde tornando-se guia e amigo de vários caminhantes importantes, incluindo o editor Rayner Unwin.

Tsering Dorje tinha sua própria visão de Saab Chomo: "Ela costumava vir à minha casa por alguns dias no verão, quando não estava em retiro estrito, e participava das atividades familiares. Lembro dela sempre rindo e bondosa. Queria dar tudo, mas é claro que ela tinha muito pouco. Ela só queria falar de budismo, nada mais. Sempre foi muito rigorosa nas questões do Dharma. Penso nela não como santa, mas santificada em virtude de sua prática e de seu karma. Acredito que a vida passada exerceu uma influência extremamente forte sobre sua vida atual. Às vezes eu a comparava com Alexandra David-Neel", disse ele, referindo-se à célebre francesa que, no início do século XX, disfarçou-se de homem e se infiltrou no Tibete quando este era vetado a estrangeiros. Ela escreveu sobre "a magia e o mistério" do "país proibido", aguçando o apetite do público pela antiga sabedoria esotérica contida no Tibete. Ela até mesmo adotou o título de "lama".

"Examinei todos os livros de David-Neel em busca de semelhanças", prosseguiu Tsering Dorje. "Ambas eram mulheres corajosas, aventureiras e atraídas pelo budismo tibetano. Mas Tenzin Palmo estava muito mais aprofundada no caminho espiritual do que Alexandra David-Neel. Quando ela foi morar na caverna, preocupava-me muitíssimo com ela. Não é uma mulher forte, embora sua força de vontade seja mais forte que a de qualquer homem."

Tenzin Palmo agora havia entrado em uma fase extremamente agradável de sua vida. Finalmente estava contente. Finalmente era deixada a sós para praticar. Os longos meses de neve intransponível no inverno proporcionavam a oportunidade perfeita para entrar em retiro prolongado — o pré-requisito indispensável para o avanço espiritual. Era isso que ela pretendia. Sua dedicação, no entanto, não era compartilhada pelo resto da comunidade.

"Você vai precisar de dezoito xícaras e pratos", instruiu uma velha monja ao cumprimentá-la em sua chegada.

"Para quê?", perguntou Tenzin Palmo, perplexa.

"Veja, querida, no inverno nos reunimos e fazemos jantares. Nós somos dezoito, então, quando viermos à sua casa, você precisará de dezoito xícaras e pratos", a monja respondeu. "Bem, para começar, se alguém vier, pode trazer seus próprios utensílios de refeição; além do mais, pretendo passar o inverno meditando", respondeu a convertida ocidental, resoluta e franca como sempre. Ela começou a fazer exatamente isso, seguindo as práticas de meditação prescritas por Khamtrul Rinpoche, que proporcionaram a fundação essencial para os longos retiros que estavam por vir na caverna. Muitas delas consistiam em "práticas preliminares" — uma série de atividades rituais, como realizar prostrações e fazer oferendas de mandala, que devem ser feitas literalmente centenas de milhares de vezes. Dizem que tamanha repetição é necessária para deixar a mente flexível para as meditações mais complexas e esotéricas que vêm a seguir. Ela praticou diligentemente, além de estudar os textos sagrados e aprimorar seu conhecimento do cânone budista. Ali em Lahoul, sem ninguém que falasse inglês, seu tibetano deu um salto quântico.

Durante os meses de verão e outono ela descansava e se preparava para o inverno — recolhendo lenha e armazenando estoques para passar os longos meses frios que vinham pela frente. Ela então se permitia diversão, sociabilidade e uma certa dose de exageros: "No outono, após a colheita, havia um período especial em que fazíamos as tradicionais rodadas de esmola nas aldeias circundantes", ela recorda. "Você ia a cada casa. Fazia uma prece de bênção do lado de fora e aí alguém aparecia e lhe dizia para entrar. Pegavam o melhor tapete, a melhor porcelana e a prataria e arrumavam nas mesinhas tibetanas especiais. Você entrava, sentava e recitava as preces mais queridas, como os Vinte e Um Louvores a Tara, para trazer bênçãos e proteção. Eles lhe davam chá salgado, chá doce e o *chang* caseiro para beber. Se houvesse alguma comida, lhe dariam também. A seguir, contavam todas as fofocas locais e depois colocavam grãos de cevada e legumes no saco que você carregava.

"Em seguida, você ia para a casa seguinte e a próxima. Quando começava era ótimo. Você andava por uma ou duas horas antes do amanhecer e estava dormente de frio quando chegava na primeira casa. O chá quente que lhe ofereciam era maravilhoso. Mas, no final do dia, o saco e o estômago ficavam cada vez mais estufados e você se sentia completamente nauseado e implorava para não lhe darem mais nada. Mas os aldeões realmente adoravam aquilo. No final de tudo, você tinha cerca de cinquenta a oitenta quilos de cevada. Era mais do que suficiente para mim", diz ela. O processo não parava por aí. Depois de juntar a cevada, Tenzin Palmo tinha que tostá-la antes de ir ao moinho local moê-la em farinha, pronta para ser misturada com chá e enrolada em bolinhas para fazer a onipresente tsampa, alimento básico de todos os tibetanos. Tenzin Palmo desenvolveu um verdadeiro gosto por ela.

A vida continuou assim durante seis anos. Ocasionalmente, ela se aventurava para fora de seu vale. Todos os anos ela voltava a Tashi Jong no verão para ver Khamtrul Rinpoche, fazer um relatório de seu progresso espiritual e receber mais instruções. Era imperativo. O guru é o guia que, conhecendo a mente de seu discípulo mais intimamente do que qualquer outro na terra, pode guiá-lo e fazer seu caminho sob medida para garantir o máximo de progresso rumo à iluminação nesta vida.

Uma vez, em 1973, ela voltou à Inglaterra para ver a mãe. Foi a primeira visita à terra natal em dez anos e se provaria uma experiência reveladora. Lee havia se mudado de Bethnal Green para o elegante Knightsbridge, no coração do West End de Londres, onde tinha arrumado um emprego como governanta de um canadense rico que ali possuía um apartamento sofisticado. Morando em uma casinha de pedra e buscando sua própria água, Tenzin Palmo agora encontrava-se a poucos passos da Harrods, a exclusiva loja de departamento, e do esplendor bem-cuidado de Hyde Park, mergulhada no luxo. Tinha uma cama macia para dormir, tapetes por toda parte, aquecimento central, televisão em cores e todas as conveniências modernas que a civilização ocidental havia imaginado. Longe de se deleitar no conforto não usual, como se poderia esperar, ela detestou.

"Fiquei tão entediada. Achei a água de Londres intragável. Tinha que beber suco de frutas o tempo todo, não podia sequer tomar chá. Ficava enjoada. A comida era tão pesada que minha cabeça parecia estufada com algodão preto. Levava choques elétricos de tudo o que tocava e me sentia cansada o tempo todo. 'Se alguma vez você pensar que a felicidade depende de fatores externos, lembre-se disso', eu dizia a mim mesma."

Sem encontrar absolutamente nada em sua vida pregressa que lhe atraísse, ela estava ansiosa para voltar para a casa de pedra em Lahoul, mas havia um problema. Ela não tinha a passagem de volta. Como tão frequentemente era o caso, ela estava completamente sem dinheiro. Ao longo dos anos, Tenzin Palmo tinha desenvolvido uma relação interessante, ainda que altamente incomum, com o dinheiro. Como todos os religiosos da tradição budista tibetana, ela não era financiada por um fundo comum ou um órgão do governo central — ficando por sua própria conta para encontrar um subsídio de subsistência. Sendo assim, ela ficava à mercê do que as pessoas dispusessem em seus corações para lhe oferecer. Uma vez que ela adotara a política pessoal de nunca pedir, isso com frequência contribuía para uma existência de fato precária e surpreendentemente frugal. Com notável equanimidade, ela aprendeu a deixar fluir — e de alguma forma conseguia sobreviver.

"De tempos em tempos as pessoas doavam, em geral pequenas somas", ela explicou. "Nos meus primeiros anos de monja em Dalhousie, minha mãe mandava cinco libras por mês. Às vezes conseguíamos alimentar dois de nós. Um par de rúpias dava um prato de arroz e *dhal* (lentilhas), que é do que eu vivia. O item mais caro era o leite em pó para o chá. Tudo podia ser comprado em pequenas quantidades, de acordo com a necessidade. Quando voltei para Londres, fiquei atordoada quando fui comprar manteiga e me perguntaram se eu queria da Nova Zelândia, Austrália, Devon, dinamarquesa, com sal, sem sal. As opções e as quantidades eram enormes!"

Quando a mãe dela não pôde mais bancar o subsídio, John Blofeld de repente escreveu dizendo que ele e sua amiga, uma princesa tailandesa chamada Mom Smoe, tinham decidido que ambos queriam apoiá-la.

"Eu escrevi agradecendo e dizendo que poderia viver com a metade do valor que ele estava sugerindo. Ele respondeu que, se levasse um agricultor tailandês para jantar fora com uma refeição de dez *bahts*, pareceria uma soma enorme para o agricultor, mas pequena para ele e, da mesma forma, eu deveria aceitar. Quando Mom Smoe morreu, John assumiu a parte dela até ele morrer. Ele costumava depositar o dinheiro, cerca de cinquenta libras por ano, numa conta bancária, e eu sacava quando precisava. Suas doações foram extremamente úteis enquanto vivi no Tayul Gompa e não saía nem encontrava ninguém para fazer doações", ela disse.

Ainda assim, cinco libras ou menos por mês é pouco para viver, mesmo na Índia. Às vezes não havia sequer isso, o que a ensinou, do jeito difícil, o princípio fundamental de não ser apegado às coisas materiais e a rara lição da confiança: "Houve épocas em que eu não tinha dinheiro algum, nem mesmo para uma xícara de chá. Lembro de uma vez em Dalhousie quando não me restava nada. Nem uma única rúpia. Eu não tinha onde morar e nada para comprar comida. Eu estava no topo de uma colina, com ondas de isolamento e insegurança me atropelando. E então pensei: se você realmente se refugia no Buda, no Dharma e na Sangha (a comunidade monástica), como todos nós fazemos na ordenação, e pratica com sinceridade, então realmente não deve se preocupar. Desde aquela ocasião, parei de me preocupar", disse ela em tom despreocupado.

"Aprendi a não ter medo. Não é importante. O dinheiro aparece de algum lugar, geralmente a quantidade exata de que preciso e nada mais. Por exemplo, certa vez precisei de oitenta libras para uma passagem de trem para visitar amigos. Eu tinha chegado com apenas dez libras na minha bolsa. No dia em que eu estava de partida, a mulher do local onde eu havia parado entregou um envelope com uma doação de exatas oitenta libras. Eu agradeci e ri. Era uma quantia tão estranha de se doar, mas exatamente o que eu precisava. Então é assim.

"Na verdade, como budistas ordenados não damos importância para dinheiro — seja muito ou pouco", ela prosseguiu. "Sempre viajo de terceira classe na Ásia e durmo no chão das casas de descanso de peregrinos, mas não tenho nada contra viajar de primeira classe e ficar em lugares bonitos, caso seja oferecido. Também aprendemos a não ser apegados à simplicidade e à pobreza. Deve-se sentir em casa e à vontade onde quer que se esteja, seja em uma velha casa de *chai* ou um hotel cinco estrelas. O Buda era recebido por reis e leprosos. Para ele era tudo igual. E Milarepa disse: 'Eu vivo em cavernas para os praticantes do futuro. Para mim, neste estágio, é irrelevante'."

Mas, para a inglesa que queria sair de Londres e voltar para Lahoul, o dinheiro definitivamente era necessário. Como de costume, seu fiel amigo e patrocinador John Blofeld ofereceu uma passagem de avião, mas desta vez Tenzin Palmo recusou. Seus princípios não permitiram. "Eu disse que não seria possível aceitar doações, visto que eu não tinha feito qualquer atividade do Dharma no Ocidente para recebê-las", disse ela secamente.

Não havia nada a fazer a não ser arranjar um emprego. Então, vestida com seus mantos, o cabelo cortado bem rente, Tenzin Palmo apareceu no Departamento de Emprego para pedir trabalho. Sem se abalar com a aparência pouco ortodoxa, ou talvez intrigados com ela, escutaram seu currículo (habilidades de bibliotecária, trabalho de escritório, experiência de ensino) e prontamente a contrataram eles mesmos. Ela era exatamente a pessoa que estavam procurando para compor os painéis de diferentes profissionais para entrevistar os candidatos a treinamento vocacional. Apesar de estar fora do mercado de trabalho há dez anos, Tenzin Palmo foi tão eficiente no serviço que imploraram para ela ficar e coordenar todo o projeto.

Ela recusou educadamente, mas depressa. Se alguma vez tivera dúvidas sobre sua vocação, os dois meses no Departamento de Emprego logo baniram-nas. "Sentia-me muito triste. Havia todas aquelas pessoas de meia-idade dizendo: 'O que fiz com a minha vida?', e gente jovem casada e com hipotecas, já presa. Só falavam do que estava passando na TV. Eu estava com meus mantos e, por causa disso, eles se abriam. Contavam suas vidas e faziam todos os tipos de perguntas — ficavam muito interessados em meu modo de vida e seu significado", disse ela.

Sua aparência, ainda extremamente incomum no início dos anos 1970, de fato atraía as pessoas em todos os lugares. Elas ficavam fascinadas com o fenômeno de uma monja budista inglesa e ávidas pelos valores que ela havia abraçado. Mais de uma vez ela foi abordada em reuniões sociais e ouviu que parecia São Francisco de Assis. Um homem bem-vestido parou-a no Hyde Park e disse que ela parecia tão chique que devia ser francesa. Houve também uma ocasião quando estava viajando de trem ao País de Gales para visitar o irmão, que estava morando lá, e dois policiais, um detetive e um sargento, juntaram-se a ela. Teve início uma conversa e eles explicaram que estavam indo a uma aldeia galesa prender um homem por assassinato.

"Você pode me dizer alguma coisa que me ajude a dar sentido à minha vida?", perguntou o inspetor, obviamente deprimido com sua missão.

Tenzin Palmo respondeu falando sobre o karma, a lei que decreta que toda ação de corpo, fala e mente, quando acompanhada por intenção, ocasiona uma reação correlativa. Em resumo, ela disse, somos todos responsáveis por nossas vidas e, assim sendo, podemos influenciar o futuro de forma ativa. Foi um discurso longo e lúcido que os policiais ouviram atentamente. Quando acabou, o inspetor inclinou-se à frente e disse em reconhecimento: "Acho que é costume fazer oferendas aos monges e monjas budistas", e deu cinco libras. O sargento fez o mesmo. O dinheiro foi adicionado com gratidão a seu fundo de viagem.

Finalmente ela ganhou dinheiro suficiente e partiu de volta para sua amada Índia. No caminho, parou na Tailândia para visitar John Blofeld, que mais uma vez fez uma doação. "Já que você é orgulhosa demais para aceitar minhas oferendas para fins seculares, eis aqui um dinheiro para você ir a Hong Kong fazer a ordenação de *bhikshuni*", disse ele.

Foi uma oferta que ela não pôde recusar. A ordenação de bhikshuni significava nada menos do que a admissão oficial e total na ordem budista, com toda a autoridade e prestígio que isso implica. Era uma joia pela qual todas as monjas budistas ansiavam e poucas um dia conseguiam. Por razões complicadas, mergulhadas na tradição e no patriarcado, nenhum país budista além da China permitia a suas monjas a honra e o respeito da ordenação completa, relegando-as assim a uma posição inferior na comunidade. E, visto que poucas monjas tinham dinheiro ou meios para viajar para Taiwan ou Hong Kong (os únicos lugares onde a ordenação completa estava disponível), era na posição inferior que elas ficavam.

Chegando em Hong Kong, Tenzin Palmo devidamente vestiu os mantos pretos e marrons de monja budista chinesa e, de cabeça baixa e mãos unidas, encarou as longas cerimônias em que a aceitaram formalmente como membro pleno da comunidade monástica budista. Enquanto isso, os flashes das câmeras cintilavam e os repórteres rabiscavam furiosamente. Tenzin Palmo foi parar nas manchetes. Mais uma vez, era a primeira mulher ocidental a dar tal passo e os ocupantes chineses da antiga colônia britânica ficaram mesmerizados. O que os fotógrafos não captaram, no entanto, foram os pedacinhos de incenso colocados na cabeça das monjas como parte do ritual, deixados a queimar lentamente no couro cabeludo recém-raspado, ocasionando uma pequena cicatriz, para lembrá-las para sempre de seu compromisso. Tenzin Palmo chorou, mas não de dor.

"Eu estava absolutamente tomada de bem-aventurança", ela disse. Mais tarde, ao mostrar uma foto do evento para S.S. Sakya Trizin, seu segundo guru, ele deu uma olhada no rosto alvo e beatífico silhuetado contra o tecido negro e comentou: "Você parece uma Virgem Maria careca".

Depois de todos estes adiamentos e desvios, ela finalmente chegou a Lahoul e retomou seu estilo de vida com determinação renovada, acumulando suprimentos durante as semanas de verão, e em prática de meditação estrita durante o inverno. Sua mente e coração ainda estavam fixados na iluminação. Mas, a despeito de todo seu entusiasmo e da força de sua vontade, as condições no Tayul Gompa ainda estavam longe de ser satisfatórias para o tipo de avanço espiritual que Tenzin Palmo buscava.

"Conseguir água era um problema. Quando se está em retiro, você não deve ser vista por ninguém, o que significava que eu tinha que buscar água à noite. O caminho era cheio de neve e com muito gelo. Eu não tinha galochas, então costumava embrulhar minhas sandálias de palha em sacos de plástico, o que as deixava ainda mais escorregadias. Eu costumava sair uma vez por semana após ficar escuro, com um lampião, uma lata grande nas costas e um balde, e voltava carregando trinta litros de água. Era muito difícil. Aprendi a ser muito frugal com água."

E ainda havia o barulho. Conforme a monja idosa que recepcionara Tenzin Palmo em sua chegada havia sugerido, os meses de inverno eram reservados pela maioria da comunidade para muita festança. "Enquanto eu tentava permanecer em retiro, os outros varriam toda a neve do alto de suas casas, levavam as esteiras lá para cima e mantinham grandes conversas, gritando uns para os outros em cima dos telhados ao sol. À noite realizavam os jantares com seus dezoito pratos e xícaras. Era muita atividade social! Também era muito difícil meditar." Na verdade, eles se reuniam para cardar e fiar lã para suas famílias. Uma pessoa fornecia comida e bebida enquanto os convidados fiavam a lã para ela. Eles faziam um rodízio, de modo que o trabalho de todos era concluído em equipe.

Depois de seis anos, Tenzin Palmo ficou farta daquilo. "Eu tinha ido a Lahoul para meditar, não para ter uma vida social agitada!", ela disse. "Decidi que tinha que me mudar, encontrar algum lugar mais quieto. Então subi acima do mosteiro para procurar um local onde pudesse construir uma casinha." No alto das montanhas ela chamou as dakinis, espíritos femininos etéreos budistas conhecidos por sua impetuosidade, seu poder e sua vontade de ajudar praticantes espirituais, para virem em seu auxílio. Tenzin Palmo sempre tivera um relacionamento particularmente íntimo com elas. Dessa vez, dirigiu-se a elas em seu estilo pessoal e inimitável: "Vejam só — se vocês encontrarem um local adequado para eu fazer um retiro, de minha parte prometo tentar praticar", ela rezou. "Me senti muito positiva a respeito disso, muito feliz. Eu tinha certeza de que algo iria acontecer", comentou.

Ela desceu a montanha e, na manhã seguinte, foi ver uma das monjas. "Estou pensando em construir uma casa acima do mosteiro", comentou.

"Como vai conseguir fazer isso? Você precisa de dinheiro para material de construção e mão de obra e você não tem nenhum. Por que não mora numa caverna?", retrucou a monja.

"Uma caverna está fora de questão. Para começar, existem pouquíssimas cavernas em Lahoul e onde há cavernas não existe água e onde há água existem pessoas", Tenzin Palmo assinalou.

"É verdade", respondeu a monja, "mas ontem à noite de repente lembrei que uma velha monja me falou de uma caverna na montanha que tem água nas proximidades, bem como árvores e uma campina do lado de fora. Por que não vamos procurá-la?"

No momento em que essas palavras foram proferidas, Tenzin

Palmo soube.

"É isso!", ela disse.

No dia seguinte, reuniu um grupo de pessoas, incluindo o lama que dirigia o mosteiro, e partiu para a montanha em busca da caverna de que a monja tinha ouvido falar.

Capítulo 8

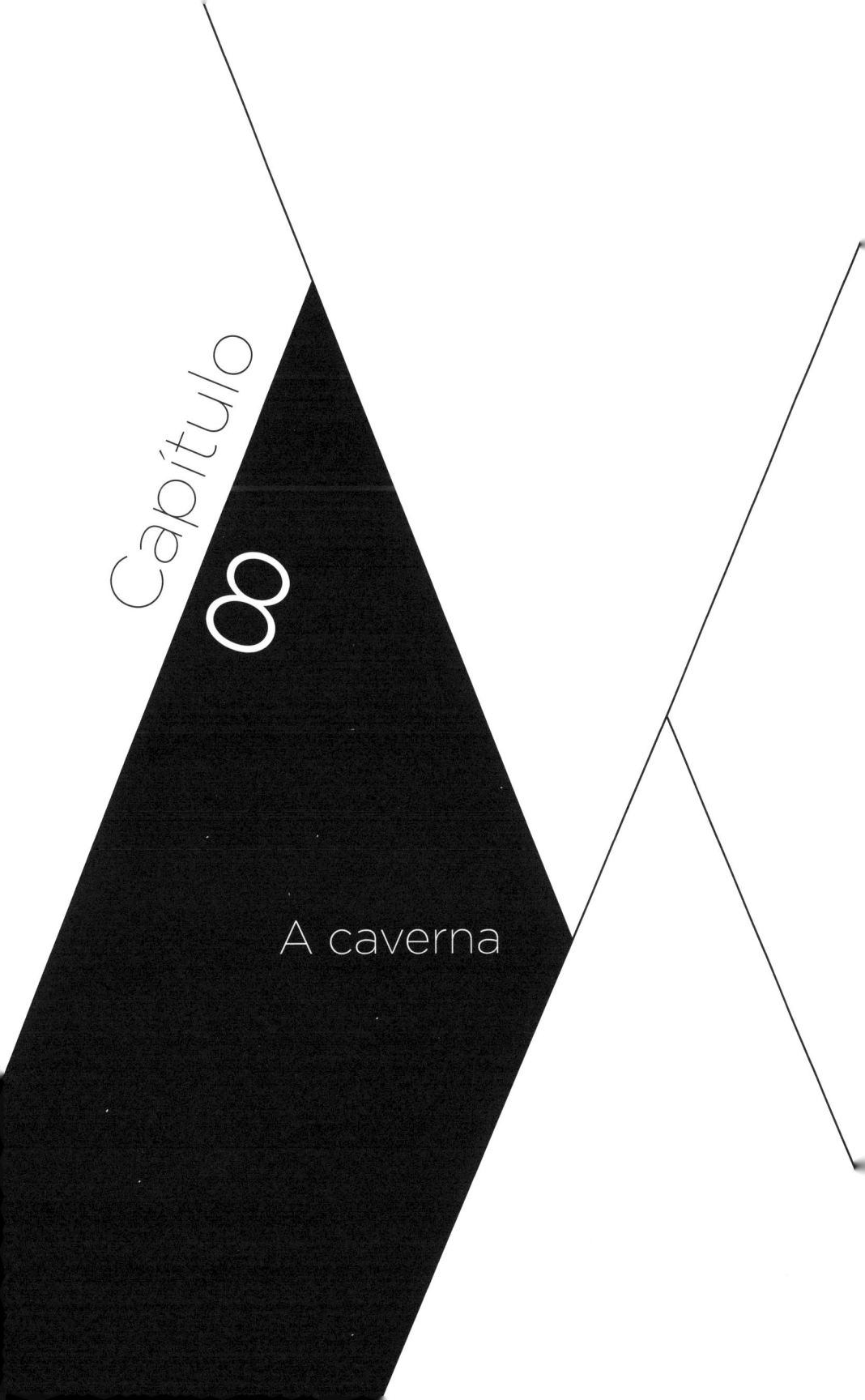

A caverna

Com seu pequeno grupo de companheiros, Tenzin Palmo começou a escalar a montanha atrás do Tayul Gompa na direção em que haviam dito que a caverna se situava. Arrastaram-se em uma subida íngreme, deixando as habitações dos seres humanos muito para trás. Galgaram cada vez mais alto através de relvados de aroma doce que exalavam seus odores quando roçados, subindo mais de trezentos metros além do Gompa, o peito estourando pelo esforço e pela altitude. Não era uma caminhada para os fracos de coração ou de fôlego curto. O caminho era perigosamente íngreme e traiçoeiro. Não havia nenhuma trilha para seguir e o precipício ao lado deles era radical. Em vários pontos o caminho tornava-se mais arriscado pelas torrentes de seixos soltos — rochedos e pedras que a montanha que se erguia acima deles costumava largar como se irritada com aquelas presenças. Era preciso transpor isso para encontrar a caverna, mas uma pisada em falso sobre aquelas pedras escorregadias provavelmente significaria a morte.

Destemidos, continuaram. Após duas horas de escalada, de repente, se depararam com ela. Estava tão bem misturada com a montanha, tão "camuflada" que, até chegarem quase perto dela, não faziam ideia de que estivesse ali. Com certeza não era a caverna arquetípica da imaginação ou dos filmes de Hollywood. Não era uma cavidade profunda na encosta da montanha, com uma bela entrada arredondada e chão de terra plano, oferecendo espaço acolhedor, independente, ainda que primitivo, para se viver. Era menos, bem menos que isso. A "caverna" não passava de uma saliência em uma borda natural da montanha, com três lados abertos aos elementos. Tinha um teto escarpado sob o qual era preciso ficar curvado, uma parede de fundos denteada e inclinada e, para além da borda, uma queda livre para o V íngreme do vale Lahouli. Na melhor das hipóteses, era um abrigo precário. Na pior, um mero recuo em uma rocha. Era também inconcebivelmente pequena: um espaço de no máximo três metros de largura por um metro e oitenta centímetros de profundidade. Era um guarda-louça de caverna. Uma cela para confinamento solitário.

Tenzin Palmo postou-se na pequena saliência e examinou a paisagem. A vista era sensacional. Como poderia ser de outra forma? À frente dela, estendendo-se em um arco de 180 graus, uma vasta cadeia de montanhas. Ela estava quase olho no olho com seus picos. Naquele momento, no verão, apenas os cumes estavam cobertos de neve, mas no longo inverno de oito meses elas constituiriam uma parede maciça de brancura alçando-se ao céu azul-celeste prístino, livre de poluição. A luz era cristalina, impregnando tudo com uma luminosidade tremeluzente, o ar cintilante e fresco. O silêncio era profundo. Apenas as águas verde-cinzentas do Rio Bhaga a correr mais abaixo, o assobio do vento e o bater de asas ocasional de um pássaro quebravam a quietude. À direita havia uma pequena floresta de zimbros que poderia fornecer lenha. À esquerda, a cerca de quatrocentos metros de distância, uma fonte brotava por entre algumas pedras, uma fonte vital de água fresca e limpa. E, atrás, ainda mais uma montanha, elevando-se sobre ela como uma sentinela. Devido a todo o poder impressionante do ambiente e ao isolamento extremo, a caverna e seus arredores pareciam pacíficos e benignos, como se as montanhas poderosas oferecessem segurança por seu tamanho e solidez, embora, claro, fosse uma ilusão — montanhas são tão impermanentes como todo o resto dos "fenômenos compostos".

Ela estava a quatro mil metros do nível do mar — uma altura vertiginosa. Desta altitude era como contemplar a vida pouco abaixo do pico do Monte Whitney, nas Montanhas Rochosas, ou não muito longe do topo do Mont Blanc. Comparada a esta, a montanha mais alta da Grã-Bretanha, Ben Nevis, com 1.340 metros, era uma pigmeia. Teria que ser empilhada três vezes sobre si mesma para se aproximar do local onde Tenzin Palmo estava agora. Ali, o olhar era forçado para cima e para fora, levando a mente junto automaticamente, forçando ambos para além das fronteiras confinadas dos mortais presos à terra abaixo. Não é de admirar que os picos mais altos tenham sido sempre os locais favoritos de meditadores solitários.

Tenzin Palmo absorveu aquilo tudo e, apesar do tamanho diminuto e das condições da saliência, ficou entusiasmada. "Eu soube instantaneamente. Era isso", ela disse. Havia tudo de que ela precisava. Ali, empoleirada como uma águia no topo do mundo, ela definitivamente não seria incomodada pelo clamor e desordem da atividade humana. Teria o silêncio absoluto que desejava. O silêncio era tão necessário para a busca interior porque ela sabia, como todos os meditadores, que só na profundeza do silêncio a voz do absoluto poderia ser ouvida. Ela poderia enterrar-se no confinamento de sua caverna para empenhar-se em suas práticas espirituais sem interrupção. Poderia sair e olhar as montanhas e o céu infinito. Ela não veria ninguém. Ninguém iria vê-la.

Havia outros atrativos. Tendo em conta seu empenho em atingir a iluminação como mulher, ela por acaso aterrissara no meio de um vórtice de energia espiritual feminina. No cume da montanha oposta havia uma curiosa rocha negra chamada pela população local "A Senhora de Keylong". Mesmo no meio do inverno a formação permanecia inexplicavelmente livre de neve. Ao examinar com cuidado, dava para se distinguir a silhueta de uma mulher ajoelhada, envolta em um manto, com um bebê no peito e uma mão estendida, alimentando um passarinho. Aos olhos ocidentais, a figura apresentava uma excepcional semelhança com a Madona e a criança, embora para os lahoulis fosse Tara, o Buda da Compaixão feminino. No alto de um precipício nas proximidades, encontrava-se uma pintura desbotada da mesma deusa em azul e dourado. Aparentemente, a imagem havia aparecido espontaneamente há muitos séculos, tendo se deslocado desde o lado oposto do vale, a forma ainda claramente visível para o olhar aguçado. E, no caminho, não muito longe da caverna, havia um lugar que diziam ser habitado pela poderosa protetora budista Palden Lhamo, tradicionalmente representada cavalgando uma mula. Vários anos mais tarde, certo dia Tenzin Palmo veria as pegadas de uma mula calcadas na neve naquele exato local. Estranhamente, não havia outras pegadas de ida ou de vinda.

Em suma, era perfeito. Ali ela finalmente poderia dedicar toda a energia e tempo à meditação profunda e prolongada. Poderia começar a desvendar os segredos do mundo interior — o mundo que diziam conter a vastidão e a maravilha de todo o universo.

Se ela ficou feliz com a descoberta da caverna, seus companheiros não. Começaram a lançar todas as objeções e desencorajamentos disparados através dos tempos contra as mulheres que queriam envolver-se em meditação séria em isolamento total. Tenzin Palmo rebateu cada um com destreza.

"É muito alto! Ninguém, muito menos uma mulher, pode

sobreviver nesta altitude. Você vai morrer", disseram em coro.

"Mas as cavernas são mais quentes do que casas. São termostaticamente controladas. Minha casa em Tayul é enregelante no inverno, mas eu sobrevivo. Esta caverna vai ser melhor", ela respondeu.

"Bem, morando tão longe de qualquer vivente, você será um alvo fácil para os ladrões, que vão invadir e roubá-la", eles retrucaram.

"Não existem ladrões em Lahoul. Vocês mesmos podem ver como as mulheres lahoulis andam por lá usando todas as joias delas ostensivamente, sem que ninguém tente roubá-las", argumentou.

"Os homens do acampamento militar virão aqui estuprá-la", eles tentaram de novo.

"Quando tiverem subido tão alto, vão estar tão esgotados que tudo o que vão querer é uma xícara de chá", ela respondeu.

"E quanto aos fantasmas? Estes lugares são assombrados, você não sabe? Você vai ficar aterrorizada", continuaram.

Neste ponto o tibetano de Tenzin Palmo falhou. Acreditando que estivessem falando de serpentes em vez de fantasmas (a palavra é semelhante em tibetano), ela respondeu despreocupadamente: "Oh, não dou a mínima para isso". A declaração indiferente impressionou os detratores quase ao silêncio, mas não totalmente.

"Bem, não vamos ajudá-la a subir até aqui, porque, se fizermos isso, estaremos auxiliando em sua morte. E não vamos tomar parte disso." Eles foram inflexíveis.

"Se eu conseguir a permissão do meu guru, Khamtrul Rinpoche, vocês concordam em ajudar?", ela perguntou. Eles finalmente assentiram com a cabeça. Uma carta foi devidamente despachada para Tashi Jong e, depois de fazer várias perguntas minuciosas sobre a posição e as condições da caverna, Khamtrul Rinpoche deu sua permissão. As objeções foram enfim debeladas.

Naquela breve discussão, Tenzin Palmo pôs abaixo séculos de tradição que decretava que as mulheres não eram capazes de fazer retiros extensos em locais totalmente isolados para avançar a níveis espirituais mais elevados. Ao fazer isso, também se tornou a primeira mulher ocidental a seguir os passos dos iogues orientais do passado e entrar em uma caverna dos Himalaias em busca da iluminação.

Contudo, antes que ela pudesse começar seu grande trabalho, a caverna tinha que ficar habitável. Com a ajuda de amigos lahoulis, ela contratou trabalhadores para erguer paredes de tijolos especialmente grossas na frente e nas laterais da caverna, para manter o frio feroz do lado de fora. Uma pequena área interna foi separada para ser usada como depósito de mantimentos alimentícios. Era essencial, mas reduziu ainda mais o espaço de moradia para uma área minúscula de 1,80 metro de largura por 1,80 metro de profundidade. O chão também teve que ser escavado para dar espaço para ela se levantar; a seguir foi colocada terracota, depois lajes e então mais argila. Instalaram uma janela e uma porta, que Tsering Dorje insistiu que abrissem para dentro — insight que se provaria inestimável no drama por vir. A seguir, aplicaram lama e esterco de vaca no chão e paredes. Depois disso, nivelaram a borda externa, transformando-a em um pátio onde Tenzin Palmo poderia sentar e apreciar a vista deslumbrante. Finalmente, construíram um muro de pedra ao redor do perímetro da caverna para manter os animais afastados e estabelecer o limite da área de retiro.

Dentro da caverna, Tenzin Palmo colocou sua mobília: um pequeno fogão a lenha (herança dos missionários da Morávia que certa vez tentaram converter os lahoulis) com chaminé saindo pela parede frontal; uma caixa de madeira fazendo as vezes de mesa, coberta com uma toalha florida; um balde. Nas paredes, pendurou fotos de deidades budistas em suas várias manifestações. Uma depressão acessível na parede tornou-se uma estante contendo os preciosos textos do Dharma, cuidadosamente embrulhados em tecido amarelo para manter juntas as páginas soltas — a encadernação nunca chegou ao Tibete. Em uma borda natural, ela colocou seus acessórios de ritual, o dorje e o sino; o raio místico significa compaixão, e o sino, vacuidade ou sabedoria. É dito que estas são as duas "asas" do budismo tibetano e, quando realizadas, levam-no voando por todo o caminho até a iluminação. Contra a parede dos fundos ficava o altar contendo as imagens de suas divindades pessoais de meditação, uma stupa em miniatura (representando a mente do Buda) e um texto (representando o Dharma). Diante disto ela colocou sete tigelinhas de oferenda que enchia com água. As tigelinhas representam os sete presentes oferecidos a todo visitante ilustre que agracie uma casa com sua presença: água de beber, água para lavar os pés, flores, comida, perfume, luz e música.

E havia então o objeto mais estranho de todos: uma caixa de meditação tradicional. Era uma estrutura quadrada de madeira medindo oitenta centímetros por oitenta centímetros, levemente erguida do solo para isolar o praticante da umidade. Era onde ela passaria a maior parte de sua vida. Ao longo dos anos, Tenzin Palmo desenvolveu uma ligação notavelmente íntima com a caixa: "Eu amava minha caixa de meditação. Me enrolava em meu manto e ficava perfeitamente confortável, imune às correntes de ar", contou ela com entusiasmo.

Quando ficou pronto, o buraco escancarado e irregular na montanha havia se transformado em uma linda casinha com um telhado rochoso torto, tão singular que poderia ter saído das páginas de um livro de contos de fadas. Dissipava instantaneamente qualquer noção clichê de vida nas cavernas.

"Era uma caverna muito bem construída", admitiu Tenzin Palmo. "As poucas pessoas que a viram ficaram muito surpresas com o quanto era bem-arrumada e acolhedora. Era pequena, com certeza. Não tinha espaço para dançar! Todavia, quando fiz meu retiro longo, pratiquei hatha ioga ali. A ioga era fantástica para contrabalançar todas as sessões sentadas que eu fazia e ajudava com os problemas da minha coluna", disse ela, referindo-se aos problemas nas costas que a flagelavam desde o nascimento. "Mas a caverna era tão pequena que eu tinha que fazer diferentes posturas em diferentes partes da caverna, dependendo de onde havia espaço."

Didi Contractor foi uma das pessoas que conferiu a caverna. Uma mulher grande, grisalha, naquela época chegando ao final dos seus sessenta anos, tinha ido da Califórnia para a Índia muitas décadas antes e levado uma vida pitoresca em uma família grande com o marido indiano. Havia conhecido Tenzin Palmo durante uma de suas visitas a Khamtrul Rinpoche e permaneceu em contato. Como decoradora de interiores (responsável por locais de referência como o Palácio do Lago de Udaipur), ela queria lançar um olhar profissional sobre o modo de vida pouco ortodoxo de Tenzin Palmo para ter certeza de que a monja estava segura: "A escalada foi horrorosa, especialmente no cascalho solto. Eu olhava para as casinhas no vale lá embaixo e pensava:

'Se eu cair, vou virar geleia de morango'. Todavia, Tenzin Palmo, que me acompanhava, subiu como um antílope. Quando enfim cheguei lá fiquei mais tranquila. A caverna era muito protegida e segura. As paredes eram grossas — embora eu tenha providenciado a colocação de janelas de vidro duplo. O mais importante é que tinha frente sul, o que significava pegar sol o dia inteiro, algo essencial no inverno. Meu Deus, mas era minúscula. Havia espaço apenas para eu colocar meu saco de dormir ao lado da caixa de meditação. E era isso", contou ela na casa de tijolos de barro que construiu para si logo abaixo de Dharamsala, lar do Dalai Lama e do governo tibetano no exílio.

Com a caverna pronta, Tenzin Palmo mudou-se e começou seu extraordinário modo de vida. Ela estava com trinta e três anos de idade. Aquele seria seu lar até os quarenta e cinco anos.

A busca podia ser puramente espiritual, mas, antes que ela pudesse atracar-se com o imaterial, tinha que vencer primeiro a função eminentemente mundana de simplesmente ficar viva. Para uma mulher de outro mundo, dada à leitura e decididamente nada robusta, foi um desafio.

"Eu nunca fui uma pessoa prática, mas, na caverna, tive que aprender a fazer uma porção de coisas físicas por mim. No final, eu mesma me surpreendi com o quão bem consegui me sair e o quanto me tornei autossuficiente", ela admitiu.

A primeira prioridade era a água.

"Inicialmente, eu tinha que buscar água na nascente, que ficava a cerca de quatrocentos metros de distância. No verão, eu tinha que fazer várias viagens, levando a água para a caverna em baldes às costas. No inverno, quando não podia sair, eu derretia neve. E, se você já tentou derreter neve, sabe como isso é difícil! Uma enorme quantidade de neve rende apenas uma pequena quantidade de água. Felizmente, no inverno você não precisa de muita água porque realmente não toma banho nem lava as roupas, e assim pode ser muito econômico com a água que usa. Mais tarde, quando fiz meu retiro de três anos e não podia me aventurar além do meu limite, alguém pagou pela instalação de uma tubulação de água no complexo da caverna. Foi uma grande ajuda", explicou.

A seguir vinha a comida.

Claro que não havia nada para comer naquela encosta árida de montanha. Nada de arbustos com frutinhas silvestres. Nada de árvores frutíferas. Nada de campos ondulantes de trigo dourado. Em vez disso, ela providenciou para que os mantimentos fossem trazidos da aldeia no verão, mas na maioria das vezes eles não chegavam, e Tenzin Palmo via-se obrigada a subir e a descer a montanha transportando ela mesma cargas gigantescas. "Demandava muito tempo e esforço", ela disse. Tsering Dorje ficou encarregado da grande tarefa de fazer o estoque para o retiro de três anos:

"Eu contratava carregadores e burros para levar tudo de que ela necessitava", recordou ele. "Querosene, tsampa (um tipo de farinha torrada), arroz, farinha de lentilha, legumes secos, ghee (manteiga clarificada), óleo de cozinha, sal, sabão, leite em pó, chá, açúcar, maçãs e os ingredientes para oferendas rituais, como doces e incenso. Além disso, contratava lenhadores para cortar toras que também eram carregadas lá para cima."

Para suplementar essas provisões básicas com uma fonte de alimentos frescos, Tenzin Palmo fez uma horta. Logo abaixo da borda do lado de fora da caverna, ela abriu dois canteiros nos quais plantou vegetais e flores. Comida para alimentar o corpo, flores para alimentar a alma. Ao longo dos anos seguintes, ela fez experimentos para ver o que sobreviveria no solo rochoso. "Tentei cultivar todos os tipos de vegetais, como repolho e ervilha, mas os roedores comiam. As únicas coisas em que não tocavam eram nabos e batatas. Ao longo dos anos, descobri verdadeiramente o prazer dos nabos! Agora estou sempre pronta para promover o nabo", diz ela entusiasmada. "Descobri que os nabos são um vegetal de dupla utilidade. Você tem as maravilhosas nabiças, que na verdade são os mais nutritivos de todos os vegetais verdes e absolutamente deliciosas, especialmente quando jovens", ela explica. "Nenhuma refeição gourmet no mundo é comparável ao primeiro bocado de nabiças frescas após o longo inverno. E tem ainda o bulbo, que também faz muito bem. Ambos podem ser picados e desidratados, de modo que você tem esses legumes maravilhosos o inverno inteiro. Na verdade, eu estava esperando o livro *Cento e oito maneiras de preparar nabos*, mas ele nunca foi lançado", ela brincou.

Tenzin Palmo comia uma vez por dia, ao meio-dia, como fazem as monjas e monges budistas. O cardápio era simples, saudável e, para paladares normais, terrivelmente monótono. Todo dia ela comia a mesma refeição: arroz, dhal (lentilhas) e vegetais, cozidos juntos na panela de pressão. "Minha panela de pressão era meu único luxo. Levaria horas para cozinhar lentilhas àquela altitude sem ela", conta Tenzin Palmo. Essa alimentação escassa era suplementada com pão de massa azeda (que ela assava) e tsampa. Sua única bebida era chá comum com leite em pó. (Curiosamente, o tradicional chá de manteiga batida e sal era um dos poucos costumes tibetanos de que ela não gostava.) Como sobremesa, um pedacinho de fruta. Manali era famosa por suas maçãs e Tsering Dorje enviava uma caixa delas. "Eu comia meia maçã por dia e, às vezes, alguns damascos secos."

Por doze anos, foi isso. Nenhuma variação, nada de gostosuras culinárias como bolos, chocolates, sorvetes — alimentos aos quais a maioria das pessoas recorre para aliviar a monotonia, a depressão ou o trabalho duro. Ela afirmou que não se importava e, logicamente, como salientou: "Eu não poderia dar um pulo na Sainsbury's se quisesse alguma coisa. Na verdade, fiquei tão acostumada a comer pequenas quantidades que, quando deixei a caverna, as pessoas riam ao me ver comendo apenas meia maçã, metade de uma fatia de torrada, meia porção de geleia. Qualquer coisa a mais parecia muito dispendiosa e extravagante."

E depois havia o frio. Aquele tremendo frio incessante, penetrante, que durava meses e meses a fio. No vale abaixo, a temperatura despencava regularmente para 35 graus negativos no inverno. No alto daquela montanha exposta era ainda mais desolador. Havia grandes nevascas que se amontoavam contra a caverna e também ventos uivantes a serem enfrentados. Mais uma vez, Tenzin Palmo minimiza o fato. "Conforme eu suspeitava, a caverna mostrou-se muito mais quente que uma casa. A água das tigelas de oferenda diante de meu altar nunca congelou na caverna, como acontecia na minha casa no Tayul Gompa. Mesmo na minha despensa, que jamais ficava aquecida, a água nunca congelou. A verdade sobre as cavernas é a seguinte: quanto mais frio do lado de fora, mais quente do lado de dentro e quanto mais quente do lado de fora, mais frio do lado de dentro. Ninguém acreditava quando eu falava, mas os iogues tinham dito e eu confiava neles", ela insiste.

Não obstante toda a indiferença manifestada por ela, o frio deve ter sido intenso. Tenzin Palmo acendia o fogão apenas uma vez por dia, ao meio-dia, e só para cozinhar o almoço. Na prática, isto significava que, quando o sol se punha, ela ficava na caverna sem qualquer fonte de calor. De alguma forma ela sobreviveu. "Claro que eu sentia frio, mas e daí?", ela afirmou de modo quase desafiador, antes de acrescentar em um tom um pouco conciliatório: "Quando está fazendo sua prática, você não pode ficar se levantando para acender o fogão. Além disso, se realmente está concentrado, você fica quente." O comentário suscitou a pergunta seguinte, sobre o quanto ela tinha avançado na capacidade de aumentar o calor místico, como Milarepa havia feito em sua caverna gelada séculos atrás e os togdens que praticavam secando lençóis molhados no corpo nu nas noites frias de inverno em Dalhousie. "Tumo não era realmente minha prática", foi tudo o que ela disse.

Resistência é uma coisa; conforto, no entanto, é outra. O prazer de um banho quente, uma toalha felpuda, um sabonete perfumado, uma cama macia, lençóis passados, uma poltrona e um banheiro limpo — os toques delicados que a maioria das mulheres aprecia e precisa — ela não tinha nada disso. Os homens diziam que o desejo de conforto físico era um dos maiores obstáculos para as mulheres atingirem a iluminação. Como poderiam elas suportar os rigores de locais isolados necessários ao progresso espiritual, argumentavam eles, quando por natureza elas queriam enroscar-se como gatos diante de um fogo quente? Nesta, como em muitas coisas, Tenzin Palmo provaria que eles estavam errados.

O banho dela era de balde. Ela se lavava com moderação, especialmente no inverno, quando a água era escassa e as temperaturas reduziam os odores corporais a zero. No verão, seu banheiro era o grande espaço ao ar livre — a privacidade estava garantida. "No inverno eu usava uma lata e depois enterrava." Isso não a incomodava. "Para ser honesta, eu não sentia falta de uma privada com descarga ou de banho quente porque já vivia há muito tempo sem essas coisas", disse ela.

Somava-se ao ascetismo a ausência total de qualquer forma de entretenimento. Na caverna não havia TV, nem rádio, nem música, nem romance, na verdade nenhum livro que falasse de qualquer coisa a não ser religião. "Não havia nenhum 'luxo' de que eu sentisse falta. A vida em Dalhousie havia me preparado admiravelmente. Eu tinha tudo de que precisava", ela repetiu.

Sem dúvida, a mais radical de todas as privações era a ausência de uma cama. Não que a caverna fosse pequena demais, é que Tenzin Palmo simplesmente não quis. Ela pretendia seguir a tradição de todos os meditadores sérios e treinar para não dormir. De acordo com os sábios, o sono não passava de um trágico desperdício de tempo precioso. Se passamos oito horas por dia dormindo, isso equivale a um terço de nossa vida, o que, calcularam eles, se vivêssemos até os setenta anos, totalizaria uns vinte e quatro anos de inconsciência voluntária. Tempo que poderia ser gasto no esforço para o aperfeiçoamento espiritual a fim de ajudar todos os seres vivos. Sabendo disso, os iogues disciplinaram-se para não cair no sono, e sim usar os refinados níveis de consciência induzidos pela meditação para gerar revigoramento mental e físico. Era consenso que a tranquilidade e solidão de uma gruta consistiam no ambiente perfeito para praticar tal façanha, pois mesmo os melhores deles achariam muito difícil suportar a insônia duradoura vivendo no meio de uma cidade movimentada. Mas, sentados a noite inteira em seus esconderijos remotos, aprenderam a ver que quaisquer imagens que surgissem a partir do subconsciente, fossem no estado de vigília, semivigília, ou sono (caso cochilassem), não passavam de projeções, "meras aparências" de sua própria mente. Era, diziam, um exercício inestimável.

Na realidade, isto significa que, enquanto Tenzin Palmo esteve na caverna, ela nunca ficou totalmente deitada. Em vez disso, passava a noite, todas as noites, sentada em sua caixa de meditação. "A ideia é que você tem que ficar sentado para meditar. É bom para a consciência", foi tudo que ela disse sobre o assunto. "Se eu realmente sentisse necessidade, enroscava-me dentro da caixa de meditação, ou jogava as pernas sobre a lateral."

Nessa hora você se pergunta quanto da capacidade de Tenzin Palmo de suportar estas dificuldades físicas prolongadas devia-se à infância despojada no East End de Londres, aos genes estoicos da mãe, ou a alguma predisposição inata para residir numa caverna de altitude elevada — como os lamas de Tashi Jong haviam reconhecido.

Não menos importante entre todas as austeridades era o isolamento. Conforme havia previsto, e até mesmo desejado com ardor, ela ficava completamente sozinha. Ocasionalmente durante o verão ela via um pastor de ovelhas ou de iaques. Às vezes as monjas do Tayul Gompa ou um amigo iam visitá-la por um dia ou dois. Seguindo o padrão, ela assegurava-se de ver Khamtrul Rinpoche todos os anos para orientações adicionais sobre o retiro. Muito raramente ela saía por poucas semanas para assistir a alguns ensinamentos. Mas, basicamente, ficava completamente sozinha por meses todos os anos, isolada pela neve e, nos últimos três anos, não viu e não falou literalmente com ninguém.

Tenzin Palmo encarou mais do que bem: "Nunca me senti solitária, nem por um minuto. Era bom quando alguém me visitava, mas eu ficava perfeitamente feliz não vendo ninguém. Sentia-me completamente segura naquela caverna. E esse é um sentimento maravilhoso para uma mulher. Nunca trancava minha porta ou janela. Não havia necessidade. A caverna ficava na estrada para lugar nenhum", disse ela. Curiosamente, no entanto, um amigo para quem ela emprestou a caverna certa vez, enquanto se ausentava em uma atividade de verão, não achou a experiência tão fácil. Ele partiu depois de dois dias, assustado pela solidão. "Já eu achei a coisa mais fácil do mundo", ela disse.

Se companhia humana era rara, os animais estavam por toda parte.

Qualquer mulher de coração mais fraco ou de menos fibra poderia muito bem ficar nervosa com a gama de animais que rondavam e até entravam na caverna. Mas Tenzin Palmo nunca teve medo de nenhum animal e eles, por sua vez, nunca tiveram medo dela. Era mais uma faceta incomum de uma mulher já inusitada. "Os animais são atraídos por Tenzin Palmo — mas o interessante é que, em geral, quando existe este tipo de atração, o sentimento é recíproco, só que Tenzin Palmo é completamente desapegada", comentou Didi Contractor, a amiga que visitou a caverna quando Tenzin Palmo mudou-se para lá.

"Gosto de animais e os respeito, mas não sou São Francisco", diz Tenzin Palmo secamente. Não obstante, seus encontros com os animais nos arredores da caverna ostentam forte semelhança com as narrativas sobre o frei de túnica marrom em sua caverna em Assis.

Como São Francisco, ela também teve seus "irmãos lobos".

À noite, ela podia ouvi-los no teto acima de sua cabeça emitindo sons longos e tristes. Eles vagavam pelas montanhas à procura de alimento, de parceiro para acasalar, ladrando para a lua. Tenzin Palmo, sentada em sua caverna, sabia que eles estavam muito perto e não se movia um centímetro.

"Eu amo lobos", diz ela simplesmente. "Por muito tempo ouvi seus uivos, o que era maravilhoso. Nas manhãs depois de ter nevado, eu costumava ver as marcas de patas ao redor da caverna, mas nunca os via. Então, um dia eu estava sentada do lado de fora, no pátio, tomando banho de sol, e chegaram cinco deles. Ficaram bem perto, a poucos metros de distância. Eram lindos, não sarnentos ou enlameados, como eu havia imaginado. Pensei que fossem mais parecidos com chacais, mas eram extremamente bonitos, com aqueles olhos amarelos estranhos e pelagem marrom lustrosa. Pareciam muito bem alimentados, mas quem sabe o que encontravam lá em cima para se manter? Eles apenas ficaram lá e olharam para mim pacificamente. Fiquei muito feliz por vê-los. Sorri para eles e enviei muito amor. Eles ficaram ali por alguns minutos mais e depois foram embora", ela relatou.

Ela também esteve perto de encontrar o mais raro e mais belo dos gatos selvagens, o leopardo da neve. Quando Peter Matthiessen escreveu seu memorável livro *The Snow Leopard* sobre esse animal quase mítico, considerava-se que apenas dois ocidentais tinham-no avistado.

"Uma vez vi suas pegadas do lado de fora da caverna e no peitoril da janela", disse Tenzin Palmo, a voz elevando-se com a excitação da memória. "Eram umas pegadas grandes, muito estranhas, com uma espécie de buraco no meio. Desenhei-as e mais tarde mostrei para dois zoólogos, na mesma hora disseram que era o leopardo da neve que, aparentemente, tem uma pata distintiva." Embora o esquivo leopardo da neve possa muito bem ter visto Tenzin Palmo, para sua grande tristeza ela não o viu.

Ainda mais exótico e fascinante foi o conjunto completamente bizarro de pegadas que ela encontrou na neve certa manhã ao longo do muro de limite. Ela olhou para aquilo perplexa:

"Todo mundo diz que não existem ursos em Lahoul, mas no primeiro ano que eu estava lá descobri estas pegadas enormes do lado de fora da cerca. Eram muito maiores que as de um homem, mas pareciam de um humano, com peito do pé. Dava para ver todos os dedos dos pés, mas também tinha garras. Parecia uma pegada humana com garras. E as pegadas vieram descendo a montanha e chegaram até o muro fronteiriço, e a criatura ficou obviamente muito confusa. Acho que aquela devia ter sido sua caverna. Dava para ver pela trilha das pegadas, elas vagueavam ao redor e então subiam outra vez."

Seria possível que fosse o mítico *Yeti*? Tenzin Palmo teria se mudado inadvertidamente para a toca de um Yeti?

"Não sei. Nunca mais vi as pegadas. Mas os tibetanos têm bastante familiaridade com a criatura, seja ela o que for, a ponto de ter um nome para ela e contar histórias a respeito. Os lamas também falam sobre isso; portanto, não vejo por que não possa existir", diz ela. Um apoio adicional à existência concreta do Yeti veio em 1997, quando a agência France Press relatou a descoberta de rastros de "pé-grande" na Reserva Natural Nacional de Shennonija, na província de Hubei, pelos Pesquisadores de Criaturas Raras e Estranhas. "O chefe do comitê disse que uma equipe de pesquisa encontrou centenas de pegadas a 2.600 metros do nível do mar. A maior pegada tem trinta e sete centímetros e é muito semelhante à de um homem, mas maior, e diferente da pegada de um urso ou qualquer outro animal identificado", contava a reportagem.

Muito mais familiares eram os roedores — os mesmos roedores que comiam os repolhos e ervilhas que Tenzin Palmo tentava cultivar em sua horta. Eles entravam na despensa tentando pegar os grãos e vegetais desidratados, e Tenzin Palmo outra vez adotou uma atitude curiosamente amigável em relação a esses invasores.

"Eram principalmente ratos e hamsters e, no outono, havia uma quantidade medonha deles. Eram terrivelmente meigos. Às vezes eu os prendia em uma gaiola, depois levava para fora e soltava. Era muito interessante vê-los, porque cada um dos que ficavam presos tinha uma reação diferente", diz ela, aludindo à crença budista de que os animais, uma vez que possuem mentes, estão sujeitos à reencarnação como o restante de nós. Sob este aspecto, era perfeitamente lógico que os animais pudessem muito bem ser antigos ou futuros seres humanos no fluxo interminável de vir a ser e deixar de ser.

"Alguns ficavam assustados e se encolhiam no canto da gaiola. Outros ficavam muito zangados, urravam e tentavam romper a gaiola na tentativa de sair. Outros colocavam as patinhas nas barras e enfiavam o focinho através delas, olhavam para você e se deixavam afagar. Eram muito amistosos. Cada um tinha uma reação completamente diferente", ela prossegue.

"Havia ainda as martas, que se parecem um pouco com doninhas, só que mais bonitas. Eram cinza com peito branco, olhos enormes e uma grande cauda peluda. Havia uma que costumava empurrar a janela para abri-la, entrava na despensa e rumava para a caçarola contendo meu pão embrulhado em um pano. Esta marta tirava a tampa da caçarola, desembrulhava o pano e comia o pão. Não era como um rato, que simplesmente roeria através do pano. A marta ia em frente: desenroscava as tampas plásticas dos recipientes de gordura, retirava a cobertura de zinco e comia. Era incrível. Ela abria tudo que eu tinha. Tentei colocar comida lá fora para ela, mas com frequência congelava, e a marta parecia muito decepcionada. Li em algum lugar que, se você conseguir capturar uma marta quando jovem, ela torna-se um excelente animal de estimação porque é muito inteligente."

Outro visitante foi o pequeno arminho que ela avistou no jardim. Ele estava prestes a fugir, quando obviamente pensou melhor e corajosamente decidiu em vez disso aproximar-se de Tenzin Palmo.

"Ele veio saltitando até mim, ficou ali parado e olhou para cima. Era tão pequeno, eu devo ter parecido enorme para ele. Ficou ali parado, olhando para mim. Então de repente agitou-se. Correu de volta para a cerca e começou a se balançar, pendurado de cabeça para baixo e olhando para mim o tempo todo para ver se eu ainda estava olhando — como uma criança."

Se os animais nunca a assustaram, houve uma ocasião, apenas uma, em que um homem fez isso. Foi quando pareceu que o otimismo jovial de que nenhum homem se daria ao trabalho de subir tão alto para prejudicá-la infelizmente estava equivocado.

"Foi durante um verão, quando um rapaz de quinze ou dezesseis anos de idade apareceu com seu rebanho de ovelhas. Ele era extremamente estranho. Sentava-se sobre uma grande rocha perto da caverna e olhava para mim lá de cima. Se eu sorria para ele, o rapaz apenas me olhava de volta fixamente. Um dia descobri que o poste com minha bandeira de oração tinha sido derrubado. Em outra ocasião, as pedras da minha fonte foram movidas, de modo que a água não fluía. E então a janela da minha despensa foi quebrada, embora nada tenha sido roubado. Tive certeza de que era o garoto e fiquei preocupada, pois ele dispunha de uma quantidade infinita de tempo para sentar-se lá pensando maldades. Ele poderia fazer qualquer coisa que quisesse! Senti-me muito vulnerável", ela lembrou.

Tenzin Palmo de fato ficou tão preocupada que chamou as velhas amigas, as dakinis, rezando para elas de sua forma familiar:

"Olhem aqui", disse ela, "este menino obviamente tem um monte de problemas psicológicos, então, por favor, façam alguma coisa para mudar a mente dele e ajudá-lo", ela rezou.

Como de costume, as dakinis aceitaram o desafio de Tenzin Palmo.

"Uns dias depois, encontrei um buquê de flores silvestres no meu portão. Aí, quando fui até a fonte, ela não só havia sido consertada, como arranjada de uma forma muito melhor. Depois disso, quando vi o rapaz, ele me deu um belo sorriso. Estava completamente transformado. Dakinis são muito poderosas", acrescentou ela.

E assim Tenzin Palmo, a garota de Bethnal Green, aprendeu a viver em sua caverna assistindo as estações virem e irem. Com o passar dos anos, a vida assumiu ritmos próprios.

"O inverno durava de novembro a maio e as nevascas tornavam-no particularmente difícil. Havia aqueles enormes montes de neve que eu precisava retirar de cima da caverna com uma pá. Isso significava que eu tinha que caminhar por lá. Era um trabalho braçal e não muito bom para as costas. Eu tinha que jogar a neve do topo da caverna. Às vezes levava dias. Eu mal terminava, e então nevava outra vez. Eu fazia isso várias e várias vezes. Tinha que ser feito para eu conseguir chegar à minha pilha de lenha. A primeira neve era boa, mas, depois de meses e meses, eu dizia: 'Oh não, outra vez não'.

"Os primeiros sinais de que a primavera estava a caminho eram aquelas florezinhas nas rochas, muito delicadas, que em geral apareciam enquanto ainda estava nevando. Eu poderia passar horas olhando para elas. Na verdade, a primavera era a época mais difícil para mim. A neve descongelava e escoava através das rachaduras da caverna, inundando-a. Eu podia observar os filetes de água descendo pelas paredes, encharcando tudo. Eu tinha sacos para enxugar, que depois eu precisava secar e usar de novo. Costumava colocar tudo para secar ao sol lá fora. Até a caixa de meditação, que ficava acima do chão e era forrada com camadas de tecido, ficava úmida. Era um verdadeiro incômodo. Você secava tudo, guardava de volta e então inundava outra vez. Do lado de fora, tudo era o maior lamaçal. Uma das perguntas que Khamtrul Rinpoche fez quando estava verificando a caverna foi se era úmida. Eu disse 'não' porque sinceramente pensei que não fosse. Se ele soubesse o quanto ela ficava úmida e mofada, poderia não ter concordado em me deixar viver lá de jeito nenhum", ela admitiu.

No final de maio, Tenzin Palmo podia começar a jardinar,

plantando seus vegetais e flores — centáureas, malmequeres, calêndulas. Ela gostava de jardinar, ainda que exigisse muita busca e transporte de água. Para os últimos três anos de seu retiro solitário, alguém lhe enviou um pacote de sementes de flores da Inglaterra e, para seu grande espanto, elas floresceram naquele solo estrangeiro, transformando sua caverna lahouli em um jardim de estilo inglês.

"Havia dálias e plantas com aroma noturno. Tão lindo! Mas eu era a única a vê-las", diz ela. No auge do verão, a paisagem inteira ficava verde — os campos, os vales e os salgueiros plantados pelos missionários da Morávia para deter a erosão por deslizamento de terra. "Aí você podia se queimar sentada ao sol, enquanto a parte do corpo que ficasse na sombra ainda sentiria frio", diz ela.

No verão, os pássaros começavam a voltar: as gralhas, um corvo de perna vermelha, eram visitantes regulares. Tenzin Palmo observava as aves realizarem as belas danças aéreas pelas quais são famosas e, às vezes, cortava pedaços de uma esteira para lhes fornecer material para os ninhos. Certa vez, numa noite, quando voltava de uma rara visita à aldeia, ela se deparou com uma cena extraordinária.

"Ao fazer uma curva, vi centenas e mais centenas de abutres sentados em círculos. Estavam agrupados em rochedos, no chão, por toda parte. Era como se tivessem se reunido para um encontro. Tive que andar no meio deles! Não havia outro lugar para passar. Pois bem, estas aves são grandes, cerca de um metro de altura, com olhos encapuzados e bico forte e curvo. Respirei fundo, comecei a recitar o mantra 'Om Mani Padme Hung' e caminhei diretamente entre eles. Nem se mexeram. Só me observaram com o canto do olho. Depois lembrei que Milarepa teve um sonho em que ele era um abutre e que entre os tibetanos estas aves são consideradas extremamente auspiciosas", ela recordou.

No outono, o mundo ao seu redor transformava-se em um esplendor de cores brilhantes. Era espetacular. "As montanhas à minha frente ficavam vermelho-sangue, atravessadas por linhas de um amarelo deslumbrante — das folhas dos salgueiros. Acima destas vinham as montanhas nevadas alçando-se ao céu azul resplandecente. Era nesta época que os aldeões colhiam suas lavouras. Da minha caverna eu podia ouvi-los cantando nos vales abaixo enquanto manejavam seus iaques."

Uma carta para a mãe datada de 8 de maio de 1985, quando Tenzin Palmo recém-começara o longo retiro de três anos, revela com quanta facilidade ela administrava sua situação difícil e como, apesar do isolamento extremo e da forma de vida singular, as demais pessoas não eram esquecidas:

Querida Amala [tibetano para "mãe"],
Como está? Espero que esteja muito bem. Teve uma boa estadia na Arábia Saudita?
Sem dúvida você escreveu, mas Tsering Dorje não subiu aqui, então não houve correio. Ele está um tanto atrasado, e espero que seja apenas por estar ocupado arando o solo e com outros trabalhos no campo. Ele apareceu no início de março, pois o SP [superintendente de polícia] tinha levado novos formulários a serem preenchidos para o visto. Felizmente neste ano não houve muita neve, e fevereiro foi tão ameno que naquela época a maioria da neve tinha derretido (nevou novamente mais tarde, é claro). Contudo, o pobre Tsering Dorje agora desenvolveu artrite em ambos os joelhos e só consegue mancar dolorosamente

por aí com uma bengala — então imagine ter que subir toda a trilha até a caverna através da neve, só para que eu pudesse assinar alguns papéis! Ele deveria ter falsificado minha assinatura. De qualquer forma, espero que seus joelhos ruins não sejam o motivo para ele não vir agora. Lahoul é toda um sobe e desce e TD também ganha a vida conduzindo grupos de caminhada em Ladakh e Zanskar, de modo que isso é realmente um grande problema para ele.

Aqui está tudo bem. Esta manhã plantei batatas e mais nabos. O tempo ainda está bem frio e neva de vez em quando, mas minha caverna não está tão molhada quanto de costume, pois não houve nenhuma queda de neve pesada. Felizmente minha fonte de água continuou correndo durante todo o inverno, embora fosse coberta por um dossel de gelo todas as noites. Que alegria ter água tão perto e não ter que se preocupar em derreter neve. Isto também economiza lenha.

Assim, o inverno foi tranquilo e agradável e fevereiro tão brando e deslumbrante que em Keylong teve chuva! (O tempo compensou em março e abril!)

Meu cabelo está ficando comprido e caindo por toda parte. Um grande incômodo — não é de admirar que os iogues simplesmente façam um emaranhado deles.

Por eu estar em retiro e Tsering Dorje vir apenas duas vezes por ano você não deve se preocupar se houver longos intervalos entre as minhas cartas. Não posso mais descer até Keylong para colocá-las no correio. Diga a May que usei o blusão dela (e o seu) o inverno todo e de fato ainda estou usando. Eles têm sido muito úteis, então muito obrigada. Fique muito bem, com todo meu amor.

Tenzin Palmo

Capítulo 9

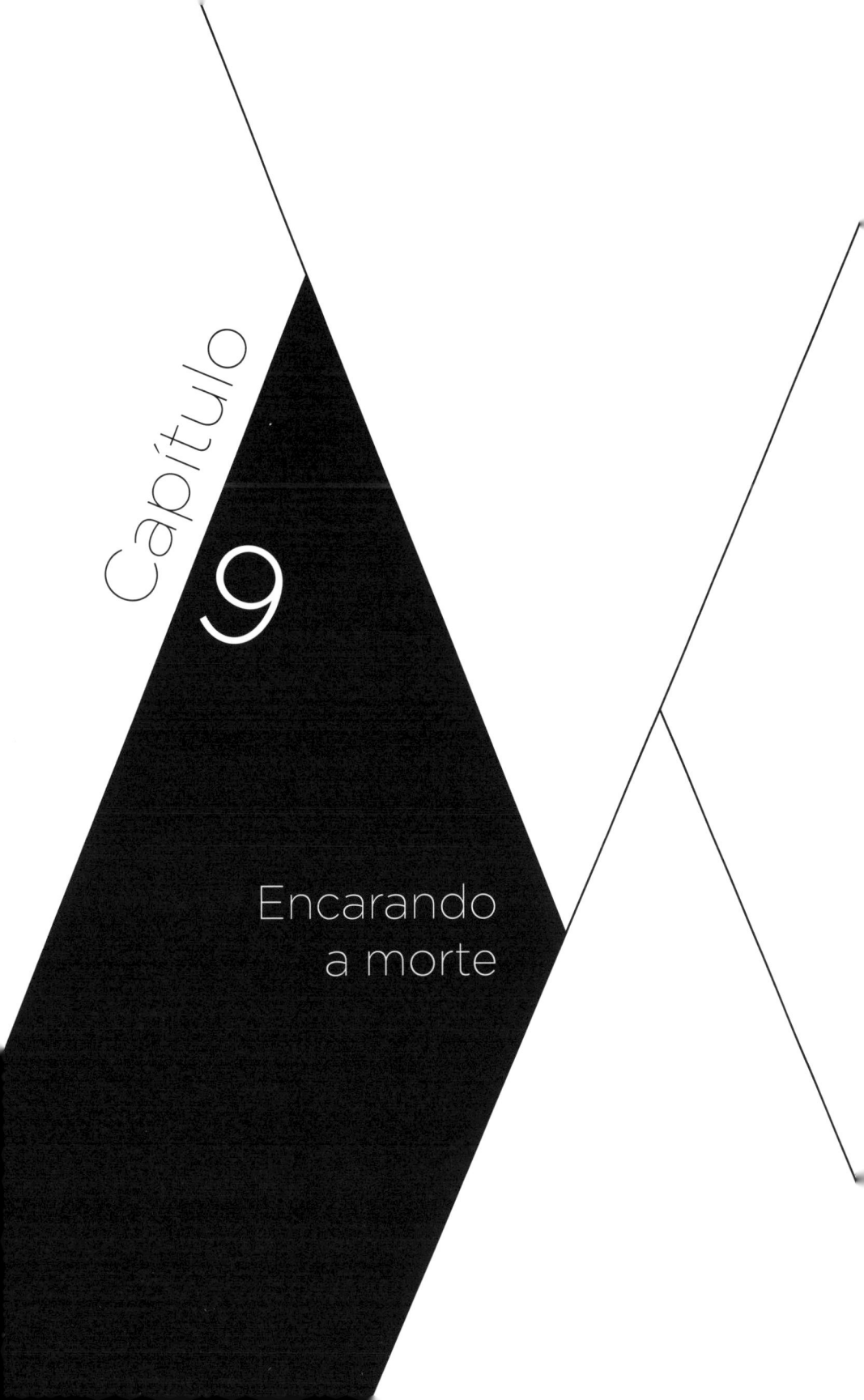

Encarando a morte

A despeito de todas as privações físicas que enfrentou, dos receios dos outros e do preconceito contra uma mulher tentar tal façanha, a verdade é que Tenzin Palmo foi sublimemente feliz em sua caverna.

"Não havia outro lugar em que eu quisesse estar, nada mais que eu quisesse fazer. Às vezes eu parava na borda do meu pátio e olhava para as montanhas lá do outro lado e pensava: 'Se você pudesse estar em qualquer lugar do mundo, onde gostaria de estar?'. E não havia nenhum outro lugar. Estar na caverna era completamente satisfatório. Eu tinha todas as condições de que precisava para praticar. Era uma oportunidade única e eu era muito, muito grata."

A despeito da facilidade com que rejeitava as preocupações dos amigos e do genuíno desinteresse em sua própria segurança e bem-estar físico, os perigos que Tenzin Palmo enfrentou em sua caverna eram reais. A calamidade sobreveio mais de uma vez e, como se temia, não houve serviço de resgate, nem médico, nem telefone, nem amigo para vir em seu auxílio. Tenzin Palmo enfrentou cada crise de cabeça erguida e sozinha. Era o que ela havia negociado quando decidiu entrar na caverna.

"Quando entra em retiro, você faz um voto de quanto tempo vai ficar e cumpre isso. Considera-se parte da prática. Mesmo que fique doente, você promete que não vai sair. Se necessário, você tem que estar preparado para morrer em retiro. Na verdade, se você morre, é considerado auspicioso", ela explicou.

Extraordinariamente, considerando seu histórico médico, naquelas condições extremas ela nunca ficou tão doente quanto ficara quando criança. Não quebrou a perna, não teve apendicite, nem contraiu nenhuma das doenças que os ocidentais frequentemente pegam na Ásia, como cólera e hepatite. Mas ficou doente com frequência. Naquela caverna úmida, ela tinha calafrios frequentes, que vinham acompanhados de febre alta. Ela simplesmente vivia com aquilo. "Você lida com isso porque precisa. Os tibetanos têm um ditado: 'Se você ficar doente, você fica doente. Se você morrer, você morre'. Isso resolve o problema", diz Tenzin Palmo de forma pragmática. Certa vez ela descobriu um caroço debaixo do braço, mas mesmo assim continuou meditando. "Esqueci totalmente, no final do retiro de repente lembrei, mas tinha sumido."

Houve também uma infecção ocular que provocou dor excruciante. "Eu tinha que manter a caverna no escuro porque não conseguia suportar a luz. Não podia me mexer, nem piscar a pálpebra. Ou seja, não conseguia ir até o fogão para cozinhar, por isso não comi", ela relatou. "Não conseguia sequer meditar porque o olho baixava. Não conseguia fazer nada. Tive simplesmente que esperar, ficar sentada e observar. Se tentava deitar, piorava. Na verdade, foi deveras fascinante. Ficava sentada e observava a dor. Era como uma sinfonia. Tinha tambores, trombetas, cordas, todos aqueles tipos muito diferentes de dor tocando no olho", relata ela com uma voz indiferente.

"Quando contei quanto tempo aquilo durou, deu quarenta e nove dias, o que foi interessante, porque se diz que é a duração do bardo, o período de transição entre a morte e o renascimento. De fato, foi mesmo como um tipo de bardo, eu tive que esperar. Depois gradualmente ficou um pouco melhor. O que aprendi com isso foi que a exaustão que a dor provoca surge porque resistimos. A coisa é aprender a ir com a dor, cavalgá-la."

Embora ela nunca tenha caído do telhado enquanto retirava a neve com pá (como muitos imaginaram que fosse acontecer) houve quase acidentes cujas consequências poderiam ter sido fatais. "Eu estava do lado de fora da caverna empilhando lenha quando ouvi uma voz dentro de mim dizendo: 'Levante-se e saia daí", ela recontou. "Não dei atenção. Pensei: 'Estou ocupada fazendo lenha e não estou interessada no que você está dizendo', e continuei. Em seguida, a voz disse em um tom realmente imperioso: 'Mexa-se imediatamente!'. Então me mexi. Uns dois minutos depois, houve um tremendo baque e um enorme rochedo pousou exatamente onde eu estivera parada. Se eu ficasse presa debaixo dele, ou se um membro fosse esmagado, eu teria um monte de problemas", ela admitiu.

O perigo chegou ainda mais perto durante o período em que Tenzin Palmo quase morreu de fome. Em certo ano, quando ela estava em reclusão total, Tsering Dorje não fez a entrega combinada de alimentos na caverna. Ela esperou e esperou, os suprimentos em sua despensa cada vez mais minguados. Quando ficou evidente que ele não viria, ela não teve outra alternativa a não ser fazer durar o que restava. Era uma quantidade miserável de alimentos, que se tornaram cada vez mais reduzidos com o passar dos meses. De alguma forma, mantiveram-na viva, mas só isso.

"Fiquei extremamente magra", foi tudo o que ela disse sobre a experiência. Ela nunca perguntou a Tsering Dorje por que não tinha ido, nem o repreendeu. "Ele deve ter tido seus motivos", disse ela com equanimidade.

Estes incidentes foram eclipsados, no entanto, por um drama muito maior. Era março de 1979, e Tenzin Palmo, como de costume, estava sentada em sua caixa de meditação na caverna. Lá fora grassava uma nevasca, como vinha acontecendo há sete dias e sete noites. Tenzin Palmo estava bem acostumada com as tempestades, mas esta era particularmente forte. A neve acumulou-se mais e mais alto, elevando-se gradualmente acima da janela, acima da porta. Continuou caindo sem diminuir, ficando mais e mais espessa, mais e mais pesada. De repente, ocorreu-lhe a terrível verdade: ela estava enterrada viva.

A memória está indelevelmente gravada em sua mente:

"Fiquei mergulhada em escuridão total e frio. Não podia fazer fogo porque a neve havia quebrado a chaminé do fogão a lenha, que se projetava para fora da caverna, então não havia como manter o aquecimento ou cozinhar. Também não ousei acender velas porque achei que consumiriam o oxigênio. Quando olhava pela janela, não havia nada além de um lençol de gelo. Quando abria a porta, havia apenas escuridão. Estava completamente escuro", ela lembra.

Enquanto os dias arrastavam-se sem nenhum resgate à vista e nenhum abrandamento do clima, Tenzin Palmo, sepultada numa caverna fria e escura, encarou a possibilidade muito real de que fosse morrer. Com a tubulação do fogão quebrada, a janela e a porta completamente seladas pela neve, ela ficou convencida de que seria asfixiada.

Desde o início, como todo bom budista, ela fora ensinada a olhar diretamente a face da morte. "A morte é certa", mas "a hora da morte é incerta", disse o Buda. Com esta verdade fundamental — que muitas vezes é ignorada — firmemente presente em sua mente, ela meditou repetidas vezes sobre o inevitável fato de sua própria morte — deixando clara a realidade por meio de vívida e detalhada visualização de seu corpo decompondo-se na terra ou derretendo no calor da pira funerária, seus bens sendo distribuídos e seus amigos e entes queridos sendo deixados para trás. Dizem que o resultado é duplo: diminuição do choque quando sobrevém a morte e seleção das prioridades para qualquer que seja o tempo que reste.

Como praticante tântrica, no entanto, Tenzin Palmo sabia que poderia ir ainda mais longe, usando o momento da morte como sua última e maior meditação. Dirigindo a mente através dos vários estágios da morte, ela poderia, se fosse hábil o bastante, chegar totalmente consciente à clara luz bem-aventurada, a mente mais sutil de todas, e nesse estado sublime transformar sua consciência em buda. Sendo assim, para o iogue a morte jamais deve ser temida, mas agarrada como a oportunidade de ouro de uma vida inteira de esforço.

Esta, pelo menos, é a teoria. Tenzin Palmo agora era confrontada com a realidade.

"Pensei realmente que fosse morrer. Tive muito tempo para pensar nisso", disse ela. "Foi interessante. Não me preocupei. Pensei: 'Ok, se vou morrer, vou morrer'. Não fiquei com medo. Achei que seria fascinante ver o que aconteceria. Desde criancinha eu sentia que o corpo era realmente temporário — que todos nós tínhamos muitos papéis em várias vidas diferentes. Assim, em algum nível profundo, nunca me identifiquei realmente com meu corpo", diz ela. "Deixei todas as minhas pílulas abençoadas[4] à mão, para caso e quando acontecesse. Repassei

---

4 Pílulas abençoadas são uma especialidade da medicina tibetana. Feitas de

minha vida para tentar lembrar de algo errado que tivesse feito e o que eu havia feito certo. Senti que tinha sido muito sortuda. Havia conhecido tantos grandes lamas e recebido tantos ensinamentos maravilhosos. Havia poucos arrependimentos. Uma coisa ficou nítida nesse ponto: fiquei muito feliz por ainda ser uma monja", ela declarou. Suas difíceis decisões de renunciar ao conforto e à paixão de um relacionamento íntimo, tomadas mais de uma vez na vida, foram enfim validadas. O "outro lado" de Tenzin Palmo, aquele atraído para a diversão e frivolidade da vida comum, tinha, ao que parece, finalmente desaparecido.

Tenzin Palmo então viu-se espontaneamente voltando-se para o único homem que permanecera constante em sua vida.

"Senti tanta devoção por Khamtrul Rinpoche, daquele verdadeiro tipo de fazer jorrar as lágrimas. Naquele momento, soube o que era essencial e o que era irrelevante. Entendi por mim mesma que, quando você vai morrer, a única coisa que importa é o lama. Rezei de coração para que Rinpoche cuidasse de mim no bardo e na vida futura. Pude ver que, no fim das contas, ele era o único refúgio."

Pensamentos sobre o que poderia lhe acontecer depois que cruzasse a grande barreira lampejaram em sua mente. Foram pensamentos tranquilizadores e positivos, confirmando a visão geral budista de que se morre conforme se viveu. "Pessoalmente, acho que alguém que faz esforços nesta vida continuará se empenhando na próxima vida. Não vejo por que haveríamos de mudar.

---

várias relíquias, ingredientes especiais, ervas e gemas, são potencializadas por meses de orações e mantras recitados sobre elas. Na morte, acredita-se que pílulas abençoadas específicas facilitem a transferência da consciência para um reino mais elevado.

Acredito que se você se encontra entre pessoas de mentalidade semelhante — a consciência apenas continua", diz ela. "Com certeza, eu esperava que minha divindade pessoal de meditação viesse me receber", acrescentou, referindo-se à forma particular de mente iluminada que ela havia selecionado como mais adequada às suas inclinações e disposições. Para muitos ocidentais, ser recebido pela maioria das divindades tibetanas, com suas presas e múltiplos braços e cabeças, poderia ser uma perspectiva aterrorizante. Tenzin Palmo não tinha tais hesitações. "Claro que, fosse qual fosse a deidade, qualquer uma delas apareceria na forma que fosse reconfortante e apropriada", diz ela.

Tenzin Palmo refletiu sobre a possibilidade de ir para uma terra pura, o paraíso budista, embora com conotações radicalmente diferentes da morada cristã, dada a sua crença no renascimento e no ideal de bodhisattva: "Existem muitas vantagens em ir para uma terra pura. Primeiro, é muito agradável. É a mais elevada alegria, com exceção do nirvana", explica ela.

"Mas o indivíduo não se agarra nem mesmo a isso. Os lamas elevados ficam lá por um tempo e depois voltam para cá. Veja bem, uma terra pura não é como um acampamento de férias, é como uma panela de pressão que provoca avanço rápido. Você evolui muito rapidamente lá porque não existem obstáculos. A realização da vacuidade (a sabedoria última de que nada existe de modo inerente) é desenvolvida e refinada. E isso é essencial se você vai voltar e viver em meio a todo o sofrimento, pois somente quando entende a não dualidade, você não é subjugado por tudo isso e tem a verdadeira capacidade de ajudar. Os Budas e bodhisattvas vão a todos os lugares para ajudar, até mesmo aos reinos dos infernos. Você não pode fazer isso se é paranoico como todos os seres no reino infernal. Este é o voto do bodhisattva, que em tibetano significa herói espiritual", ela explicou.

Tenzin Palmo não teve oportunidade de ver como seria a morte. Enquanto estava lá sentada, meditando, preparando-se para fazer a transição, ouviu a voz mais uma vez. Ela disse uma palavra: "Cave!". Tenzin Palmo abriu a porta da caverna, que a previdência de Tsering Dorje fizera com que abrisse para dentro e, usando uma tampa de caçarola de estanho, começou a cavar seu caminho para fora. Cavou mais e mais para cima, empilhando a neve dentro da caverna, o que deixou o lugar ainda mais frio e mais úmido. Cavou por uma hora ou mais, sem saber para que lado estava indo, pois estava na escuridão total e desorientada, rastejando de barriga, fazendo um túnel através da escuridão gelada para onde esperava que fosse o lado de fora e houvesse oxigênio. De repente, chegou à parte externa e ficou livre. O alívio foi enorme.

"Ver a luz e respirar ar puro novamente foi maravilhoso", ela disse. "No entanto, a nevasca ainda grassava, de modo que tive que rastejar para dentro da caverna outra vez! Ao chegar lá, percebi que o ar interior não era viciado, mas fresco. Soube então que as cavernas conseguiam 'respirar', que a neve 'respira', e que eu não iria morrer", diz ela.

No entanto, o túnel que Tenzin Palmo tinha feito rapidamente encheu-se de neve outra vez. No todo, ela teve que cavar sua saída três vezes. Quando a nevasca finalmente amainou, ela ficou lá fora quase cega pela luz e olhou ao redor. Seus olhos depararam com uma vista extraordinária. Tudo, incluindo árvores, estava totalmente enterrado na neve. A paisagem era branca e sem contornos. Um helicóptero sobrevoou o local, levando suprimentos para a região devastada e alguém acenou lá de dentro. Os aldeões então ficaram sabendo que suas preces para a passagem segura de "Saab Chomo" em sua caverna não haviam sido necessárias; ninguém havia pensado que ela pudesse sobreviver.

Uma carta escrita a um amigo inglês que tinha visitado a área revela toda a extensão do desastre que quase lhe tirou a vida:

A causa de todo o problema foi uma avalanche que desceu de roldão pouco antes do meio-dia no início de março. Começou a cerca de seis mil metros e veio abaixo arrastando tudo em sua esteira. Muitas casas em Gungrang (acima de Yornath) também foram destruídas. Calcula-se que a avalanche tenha tido quase dois quilômetros de largura. Em todo Lahoul, cerca de 200 pessoas morreram, especialmente na área de Udaipur. O rio que temos que atravessar para chegar a Keylong atualmente é uma geleira com vários metros de espessura, de modo que se passeia através dele sem água à vista. O Tayul Gompa foi soterrado pela neve, e todos lá também tiveram que cavar túneis para sair. A neve ficou acima dos telhados.

Yornath (uma aldeia próxima) parece ter sido atingida por um tornado. Quatro casas lá foram completamente destruídas (incluindo aquela grande perto da estrada, ao lado da loja de Sonam Ngoedup). Cerca de 35 pessoas foram mortas, famílias inteiras dizimadas. Todas as famílias de ferrageiros foram mortas; portanto, não há mais ferreiros em Yornath. Uma casa em Guskiar teve o teto arrancado pela pressão do ar, pois a avalanche passou rugindo a 350 quilômetros por hora! Praticamente todas as árvores de Yornath a Guskiar foram totalmente arrancadas — todos aqueles velhos e adoráveis salgueiros, muitos com cerca de duzentos anos de idade. O lugar está um deserto. Como comentou uma garota de Guskiar: mal dá para se reconhecer. Tseten passou cerca de seis semanas dando duro apenas para remover pedras, árvores e outros detritos de seus campos, que na maior parte ficam na região de Yornath.

Enfim, naturalmente foi um trabalhão retirar toda aquela matéria pesada e branca, e meu rosto ficou como o de Dorje Phagmo (uma divindade protetora irada, com bochechas vermelhas inchadas e olhos esbugalhados). Meus olhos também estavam carmesim, nada de branco, e inchados, de modo que eu enxergava através de fendas. Que dor! Prendi um kata (lenço branco de oferenda) ao redor da aba do meu chapéu, como um véu, e isso funcionou muito bem.

Tenzin Palmo pode ter tido um indulto, mas a morte, como o Buda apontou, estava por todo seu redor. Lee Perry, otimista e ela mesma uma buscadora espiritual, faleceu em 1985 sem que a filha soubesse. Foi um alto preço a pagar pela aspiração espiritual. Tenzin Palmo tinha recebido uma carta, vários meses antes, informando que Lee estava muito doente, com câncer e solicitando: "Volte para casa". Mas Tenzin Palmo já havia começado o retiro de três anos e nada poderia ou iria quebrá-lo. Era a condição. "Eu escrevi de volta explicando por que não poderia ir. Foi a carta mais difícil que já escrevi. Mesmo que eu tivesse câncer, não poderia ter saído daquela caverna", explicou.

Da próxima vez que o correio chegou, um ano depois, havia um bilhete de um amigo dizendo que Lee tinha morrido pacificamente aos setenta e oito anos. Tenzin Palmo fez orações para o bem-estar da mãe e consolou-se com o pensamento de que Lee, como ela mesma, não tinha medo da morte. "Ela via a morte como simplesmente largar um corpo velho para começar de novo, renovada e energizada. Eu sabia que ela estava ansiosa para ver seus guias espirituais, que ela acreditava que iriam encontrá-la e cuidar dela", disse Tenzin Palmo.

Todavia, a mente de Tenzin Palmo não ficou inteiramente à vontade. Ela tinha feito uma breve segunda viagem a Londres para visitar a mãe em 1984, um ano antes desta morrer. Haviam se passado onze anos desde a última ida para sua terra natal, e ela foi instigada a ver a mãe antes de desaparecer em sua caverna para o retiro de três anos. Embora fosse grata pelo tempo que passaram juntas, ela agora olhava a visita em retrospecto com alguns sentimentos de pesar e se repreendia por coisas "que poderiam ter sido", como muitas vezes se faz após a morte de um ente querido.

"Acho que fui um tanto fria com minha mãe e agora sempre fico muito triste por causa disso. Ela aceitou bem, acreditando que 'é assim que as monjas são'. Mas eu estava na caverna há muito tempo e não estava acostumada a me relacionar intimamente com as pessoas. Éramos amigas, mas, ao refletir, sinto que fui bastante crítica e lamento muito", ela confessa. "Agora acho que eu seria capaz de ser muito mais calorosa em relação a ela do que era então."

Quando chegou a hora de dizer adeus, Lee voltou-se para a filha e disse: "Sinto que é a última vez que vou vê-la nesta vida." Em seguida, acrescentou: "Rezo para que eu possa renascer como sua mãe em vidas futuras para poder ajudá-la a continuar seu caminho espiritual". Foi o maior ato de amor e aprovação que ela poderia ter feito para a filha.

A despeito de todo o treinamento de Tenzin Palmo, nada poderia prepará-la para a morte de seu lama, Khamtrul Rinpoche. Mesmo que estivesse fisicamente separada dele há vários anos, primeiro por se mudar para o Gompa em Lahoul e depois por se retirar ainda mais ao ir para a caverna, o vínculo entre eles havia permanecido tão estreito como de costume. "Sempre que sentia que precisava dele, eu rezava para ele. Tive sonhos significativos em que ele apareceu", diz ela enigmaticamente. E as visitas anuais a Tashi Jong fizeram parte de sua vida. Ela então sentava com o guru sentindo a tranquilidade de sua presença física e recebia instruções personalizadas, sob medida para seu caminho espiritual.

"Eu voltava com perguntas. Durante minhas meditações sempre tinha papel por perto para poder anotar as perguntas quando surgissem. Eu entrava, Khamtrul Rinpoche reclinava-se e dizia: 'Ok, onde está sua lista?'. E eu sacava aquela longa lista de perguntas", ela recorda. "As respostas dele eram absolutamente corretas. Ele respondia a partir de sua experiência acadêmica e de sua experiência pessoal. 'De acordo com os livros é assim, mas pela minha própria experiência é assim', ele costumava dizer. Ele sempre ia direto ao ponto. E eu sempre podia discutir as coisas com ele. Às vezes eu ia até ele com a ideia de uma prática que eu queria fazer, mas ele sugeria outra coisa que não havia me ocorrido. Na hora em que ele falava, eu sabia que estava certo. Essa é a beleza de um verdadeiro guru — ele conhece sua mente e pode orientar seu progresso espiritual na direção que é melhor para você", diz ela.

Foi em 1981, quando estava no Nepal recebendo alguns ensinamentos e lentamente fazendo o trajeto para o Butão para se encontrar com Khamtrul Rinpoche, que ela recebeu a notícia.

"Um dia fui convocada ao mosteiro. Pensei que estivesse sendo chamada para algum ensinamento especial ou coisa assim. No caminho encontrei uma pessoa que disse: 'Você está muito feliz, não deve estar sabendo'. E então me contou. Quase desmaiei. Foi horrível. Absolutamente devastador." Seu mundo desmoronou. Nas palavras dela: "O sol se pôs e havia apenas escuridão. Me senti como se estivesse num vasto deserto e o guia tivesse partido — completamente perdida."

O forte, resistente e sociável Khamtrul Rinpoche, que tinha levado uma vida extraordinária, de poderoso monarca regional a refugiado sem um tostão, morreu de diabetes com apenas quarenta e nove anos de idade. Ele esteve doente por apenas uma hora antes de sua morte. Se seu falecimento foi completamente inesperado para seus seguidores, ele deveria estar excepcionalmente bem-preparado, pois a forma como morreu demonstrou toda a extensão da sua mestria espiritual e provou aos olhos ocidentais exatamente o que poderia ser alcançado.

Aqueles que estavam presentes relataram que Khamtrul Rinpoche ficou em *tukdam*, a "clara luz" da morte, por algumas semanas depois de ocorrer a morte fisiológica — o corpo dele não decaiu, permanecendo com aspecto jovem e odor agradável. Mais surpreendente ainda, quando chegou a hora da cremação, notaram que seu corpo, antes grande e volumoso, misteriosamente diminuíra para o tamanho de uma criança de oito anos de idade. O caixão originalmente feito para ele agora era desnecessário e outro menor teve que ser construído às pressas. O encolhimento do corpo desta maneira não era desconhecido entre os lamas tibetanos elevados. Para quem contemplou, era uma prova de que Khamtrul Rinpoche realmente tinha alcançado um alto nível de realização espiritual, só superado pelo triunfo máximo de alcançar o "corpo de arco-íris", quando, na morte, o corpo inteiro é desmaterializado, não restando nada além de unhas e cabelos. Tais coisas bem poderiam ser rejeitadas como ficção científica espiritual não fosse a infinidade de testemunhas oculares e a documentação factual para apoiá-las.

Rilbur Rinpoche, um venerável lama elevado e historiador que ficou preso por muitos anos pelos chineses, conta que vários praticantes conseguiram ejetar sua consciência à vontade (a prática de *powa*) enquanto aprisionados com ele. "Vi muita gente sentar no canto de sua cela e deliberadamente falecer e ir para outro reino. Não estavam doentes e não havia nada de errado com eles. Os guardas não podiam acreditar!", diz ele.

Em seu best-seller *O livro tibetano do viver e do morrer*, Sogyal Rinpoche explica precisamente o que é o corpo de arco-íris e como é alcançado:

Por meio destas práticas de Dzogchen, praticantes avançados podem levar suas vidas a um fim extraordinário e triunfante. Ao morrer, permitem que seu corpo seja reabsorvido de volta na essência de luz dos elementos de luz que o criou e, consequentemente, seu corpo material se dissolve em luz e depois desaparece completamente. Esse processo é conhecido como "corpo de arco-íris" ou "corpo de luz" porque a dissolução é muitas vezes acompanhada por manifestações espontâneas de luz e arco-íris. O antigos tantras do Dzogchen e os textos dos grandes mestres distinguem diferentes categorias deste incrível fenômeno transcendental, pois em tempos passados, se não normal, era razoavelmente frequente.

Sogyal Rinpoche a seguir cita o caso de Sonam Namgyal, um homem que realmente atingiu o corpo de arco-íris no Tibete oriental em 1952.

Ele era uma pessoa muito simples, humilde, que levou a vida como escultor itinerante, esculpindo mantras e textos sagrados em pedra. Alguns dizem que ele tinha sido caçador na juventude e recebido ensinamento de um grande mestre. Ninguém realmente sabia que ele era um praticante; era verdadeiramente o que se chamava de "iogue secreto". Algum tempo antes de sua morte, ele era visto subindo as montanhas e simplesmente sentando por lá, silhuetado contra o horizonte, olhando para o espaço. Ele compunha suas próprias canções e cantos e cantava estes em vez dos tradicionais. Ninguém tinha a menor ideia do que ele estava fazendo. Então ele adoeceu, ou assim parecia, mas estranhamente ficou cada vez mais feliz. Quando a doença piorou, a família chamou mestres e doutores. Seu filho disse que ele deveria lembrar-se de todos os ensinamentos que tinha ouvido, e ele sorriu e disse: "Esqueci tudo e, de qualquer forma, não há nada para lembrar. Tudo é ilusão, mas estou confiante de que está tudo bem".

Pouco antes de sua morte, aos setenta e nove anos, ele disse: "Tudo o que peço é que, quando eu morrer, não movam meu corpo por uma semana". Quando ele morreu, sua família envolveu o corpo e convidou lamas e monges para virem praticar para ele. Colocaram o corpo em um quartinho da casa e não puderam deixar de notar que, embora ele tivesse sido uma pessoa alta, não houve problemas para entrar ali com ele, como se estivesse ficando menor. Ao mesmo tempo, uma extraordinária exibição de luz de arco-íris foi vista por toda a casa. Quando olharam para dentro do cômodo no sexto dia, viram que o corpo estava ficando cada vez menor. No oitavo dia após a sua morte, na manhã em que o funeral estava marcado, os agentes funerários chegaram para recolher o corpo. Quando abriram as cobertas, não encontraram nada dentro a não ser unhas e cabelo.

Meu mestre Jamyang Kyentse pediu que estes fossem levados a ele e verificou que se tratava de um caso de corpo de arco-íris.

Tenzin Palmo tinha suas próprias histórias: "É bem sabido que o corpo do terceiro Khamtrul Rinpoche encolheu para 45 centímetros", diz ela. "Não é um corpo de arco-íris de primeira classe, em que tudo desaparece, mas é muito bom. Na verdade, estes feitos podem ser alcançados até mesmo por ocidentais. Um lama chamado Khunnu Rinpoche contou que uma vez no Kham apareceram arco-íris acima do mosteiro. Na época havia um norte-americano hospedado lá e ele apressou-se para buscá-lo e mostrar o fantástico show de luzes que estava aparecendo no céu. Quando abriu a porta do norte-americano, não encontrou nada lá, exceto as roupas dele, suas unhas e cabelo. Dizem que muitas vezes acontece assim com gente aparentemente 'normal', como o velho Norbu ali da rua, que ninguém sabe se é um praticante realizado."

Mas em 1981 Tenzin Palmo foi envolvida no drama da morte de seu próprio guru e na fascinante série de eventos que viriam a seguir. Imediatamente após ouvir a notícia ela entrou em retiro.

Mas saiu para retornar a Tashi Jong para a cremação. A ocasião está gravada profundamente na mente dela.

"Foi um momento incrível. Havia aquele sentimento muito forte de estar junto e compartilhar. O clima havia ficado extremamente chuvoso e nublado e na noite anterior à cremação houve uma tempestade formidável. Estavam construindo uma bela stupa (relicário funerário) e pensei que tudo viria abaixo com a água. Todas as bandeiras ficariam encharcadas, além da madeira para a pira funerária. Mas a manhã do funeral raiou incrivelmente clara. O céu estava azul translúcido e tudo parecia lavado e limpo. Não havia absolutamente nada de errado. Foi maravilhoso. Curiosamente, no dia seguinte nublou de novo e começou a derramar chuva."

Os restos de Khamtrul Rinpoche foram devidamente colocados na stupa erguida ao lado do templo que ele tinha projetado e ajudado a construir com suas próprias mãos. Era uma estrutura alta, impressionante, branco cintilante, construída de acordo com as leis da geometria sagrada e contendo uma janelinha de vidro atrás da qual colocou-se uma estátua do Buda. Estranhamente, uma semente de bodhi plantou-se por trás do vidro e, ao longo dos anos, uma árvore bodhi forçou seu caminho para fora do centro do receptáculo. Ela cresceu do coração do Buda. Ninguém sabia como foi parar ali, nem como cresceu sem qualquer tipo de solo. Coincidência talvez. Para os crentes, no entanto, foi mais uma evidência do estado desperto da mente de Khamtrul Rinpoche.

De acordo com a lei do bodhisattva, mestres do calibre de Khamtrul Rinpoche não ficam longe por muito tempo. Assim, imediatamente após a cremação, os discípulos começaram a procurar pistas sobre onde seu futuro renascimento poderia ser encontrado. Como batedores seguindo rastros, examinaram qualquer sinal que o oitavo Khamtrul Rinpoche pudesse ter deixado para trás indicando em que direção ele planejava fazer sua reentrada neste mundo. Descobriram um poema que ele redigira pouco antes de falecer e, esquadrinhando-o, perceberam que os nomes de seus futuros pais estavam escondidos como anagramas no final de cada linha. Agora estavam quentes na trilha. Ao mesmo tempo, dois lamas eminentes, Dilgo Khyentse Rinpoche e o Karmapa, ambos extremamente chegados a Khamtrul Rinpoche, tiveram sonhos significativos.

Tenzin Palmo retoma a história: "Dilgo Khyentse Rinpoche sonhou que estava subindo uma colina quando deparou com um templo de onde vinha a voz de Khamtrul Rinpoche. Ele entrou e encontrou monges lá dentro e Khamtrul Rinpoche sentado em um trono de ensinamento. Dilgo Khyentse Rinpoche foi até ele e disse: 'O que está fazendo aqui, você não deveria estar morto?'. E Khamtrul Rinpoche respondeu: 'Estou além do nascimento e da morte'. Dilgo Khyentse Rinpoche então perguntou: 'Por compaixão pelos seres, onde você escolheu renascer?', e Khamtrul Rinpoche deu-lhe o nome de seus pais. O Karmapa também recebeu o nome dos pais em um sonho. Eles também descobriram que o renascimento tivera lugar 'no berço do budismo', o que significava a Índia. Foi um alívio — pelo menos não era no Tibete, onde teria sido impossível procurar!".

No entanto, a Índia é um vasto país para se encontrar um bebezinho, ainda que especial. Pistas mais específicas eram necessárias. Finalmente o Karmapa, em seu leito de morte em Chicago, deu a peça vital que faltava no quebra-cabeça: o nome do lugar onde Khamtrul Rinpoche tinha renascido: Bomdila, em Arunachal Pradesh, uma aldeia himalaia perto do Butão. Embora fosse do outro lado da Índia desde Tashi Jong e do Vale de Kangra, a descoberta do nono Khamtrul Rinpoche estava muito próxima, relativamente falando. A criança foi encontrada, reconhecida e reintegrada ao Tashi Jong para assumir seus deveres espirituais de onde seu antecessor (ele mesmo) havia partido.

O nono Khamtrul Rinpoche era um menino quieto, tão introvertido e miúdo quanto o oitavo Khamtrul Rinpoche tinha sido grande e extrovertido. Na mente de Tenzin Palmo, ele ainda era o guru dela — a reencarnação do homem que ela amava muito profundamente. Ele tinha três anos quando ela o viu pela primeira vez. Ela foi para o encontro com alguma apreensão, ansiosa de que a empatia que compartilhara com o antecessor não fosse a mesma.

"Eu estava com medo. Indagava o que ele pensaria dessa 'ocidental de aparência estranha'. Pensei que ele provavelmente irromperia em lágrimas", ela admitiu. Não foi como ela tinha previsto. "Entrei, comecei as prostrações e aquela criancinha começou a rir. 'Oh, vejam, essa é a minha monja, essa é a minha monja', ele desatou a falar. Ele ficou tão animado. O monge atendente virou-se para ele e disse: 'Sim, é a sua monja, ela tem sido seu discípulo faz muito tempo'. O jovem Khamtrul Rinpoche ria e sorria para mim e me deu os brinquedos dele. Passamos a manhã inteira brincando e correndo juntos. O monge disse que tal comportamento era muito incomum, pois ele em geral era muito tímido e retraído com estranhos."

Se o jovem tulku reconheceu "sua monja" instantaneamente,

Tenzin Palmo teve que procurar um pouco mais para encontrar semelhanças com o antigo Khamtrul Rinpoche. "Ele é e não é como o antigo Khamtrul Rinpoche. Para começar, é muito mais jovem do que eu, enquanto o outro era como um pai para mim, então há um tipo diferente de relacionamento. Também me contaram que o Khamtrul Rinpoche anterior tinha sido um verdadeiro terror quando criança, enquanto este é muito doce, gentil e delicado. Mas ele olha para mim — direto através dos meus olhos — exatamente como o outro Rinpoche fazia, certas vezes durante minutos. E, às vezes, quando estou com ele, sem pensar em nada em particular, essa devoção incrível brota do fundo do meu coração. É tão forte e espontânea que irrompo em lágrimas."

Mas a memória do amado oitavo Khamtrul Rinpoche ainda estava fresca em sua mente. Ela correu de volta para sua caverna ainda mais decidida a continuar com sua busca. "Eu senti que a única coisa que eu realmente poderia fazer para retribuir meu lama gentil era praticar, praticar, praticar", disse ela.

Capítulo 10

A iogue

O cenário do lado de fora da caverna podia ser incrível, mas e o mundo interior de Tenzin Palmo? Afinal de contas, era isto que ela tinha ido descobrir na caverna. O que ela estava vendo naquela longa jornada interior? Estava lá sentada tendo visões, como se assistisse TV? Sendo banhada em luz dourada? Ouvindo vozes celestes? Experimentando ondas de bem-aventurança transcendente? Ou quem sabe sendo atormentada pelos demônios de sua psique, transtornada desde as profundezas do subconsciente por aquelas penetrantes ferramentas da meditação projetadas para cavar fundo abaixo da superfície?

De acordo com as lendas dos meditadores solitários, morar numa caverna tratava-se disso. Em sua caverna gelada e árida, o grande iogue Milarepa, fundador da linhagem de Tenzin Palmo, viu-se em um reino de esplendor surreal depois de anos de privação terrível e de empenho inabalável. As paredes e o chão de sua caverna derreteram e ficaram com a marca de suas mãos, pés e nádegas onde estes pressionaram a rocha. Apareceram deusas trazendo-lhe petiscos deliciosos para combater a fome. Seu corpo emaciado, que ficou verde por ele comer apenas sopa de urtiga, ficou repleto de êxtase intenso. Em seus sonhos, Milarepa conseguia transformar seu corpo em qualquer forma que desejasse, percorrendo o universo livremente em qualquer direção. No estado de vigília, aprendeu a voar, cruzando os vales de sua terra natal em grande velocidade para grande consternação dos agricultores arando os campos do vale abaixo.

Estaria a filha de um peixeiro de Bethnal Green experimentando algo assim?

Ninguém jamais saberá exatamente pelo que Tenzin Palmo

passou em todos aqueles anos de retiro solitário, os momentos de insight deslumbrantes que pode ter tido, os momentos de treva que pode ter enfrentado. Ela aprendeu muito bem com os togdens, os humildes iogues cujas qualidades tocaram-na tão profundamente, que nunca se revela, quanto mais se ostenta, as proezas espirituais. O grande lance é livrar-se do ego, não intensificá-lo. Além disso, os votos tântricos proíbem-na de divulgar qualquer progresso que possa ter feito. É uma tradição de longa data, desde que o próprio Buda destituiu um monge por realizar um milagre em público, declarando que a transformação do coração humano era o único milagre que realmente interessava.

"Francamente, não gosto de discutir o assunto. É como nossas experiências sexuais. Algumas pessoas gostam de falar delas, outras não. Pessoalmente, acho que é muito íntimo", ela disse.

Quando pressionada, admitiu o mínimo essencial: "É claro que ao fazer retiros prolongados você tem experiências de grande intensidade — ocasiões em que seu corpo se derrete completamente, ou quando sente o corpo voar. Você chega a estados incríveis de consciência e clareza, quando tudo se torna muito vívido".

Houve ainda visões — ocasiões em que seu guru Khamtrul Rinpoche apareceu para aconselhá-la nas meditações. Outros seres sagrados também se manifestaram na caverna. Estes sinais são normalmente tomados como indicações de supremo avanço espiritual, mas Tenzin Palmo os considerou eventos de pequeno significado verdadeiro.

"O ponto central não é ter visões, mas conseguir realizações", diz ela de forma brusca, referindo-se ao estágio em que uma verdade deixa de ser uma construção mental ou intelectual e se torna real. Apenas quando a meditação vai da cabeça para o coração, e é sentida, nossa transformação pode começar a ter lugar. "E as realizações são completamente desnudas", ela prossegue. "Não são acompanhadas por luzes e música. Tentamos ver as coisas como elas realmente são. A realização é não conceitual. Não é um produto do processo de pensamento ou das emoções — ao contrário das visões, que provêm deste nível. Uma realização é a luz branca transparente no centro do prisma, não o arco-íris de cores ao seu redor."

E quanto à bem-aventurança, o mais atraente de todos os estados de meditação? Tenzin Palmo conheceu-o? Para o leigo comum, sentado em casa, lendo sobre os meditadores heroicos, é a bem-aventurança que faz tudo valer a pena — todas as terríveis provações e privações, a falta de conforto e de companhia humana. Bem-aventurança, em suma, é a recompensa. Por certo a fotografia de Tenzin Palmo tirada naquele tempo mostra um rosto impregnado de felicidade. "Há estados de êxtase incríveis. A bem-aventurança é o combustível do retiro", ela confirma em voz prosaica. "Você não consegue fazer qualquer prática de longo prazo a sério a menos que haja alegria interior, porque alegria e entusiasmo são o que carregam você. É como em qualquer atividade: se você não gostar de verdade, terá uma resistência interna e tudo será muito lento. Por isso o Buda citou a alegria como um fator importante no caminho.

"O único problema com a bem-aventurança é que, por surgir um prazer enorme, além de qualquer coisa em nível mundano, incluindo a bem-aventurança sexual, as pessoas se apegam e querem muito, tornando-se isto mais um obstáculo", acrescentou, antes de começar uma história para ilustrar o tema.

"Certa vez, quando eu estava com os togdens em Dalhousie, havia dois monges treinando para ser iogues. Um dia eles estavam ao ar livre sacudindo um cobertor, com tamanha bem-aventurança que mal paravam em pé. Dava realmente para sentir as ondas de bem-aventurança batendo. Os togdens viraram-se para mim e disseram: 'Sabe, quando se começa, é isso que acontece. Você fica completamente subjugado pela bem-aventurança e não sabe o que fazer. Depois de um tempo, você aprende a controlá-la e a baixá-la a níveis administráveis'. E é verdade. Quando você encontra praticantes mais maduros, eles não ficam completamente sem palavras por causa dessa grande bem-aventurança, pois aprenderam a lidar com ela. E é claro que enxergam a natureza vazia dela.

"Veja, a bem-aventurança em si é inútil", ela continuou. "Só é útil quando usada como um estado mental para a compreensão da vacuidade — quando a mente bem-aventurada é capaz de olhar sua própria natureza. Caso contrário, é só mais um elemento do samsara. Você pode entender a vacuidade em algum nível, mas entendê-la em um nível muito sutil requer o complemento da bem-aventurança. A mente bem-aventurada é uma mente muito sutil, e esse tipo de mente olhando a vacuidade é muito diferente da mente grosseira olhando a vacuidade. E é por isso que se cultiva a bem-aventurança.

"Você passa pela bem-aventurança. Ela marca apenas um estágio da jornada. O objetivo final é realizar a natureza da mente", ela insistiu.

A natureza da mente, diz Tenzin Palmo, é a consciência não condicionada, não dual. É vacuidade e bem-aventurança. É o estado de conhecer sem conhecedor. E, quando é realizado, não é absolutamente dramático. Não há nenhuma explosão cósmica, nem fanfarra de trombetas celestiais. "É como acordar pela primeira vez — sair de um sonho e perceber que estava sonhando. Por isso os sábios falam que todas as coisas são ilusão. Nosso jeito normal de ser é abafado — não é vívido. É como respirar ar viciado. Acordar não é algo sensacional. É ordinário. Mas é extremamente real."

Ao que parece a coisa real tampouco acontece em um *big bang*. "De início, você tem apenas um vislumbre. Na verdade, é apenas o início do caminho. Com frequência, quando têm esse vislumbre, as pessoas pensam que seja a coisa toda, que chegaram ao objetivo. Uma vez que comece a ver a natureza da mente, você pode começar a meditar. Depois disso você tem que estabilizá-la, até a natureza da mente tornar-se cada vez mais familiar. E quando isso é feito você a integra à vida cotidiana."

Em outras ocasiões as revelações de Tenzin Palmo foram decididamente mais comuns, embora igualmente valiosas a seus olhos. Uma vez, em certa primavera, quando começou o degelo das neves do inverno, a caverna foi inundando sistematicamente. "As paredes e o chão foram ficando mais e mais úmidos e, por algum motivo, eu também não estava muito bem", ela relatou. "Comecei a pensar: 'Oh! Céus, o que dizem sobre cavernas é realmente verdadeiro', e comecei a ficar muito desanimada."

De repente, a primeira nobre verdade do Buda, que ela tinha aprendido quando teve contato com o budismo pela primeira vez, ocorreu-lhe com força renovada. "Pensei: 'Por que você ainda está procurando a felicidade no samsara?', e minha mente deu a volta. Foi algo assim: tudo bem, o samsara é *dukka* [a natureza insatisfatória fundamental da vida]. Tudo bem que esteja nevando. Tudo bem que eu esteja doente porque essa é a natureza do samsara. Não há nada com que se preocupar. Se ficar bem, que bom. Se não ficar bem, está bom também. Não faz qualquer diferença. Embora soe muito elementar, naquela hora foi um avanço e tanto. Desde então, nunca me preocupei realmente com as circunstâncias externas. Dessa forma, a caverna foi um grande ensinamento porque não era nada perfeita", ela disse.

Se os resultados da meditação podem ser sensacionais, o caminho para a iluminação é arrastado e um trabalho extremamente difícil. Há muita coisa a fazer e um trajeto inconcebivelmente longo a percorrer. Os lamas dizem que: se chegou lá em três vidas, você andou incrivelmente rápido, pois a tarefa em mãos é transformar o corpo, a fala e a mente no corpo, fala e mente de um buda. Nada menos. Entendendo isso, os tibetanos desenvolveram uma ciência do caminho. Qualquer um pode segui-lo, dados os textos que contêm instruções, as iniciações que conferem empoderamento e a motivação correta, que garante que o buscador não caia no abismo do interesse próprio. Existem caminhos nítidos a tomar, instruções detalhadas a seguir, níveis delineados a alcançar, cada um marcado com características próprias para que você saiba precisamente onde está. Existem pontos de referência específicos aos quais deve-se ficar atento, exercícios de ioga especiais a fazer e uma miríade de auxílios que aproveitam todos os sentidos para impulsionar o buscador para frente. É a mente trabalhando a mente, a consciência trabalhando a consciência, tendo em mãos a tarefa de desvendar os segredos desse universo de um quilo e meio contido dentro de nossa própria cabeça. Em resumo, Tenzin Palmo estava engajada no que é, sem dúvida, a mais importante e significativa aventura de todos os tempos: a exploração do espaço interno.

O Dr. Robert Thurman, professor de estudos indo-tibetanos na Universidade de Columbia, Nova Iorque, um dos mais lúcidos e interessantes expoentes do budismo, coloca da seguinte forma: "O que o praticante faz nos longos retiros é uma coisa muito técnica. Ele não fica apenas sentado por lá comungando com a grande unicidade. Ele vai descendo de maneira técnica, desmembrando seu próprio sistema nervoso para tornar-se autoconsciente fora de suas próprias células. É como estar usando o *Word Perfect* e estar no chip. E ter consciência de estar no chip. A maneira como se faz isso é estabilizando a mente para poder descer aos pontos e traços, indo cada vez mais fundo, para dentro até mesmo desses elementos".

"Em outras palavras, o budista Mahayana, munido do entendimento técnico do tantra, torna-se um físico quântico da realidade interior", prossegue Thurman. "O que ele faz é desidentificar-se do processo grosseiro conceitual e perceptivo. Ele desce para o nível neuronal e, de dentro do nível neuronal, desce para o nível neuronal mais sutil, ou nível supraneuronal, tornando-se como o computador autoconsciente de si. O iogue desce diretamente abaixo da linguagem de máquina — abaixo do nível subatômico.

"Quando se faz isso, o que se alcança não é algum tipo de coisa mística, mas algo de muito concreto, evolutivo. É o mais alto nível de evolução. É assim que o Buda é definido. O mais alto nível de evolução."

Pessoalmente, Tenzin Palmo nunca duvidou da eficácia dos métodos que estava seguindo. "O Tibete há séculos produzia seres iluminados como uma linha de montagem. Para uma população tão pequena era extraordinário", disse ela.

Sendo uma pessoa metódica e altamente conscienciosa, ela começou do começo, com as práticas preliminares, ainda em Dalhousie e Lahoul, muito antes de ir para a caverna. Estas consistiam de determinados rituais, como oferendas de mandala, nas quais o praticante constrói um universo simbólico sobre bandejinhas de prata decoradas com itens "preciosos" e oferece a todos os budas, ou prostrações completas, ou recitação de mantras. Estas práticas são desempenhadas literalmente centenas de milhares de vezes para preparar e amaciar a mente para meditações esotéricas tântricas que vêm a seguir. Na caverna, Tenzin Palmo fez tudo de novo. Em certo ponto, fez jejum total (embora não revele por quanto tempo). Em outro momento, fez jejum parcial enquanto simultaneamente fazia prostrações e cantava louvores a Chenrezig, o Buda da Compaixão de mil braços. Sempre um exercício extremamente árduo, tanto física quanto mentalmente, desta vez as prostrações foram ainda mais dificultadas pelas condições extremas em que ela estava vivendo.

"Era inverno e eu não tinha os alimentos corretos. O que eu comia era muito pesado. Quando se jejua, é muito melhor ter alimentos leves e nutritivos. Por isso, foi bastante difícil em termos físicos. Tive problemas digestivos e fiquei muito fraca", ela conta, embora se recuse a dar mais detalhes.

Mentalmente, no entanto, funcionou. "A mente fica mesmo purificada. As preces são muito bonitas e a mente fica extremamente clara e leve, muito devotada e aberta", ela confirma.

Depois de seis meses de prática de purificação, Tenzin Palmo teve um sonho. Sem dúvida o sonho revela, muito mais do que tudo que ela falou, o nível de desenvolvimento espiritual que havia alcançado.

"Eu estava em uma prisão, uma vasta prisão, composta de muitos diferentes níveis", ela começou. "No andar superior, as pessoas viviam no luxo, no esplendor típico de uma cobertura, enquanto no porão outras passavam por torturas terríveis. Nos andares intermediários, o resto dos habitantes estava envolvido em várias atividades, em diversas condições. De repente, percebi que não importava o nível em que as pessoas estivessem, a despeito disso estávamos todos trancados em uma prisão. Nisso achei um barco e decidi fugir, levando comigo tantas pessoas quantas eu pudesse. Andei por toda a prisão falando às pessoas sobre a enrascada de sua situação e instigando-as a se libertar. Mas não importava o quanto eu me esforçasse, todos pareciam travados em uma inércia terrível e, no fim, apenas duas pessoas tiveram vontade e coragem de me acompanhar.

"Entramos no barco e, embora houvesse guardas penitenciários ao redor, ninguém nos deteve enquanto navegávamos da prisão para o mundo exterior. Uma vez lá fora, começamos a nos deslocar pela lateral da prisão. Ao olhar para ela, ainda podia ver todas as pessoas nas janelas, muito ocupadas e envolvidas em suas diferentes atividades, nem de leve preocupadas com a verdade de sua situação. Percorremos milhas e milhas num trajeto paralelo à prisão que parecia interminável. Fiquei cada vez mais exausta e desanimada. Senti que nunca iria além da prisão e que nós bem que poderíamos dar a volta e entrar de novo. Estava prestes a desistir quando percebi que as duas outras pessoas que haviam me seguido tinham as esperanças depositadas em mim e que, se eu desistisse, elas também estariam condenadas. Eu não podia decepcioná-las, então fui em frente.

"Imediatamente chegamos a um entroncamento em T; a partir dali a paisagem era completamente diferente. Era como um subúrbio. Havia casas bem-arrumadas, com cercas floridas e árvores. Fomos até a primeira casa e batemos na porta. Uma bela mulher de meia-idade abriu, olhou para nós e disse: 'Oh, vocês vieram daquele lugar. Pouca gente sai de lá. Vocês vão ficar bem agora, mas devem trocar de roupa. Voltar seria perigoso, mas vocês devem tentar ajudar os outros a sair também'. Naquele momento, senti uma grande onda de aspiração. 'Eu tentei, mas ninguém quer vir', falei para a mulher. Ela respondeu: 'Aqueles que estão no poder irão ajudá-la'. Nisso eu disse: 'Dedico-me a trabalhar com eles para que possa libertar todos os seres'.

"Acordei naquele momento — e ri da imagem da senhora de meia-idade no subúrbio", ela disse.

O sonho foi claro. No subconsciente, Tenzin Palmo havia se comprometido a liderar a grande fuga da prisão do samsara, os reinos da existência de sofrimento a que estamos condenados até alcançarmos a liberdade do sofrimento com a iluminação. Ela também tinha internalizado, ao que parece, o ideal do bodhisattva de altruísmo incondicional.

Quando não estava fazendo as práticas preliminares, ela trabalhava na concentração unidirecionada — a disciplina meditativa que treina a mente para enfocar unidirecionalmente um único objeto sem interrupção. Dizem que os iogues são capazes de permanecer neste estado por dias, semanas, até meses, sem se mover, a mente totalmente absorta nas maravilhas de sua realidade interior. A concentração unidirecionada, ou samadi, é essencial para se penetrar na natureza da realidade e descobrir a verdade absoluta. Também é extremamente difícil: a mente habitualmente querendo dançar por toda parte, esvoaçando de um pensamento aleatório para outro, de fantasia em fantasia, tagarelando perpetuamente para longe de si mesma, gastando grandes quantidades de energia em um fluxo interminável de trivialidades. Dizem que a mente é como um cavalo selvagem que precisa ser domado e treinado. Quando a energia da mente é atrelada e canalizada como um feixe de laser sobre um único objeto, seu poder é tremendo, segundo dizem. Em última análise, é esta a poderosa ferramenta de alta voltagem necessária para se escavar os mais longínquos confins da mente, desbloqueando os maiores tesouros lá enterrados.

"Para que qualquer prática funcione", diz Tenzin Palmo, "a mente que está meditando e o objeto da meditação devem fundir-se. Muitas vezes eles confrontam um ao outro. É preciso ficar completamente absorto, então a transformação ocorrerá. A consciência naturalmente vai da cabeça para o coração — e, quando isso acontece, o coração se abre e não existe 'eu'. E isto é o alívio. Quando se consegue aprender a viver naquele centro, em vez de na cabeça, o que quer que se faça é espontâneo e apropriado. Isso também libera imediatamente um fluxo grande de energia, pois ela não é obstruída de forma alguma como costuma ser por nossa própria intervenção. A pessoa torna-se mais alegre, leve e luminosa, pois volta para a fonte, o coração, ao invés de ficar em exílio na cabeça. Nossa abordagem científica moderna atribuiu tanta ênfase ao cérebro, estamos todos tão isolados. Por isso muita gente sente que a vida não tem sentido e é estéril".

Quando concluiu todas as preparações, ela entrou no cerne da prática, o tantra — o processo alquímico que promete a transformação para o pleno despertar. Se o resultado final é mágico, a atividade para chegar lá é infinitamente prosaica e, diriam alguns, terrivelmente entediante. Todos os dias, durante os meses e anos em que esteve em retiro formal dentro da caverna, ela ia para a caixa de meditação e seguia a mesma rotina cansativa e totalmente repetitiva: em pé às 3h para a primeira sessão de meditação de três horas; café da manhã (chá e tsampa) às 6h; de volta à caixa às 8h para a segunda sessão de meditação de três horas; almoço e pausa às 11h; retorno à caixa às 15h para a terceira sessão de meditação de três horas; chá às 18h; quarta sessão de três horas às 19h; "cama" às 22h — na caixa de meditação! Somando tudo, eram doze horas de meditação por dia — dia após dia, durante semanas, meses e anos a fio. Em uma ironia para uma mulher que deixou o mundo, ela tinha um relógio para marcar todas as sessões e vivia uma vida tão disciplinada e estruturada como qualquer operário de fábrica.

A despeito da monotonia entorpecedora, ela nunca ficava entediada. "Às vezes eu pensava que, se tivesse que assistir ao mesmo programa de TV quatro vezes por dia, eu teria um chilique", ela diz com franqueza. "Mas, no retiro, surge um padrão. No início é muito interessante. Depois você atinge um período em que tudo é terrivelmente chato. Mas você ganha novo fôlego e, depois disso, torna-se mais e mais fascinante, até que no final é muito mais deslumbrante e interessante do que era no início. É assim que acontece, mesmo que se faça a mesma coisa quatro vezes por dia durante três anos. É porque o material começa a exibir o seu real significado e você descobre nível após nível de significado interno. Então, no final, você está muito mais envolvido do que estava no início e totalmente identificado", diz ela.

Tenzin Palmo manteve-se deliberadamente lacônica a respeito da exata natureza do material com que trabalhou. "Eu fazia práticas tradicionais muito antigas, atribuídas ao próprio Buda. Ele revelou-as a vários grandes mestres, que as registraram por escrito após terem eles mesmos praticado. Envolvem muitas visualizações e práticas iogues internas", ela aludiu. "Basicamente, você usa a faculdade criativa e imaginativa da mente para transformar tudo, tanto interna como externamente. A imaginação criativa em si é uma força incrivelmente poderosa. Se você canalizá-la no rumo certo, ela pode chegar a níveis mentais muito profundos que não podem ser acessados por meios verbais ou mera análise. Isto porque, em um nível muito profundo, pensamos com imagens. Se você usa imagens surgidas de uma mente iluminada, de alguma forma isto desbloqueia níveis muito profundos em nossa própria mente.

"Você lida com imagens que são um reflexo das qualidades mais profundas dentro de si mesmo", ela prossegue. "São reflexos da mente de um buda; portanto, são um meio hábil para guiá-lo de volta a quem você realmente é. É por isso que, quando se pratica, ocorrem coisas e experiências acontecem."

Talvez fosse a criação *cockney* que a ensinou a ser alegre na adversidade e lhe deu resiliência, talvez fosse sua constituição psicológica excepcionalmente bem equilibrada e não neurótica, ou talvez fosse porque, por algum motivo, ela tinha predisposição para estar no alto de uma montanha meditando totalmente sozinha, mas Tenzin Palmo afirma que, para ela, não houve uma noite escura da alma. Nunca houve um momento em que aqueles demônios lendários confrontados por outros reclusos tenham surgido para atormentar e escarnecer. Ela não sofreu momentos de loucura, nem de paranoia, nem períodos agonizantes de dúvida ou depressão. E nem por um segundo foi presa dos laivos de luxúria que pareciam atacar os mais "sagrados" eremitas masculinos. "Me vi rodeado por bandos de moças dançando. Meu rosto estava pálido do jejum e, embora meus membros estivessem frios como gelo, minha mente ardia de desejo e as forças da luxúria mantinham-se borbulhando diante de mim, enquanto minha carne estava como que morta", clamou São Jerônimo antes de autoflagelar-se em arrependimento.

Nada disso aconteceu com Tenzin Palmo. "Não deparei com nada particularmente medonho — talvez por não ter tido uma infância traumática. Tive muita sorte quanto a isso", ela sugeriu.

Ainda que não tenha colidido com a muralha espiritual em nenhuma forma dramática, Tenzin Palmo afirma que não escapou impune. As armadilhas estavam lá, igualmente letais. Sem vida social para distraí-la, sem papéis a desempenhar, sem outra pessoa para quem desviar seus sentimentos, todas as máscaras caíram. Agora o espelho estava voltado para ela. Nem sempre era uma visão confortável. "Em retiro você vê sua natureza nua e crua e tem que lidar com isso", diz ela.

"Posso não ter um karma negativo pesado, mas isso não quer dizer que meus problemas não existam. Eles apenas não são tão transparentes e, por isso, são mais difíceis de pegar", ela disse. E elaborou: "Quando dá início à prática, você começa a ver como ela deveria ser feita e, quando não é, você começa a se perguntar 'por quê?'. No meu caso, tratava-se de preguiça, uma inércia fundamental. Esse é o meu principal problema. É ardiloso. Não é como encarar os tigres e lobos da raiva e do desejo. Problemas deste tipo você consegue combater. Minhas falhas são muito mais insidiosas — ficam na moita, de modo que são mais difíceis de ver", ela confessou.

A preguiça referida por Tenzin Palmo não é a ociosidade de ficar sentada sem fazer nada, de ser indolente, de se engajar em tarefas frívolas. Ela jamais poderia ser acusada disso. Era uma preguiça de tipo muito mais sutil. "A pessoa sabe como praticar e é perfeitamente capaz disso. Mas contenta-se com o segundo ou terceiro lugar. É como ganhar o prêmio de aproveitamento na escola — não se está fazendo realmente o melhor. É um grau muito baixo de esforço e muito mais grave do que ter mau gênio. Nas ocasiões em que tive que me dedicar a alguma coisa por completo e para valer, os resultados foram surpreendentes até para mim."

Dentro da caverna, ela fazia mais do que apenas sentar-se na caixa de meditação. No intervalo ela pintava — lindas imagens de budas e bodisatvas. Copiava textos para o seu mosteiro em uma caligrafia elegante que aprendeu sozinha. E, como tinha feito a vida inteira, lia prolífica e profundamente todas as obras sobre o Buda e seus ensinamentos em que conseguia pôr as mãos, incluindo obras pertencentes a outras tradições. Era altamente incomum — a maioria dos budistas tibetanos nunca se aventurava fora de sua própria literatura. Este conhecimento a deixaria em uma boa posição mais tarde (de uma forma que ela mal poderia imaginar), quando recorresse a ele repetidas vezes para respaldar um ponto que estivesse defendendo.

"Acho que é muito importante para os ocidentais que vêm de um contexto totalmente diferente realmente estudar os fundamentos do budismo — o que o Buda ensinou. Se você lê os sutras bem dos primórdios, a antiga tradição Theravada é a fundação para tudo que veio depois dela. Sem compreender bem a fundação, você não consegue apreciar realmente o que vem depois. Como budistas ocidentais, acho que temos uma responsabilidade com o Dharma budista", ela raciocina.

Curiosamente, em meio à pletora budista havia um símbolo do cristianismo — a autobiografia de Santa Teresa de Lisieux. Apesar da antipatia de Tenzin Palmo pela religião cristã em geral, ela sentiu-se atraída pela santa francesa que entrou para um convento de carmelitas quando tinha apenas 15 anos e morreu aos 24 anos de idade. Ela leu a história várias vezes e poderia citá-la à vontade.

"O irônico é que o 'pequeno caminho' sobre o qual ela escreveu não tinha nada a ver com o caminho que eu praticava. O que gostei nela, no entanto, era sua sensatez. Ela, às vezes, dormia durante os serviços religiosos e não se preocupava por dormir. Deus teria que aceitá-la como ela era! Ela nunca se preocupava com suas falhas, contanto que sua aspiração fosse correta! Ela era como um passarinho esgaravatando em redor à procura de sementes, olhando para o sol, mas sem voar perto dele. Ela raciocinou que não precisava pois o sol brilhava mesmo sobre um pequeno ser como um pássaro. Sua atitude no todo era muito boa. Ela se descreveu como 'uma florzinha' à beira do caminho, que ninguém vê, mas que é perfeita em si mesma do jeito que é. E para mim essa é sua mensagem principal: que mesmo de pequenas formas podemos cumprir nosso propósito e que nas pequenas coisas podemos realizar muito."

Ela prossegue: "Santa Teresa é interessante porque, externamente, ela não fez nada. Não operou milagres, não teve visões, embora fosse extremamente devota. No entanto, deve ter sido especial porque sua madre superiora a fez escrever a história dela, que era completamente incomum. Uma fotografia tirada em sua morte mostra o quanto ela parecia beatífica. Ela tinha dito que queria passar sua vida no céu fazendo o bem na terra. É uma aspiração de bodisatva — você não se refestela pelo céu cantando louvores, você vai e faz algo de bom", disse ela.

Tenzin Palmo pode ter se retirado do mundo, mas certamente não esqueceu dos demais. Ao longo dos anos ela desenvolveu uma longa correspondência com uma grande variedade de pessoas, algumas das quais não via há anos. Quando não estava em retiro estrito, ela respondia fielmente todas as cartas que eram entregues por Tsering Dorje junto com os mantimentos. Às vezes havia até sessenta. Ela encarava estas amizades como "tesouros" em sua vida. "Conheci algumas pessoas verdadeiramente maravilhosas — e sempre fui grata por isso", diz ela.

Os amigos, familiares e a multidão de seres sencientes que ela não conhecia também eram incluídos em suas preces e meditações. "Você visualiza automaticamente todos os seres ao seu redor. Dessa forma eles participam de quaisquer benefícios que possam ocorrer", ela diz. Faz parte do seu voto de bodisatva, pois a verdadeira iluminação não pode ser alcançada sem se levar todos os seres vivos a esse estado. De qualquer forma, como pode alguém ser sinceramente feliz sabendo que inúmeros outros enfrentam incontáveis misérias em todos os reinos da existência?

Albert Einstein, sem dúvida o guru maior do Ocidente, também sabia disso: "O ser humano é uma parte do todo que chamamos de universo, uma parte limitada no tempo e no espaço. Ele vivencia a si mesmo, seus pensamentos e sentimentos como algo separado do resto, um tipo de ilusão de ótica da consciência. Esta ilusão é uma espécie de prisão para nós, restringindo-nos a nossos desejos pessoais e à afeição por algumas pessoas mais próximas. Nossa tarefa deve ser nos libertarmos dessa prisão pela ampliação de nosso círculo de compaixão, para que abracemos todas as criaturas vivas e toda a natureza em sua beleza", disse ele, usando a mesma metáfora da prisão que ocorreu no sonho de Tenzin Palmo.

Tenzin Palmo acredita firmemente na eficácia da oração. "Na verdade, não é preciso ser um grande iogue para ajudar os outros — as práticas em si têm grande poder e bênção", ela comentou. "Acredito que existam infinitos seres personificando inteligência e amor, sempre irradiando, sempre tentando ajudar. Só temos que nos abrir. Assim, você definitivamente pode rezar para budas e bodisatvas, mas é melhor não orar por uma bicicleta no Natal. Melhor rezar pelo crescimento espiritual que pode florescer na mente. Reze para seres inferiores pedindo uma bicicleta. Da mesma forma que, se quisesse obter uma devolução de imposto, você não escreveria para o primeiro-ministro e sim para algum funcionário de médio escalão. Se quisesse cessar a guerra, você escreveria para o primeiro-ministro", disse ela.

Depois de todas essas horas de meditação, esses doze anos

sentando na caixa e olhando para dentro de si na caverna, ela melhorou?

"Como qualquer outra coisa, se você pratica por tempo suficiente, fica mais fácil. Por exemplo, se está aprendendo a tocar piano, no começo os dedos são muito duros, você toca muitas notas erradas e é muito desajeitado. Mas, se pratica continuamente, fica cada vez mais fácil. Mesmo assim, embora um pianista de concerto seja muito hábil ao tocar, suas dificuldades ainda estão lá. Podem ser de um nível mais alto e não aparentes para outras pessoas, mas ele vê seus problemas", disse ela, modesta como sempre.

No final das contas, tudo aquilo tinha valido a pena? Depois do esforço prolongado e extraordinário, das privações, da autodisciplina, da renúncia, o que ela havia obtido? A resposta veio rápida como um raio.

"Não é o que você ganha, mas o que você perde. É como descascar as camadas de uma cebola, é isso que você tem que fazer. Minha busca era entender o que significava perfeição. Agora percebo que, em um certo nível, nunca nos afastamos dela. É apenas nossa percepção iludida que nos impede de ver o que já temos. Quanto mais você realiza, mais você percebe que não há nada a realizar. A ideia de que existe um lugar onde temos que chegar e algo que temos que atingir é nossa ilusão básica. De qualquer modo, quem existe para alcançar isso?"

Capítulo 11

Estilo feminino

Tenzin Palmo provou que estavam todos errados. Contra todas as probabilidades, a mulher frágil de olhos azuis de Bethnal Green sobreviveu em uma caverna em condições extremas, heroicamente meditando seu caminho para a iluminação em um corpo de mulher. Seu coração podia ser forte, ela podia ter uma força de vontade férrea mas, na verdade, havia lamentavelmente pouca coisa para encorajá-la em sua busca. O problema é que ela estava, por conta própria, percorrendo um território desconhecido. Não havia exemplos vivos de excelência espiritual feminina para emular, nenhuma guru mulher que tivesse trilhado o caminho antes dela a quem pudesse recorrer em busca de aconselhamento e apoio. Não havia nenhum mapa traçando o caminho especificamente para a iluminação feminina, com todas as armadilhas e alegrias que poderia conter. Não havia um Dalai Lama feminino resplandecente para lhe dar uma ideia sequer de como se parece a espiritualidade feminina suprema.

O que ela tinha para seguir adiante? Com certeza havia uma infinidade de imagens de budas femininos, todas prestando homenagem ao conceito de iluminação das mulheres. A amada Tara, sorrindo serenamente com uma perna estendida, sempre pronta para correr até aqueles em necessidade. Tenzin Palmo havia cantado os louvores a Tara para os aldeões de Lahoul muitas vezes durante as rondas de esmola, em retribuição pela farinha de cevada. Como as pessoas amavam Tara! Era a ela que se voltavam nos momentos de maior angústia, porque Tara, como mulher, ouve e age rapidamente. Ela é a compaixão em ação, dizem ter nascido das lágrimas do Buda masculino Chenrezig, que viu o sofrimento de todos os seres sencientes, mas não teve condições de fazer nada. Tara, dizem, teve a distinção de ser a primeira mulher a alcançar a iluminação. Assim como Tenzin Palmo, ela foi estimulada pela escassez total de mulheres no vasto panteão de budas masculinos. "Como existem muitos que alcançaram o estado de buda em forma masculina, mas muito poucos que o fizeram em corpo de mulher, tendo eu incorporado bodicita, possa continuar ao longo do caminho da iluminação em corpo de mulher e me tornar buda em forma feminina!", ela supostamente proclamou — em tom um tanto desafiador.

Havia a poderosa Vajrayogini, vermelho brilhante e orgulhosamente em pé, nua em um círculo de fogo, seios firmes empinados, de pernas abertas em sua dança mística. Ali estava uma mulher combativa, com quem todas as mulheres modernas podem se identificar. Vajrayogini era rainha de seu próprio reino e não intercedia por ninguém — uma distinção incomum para uma mulher na sua posição. (A rainha celestial cristã, a Virgem Maria, é saudada como a arqui-intercessora.) Única entre todas as deidades tântricas, Vajrayogini é tão independente que é retratada sem um consorte. Em vez disso, carrega seu amante místico consigo como um acessório ritual pendurado por cima do ombro, como uma bolsa, transformando-o em um homem vivo sempre que a ocasião divina exige.

Havia a requintada Kwan Yin, rotulada de Aquela que Ouve os Lamentos do Mundo devido ao coração compassivo todo--abrangente. Havia a poderosa Prajnaparamita, a Mãe de Todos os Budas, sentada firme e sólida em seu trono de lótus, personificando a sabedoria absoluta da qual todas as coisas surgiram. Havia estas e muitas, muitas mais.

Entretanto, por mais amados e adorados que esses budas femininos fossem, não há nenhuma evidência de que tenham alguma vez existido em forma humana. Como resultado, ficam no nível dos arquétipos. Figuras idealizadas, ícones femininos, para sempre perfeitos e perpetuamente fora de alcance.

Então havia as histórias — lendas fabulosas de heroísmo e de realizações espirituais notáveis alcançadas por apenas algumas poucas mulheres que tinham vivido na Terra das Neves e ascendido à eminência naquela cultura francamente patriarcal. Eram heroínas que tinham todos os pré-requisitos necessários para o papel. Eram destemidas, ferozmente independentes, escandalosamente corajosas na luta contra os costumes sociais de sua cultura e, mais especialmente, implacavelmente obstinadas em sua determinação de alcançar a iluminação. As narrativas de seus feitos estavam entrelaçadas ao folclore nacional, atuando como faróis de inspiração, dizendo o que seria possível.

De longe a mais famosa era Yeshe Tsogyal, também conhecida como Dançarina Celeste. Nascida em 757, em uma família nobre, Yeshe Tsogyal desde cedo mostrou todos os sinais de precocidade espiritual. Sua intenção declarada era tornar-se um buda em uma vida. Com isto em mente, recusou um casamento arranjado, argumentando que tinha coisas melhores para fazer com seu "corpo humano precioso" do que ficar de brincadeira no leito conjugal, provocando com isso a ira de seus pretendentes indignados e a desgraça dos pais. Depois de muitas vicissitudes, finalmente encontrou o homem que salvou sua vida, Padmasambhava, a quem se atribui ter levado o budismo da Índia para o Tibete, ele próprio saudado como um buda por seus muitos seguidores. Padmasambhava tornou-se não apenas mentor e guru de Yeshe Tsogyal, mas também seu amante místico. Yeshe Tsogyal amava Padmasambhava com paixão, reverência e uma deliciosa desinibição. Os detalhes de sua união divina são poeticamente explícitos e envoltos em metáfora tântrica:

Então, sem vergonha, tampouco da maneira mundana, com alegria e devoção, eu, Tsogyal, preparei a mandala mística e a ofereci a meu guru. O brilho de seu sorriso de compaixão brilhou em cinco raios de luz, de modo que os universos microcósmicos foram permeados por clara luz antes de os feixes de luz concentrarem-se novamente no rosto dele. Invocando a divindade com as ejaculações DZA! e HUNG!, a luz desceu por seu corpo e seu vajra místico surgiu em ira e, como Vajra Krodha, uniu-se com o lótus sereno em absoluta harmonia.

Mesmo em meio a seu êxtase, no entanto, Yeshe Tsogyal, sem nunca perder de vista seu objetivo, implorou ao amante para lhe ensinar "a palavra sagrada que transcende causa e efeito". Padmasambhava aquiesceu, mas, como a Dançarina Celeste viria a descobrir, uma mulher nutrindo a ambição final seria testada tão severamente como qualquer homem. Ela foi a uma série de cavernas a fim de praticar e sofreu os mais extremos asceticismos: sentou-se nua em nevascas até a pele empolar de frio nas tentativas de aumentar o calor místico interno, abandonou toda comida grosseira até aprender a "comer ar", prostrou-se até os ossos da testa projetarem-se através da pele. Muitas vezes chegou perto da morte, mas perseverou. No final sua tenacidade foi recompensada.

Suas próprias palavras, escritas pelo biógrafo Taksham Nuden Dorje e traduzidas por Keith Dowman no evocativo *Sky Dancer*, revelam o estado sublime que suas austeridades proporcionaram: "Fui transformada no ser puro que atua impregnando todas as criaturas do universo infinito com o valor e significado da existência e adquiri a capacidade inata de compreender e empregar à vontade qualquer uma das qualidades do Buda".

Dali em diante, a glória das conquistas de Yeshe Tsogyal foi exibida a pleno. Onde quer que ela fosse (e os registros mostram que ela viajou extensivamente por todo o Tibete e Nepal), as pessoas ficavam deslumbradas com sua sabedoria, compaixão e poderes sobrenaturais. Ela conseguia atravessar objetos sólidos, andar em raios de sol, levitar e, em certa ocasião, ergueu dos mortos o filho de um mercador nepalês, colocando o dedo indicador no coração do finado até este começar a brilhar e o sangue voltar a correr em suas veias. Mas foi no confronto espiritual com os seguidores do Bon, a antiga religião do Tibete, que Yeshe Tsogyal realmente mostrou do que era feita. Levitando em posição de lótus completa diante da multidão, ela fez girar rodas de fogo da ponta de cada dedo, despedaçando uma rocha maciça nas proximidades e a seguir moldando-a "como manteiga" em várias imagens. Como um floreio final, lançou raios contra os magos negros, arrasando seu assentamento de uma vez por todas. Os incrédulos foram convertidos, argumentando que, se uma mulher podia realizar tais proezas supremas, então o poder do Buda deveria ser realmente poderoso.

Mais do que amante da pirotecnia espiritual, Yeshe Tsogyal era uma mulher de sabedoria. Ela foi credenciada a organizar a redação de todos os ensinamentos de Padmasambhava, muitos dos quais foram escondidos para que gerações futuras os encontrassem e se beneficiassem. Foi uma vasta empreitada, consistindo de milhares de tomos, e um feito extraordinário para uma mulher do seu tempo, quando o analfabetismo feminino era a norma.

Em nível pessoal, sua influência foi igualmente enorme, com a beleza e poder de suas palavras atingindo não apenas reis, rainhas, ministros e as multidões que se aglomeravam para ouvi-la, mas também aqueles que lhe desejavam mal. Em uma ocasião memorável, ela enfrentou sete estupradores e cantou a seguinte canção:

Meus filhos, vocês encontraram uma consorte sublime, a Grande Mãe,
E em virtude de seus recursos de mérito acumulado,
Fortuitamente receberam as quatro iniciações,
Concentrem-se na evolução dos quatro níveis de alegria.

Desnecessário dizer que os agressores ficaram completamente desarmados pela reação dela à violência e imediatamente tornaram-se discípulos.

Yeshe Tsogyal deu comida para os famintos, roupas para os pobres, medicamentos para os doentes e seu corpo para quem quer que precisasse dele. A certa altura casou-se com um leproso por compaixão por seu estado solitário e desesperançado. Mas é na descrição de sua realização do estado de buda que reside o verdadeiro poder e persuasão da história de Yeshe Tsogyal. Pois, neste caso, todos os preconceitos de gênero são suspensos e a mulher recebe status espiritual supremo igual ao homem. É um momento glorioso. Curiosamente, a narrativa contém notáveis paralelos com a sequência de eventos relacionados à iluminação do Buda Shakyamuni. Assim como o Buda sentou-se sob a árvore bodhi em Bodhgaya enquanto Mara, o grande ilusionista, lançava todo tipo de obstáculo contra ele em uma derradeira tentativa de impedir seu despertar, a Dançarina Celeste sentou-se em uma caverna no Tibete absorta em equilíbrio meditativo enquanto demônios desferiam um ataque total. Na versão de Yeshe Tsogyal, no entanto, há um toque feminista distintivo. Ao passo que o Buda foi tentado por donzelas voluptuosas, Yeshe Tsogyal ficou seduzida por "jovens encantadores, bonitos, de bela compleição, resplandecentes de desejo, fortes e capazes; rapazes que, com um simples olhar, já deixavam uma garota excitada". Ela resistiu resoluta a todos eles, é claro — como o Buda às suas ninfas sedutoras. Finalmente ela atingiu seu objetivo.

Naquele momento, Padmasambhava cumulou-a de elogios. Suas palavras não só refletem a glória do feito de Yeshe Tsogyal como, surpreendentemente, revelam a superioridade da capacidade feminina para atingir um estado tão exaltado:

Oh! Iogue que dominou o Tantra,
Os corpos grosseiros de homens e mulheres são igualmente adequados,
Mas, se uma mulher tem forte aspiração, tem maior potencial.
Desde tempos sem princípio você acumulou méritos de virtude e consciência,
E agora, irrepreensível, dotada das qualidades de um Buda,
Mulher superior, você é um bodisatva humano.
É de você que estou falando, garota feliz, não é?
Agora que você alcançou sua própria iluminação,

Trabalhe para os outros, para o bem dos outros seres.
Uma mulher tão maravilhosa como você
Nunca existiu no mundo antes.
Nem no passado, nem no presente,
Nem no futuro — disso tenho certeza.

Yeshe Tsogyal deixou este mundo no Pico de Zapu, no Tibete Central, em um palanquim de luz em forma de lótus de oito pétalas. Enquanto ela se dissolvia na luz radiante, sua voz desencarnada podia ser ouvida pronunciando derradeiras palavras de sabedoria e exaltações de alegria.

A despeito de toda a inspiração e do elevado patamar de poesia, a história de Yeshe Tsogyal teve lugar há 1.300 anos. Quanto dela era crível? Ao longo dos séculos, inevitavelmente havia sido adornada com simbolismo e exagero, de modo que, para a maioria dos ocidentais, a Dançarina Celeste representa mais uma metáfora do que uma mulher de verdade. Para Tenzin Palmo, com certeza Yeshe Tsogyal não ajudou em coisa nenhuma. "Ela nunca significou nada para mim", declarou.

Mais plausível foi outra grande heroína do budismo tibetano, Machig Lapdron. Embora também pertencesse a uma época totalmente diferente, tendo vivido de 1055 a 1145, foi responsável pela implantação de um dos mais importantes e disseminados rituais, praticado até hoje. Em um nível puramente externo, o *chod* é uma prática de gelar o sangue. Em resumo, o praticante tem que se retirar para um ossuário ou cemitério na calada da noite e lá, cercado por cadáveres em decomposição e pelo fedor da morte, visualizar o desmembramento sistemático de seu próprio corpo, até os olhos, cérebro e vísceras. Feito isto, visualiza todos os pedaços sendo colocados em um pote, fervidos e oferecidos a todos os seres para satisfazer cada desejo deles. Embora os tibetanos possam ter sido um bando de selvagens desregrados com um amor por histórias de capa e espada, o chod contém um significado de profunda importância. Por meio destas visualizações aparentemente horríveis, o que o praticante faz é dar o objeto de maior apego — o corpo. Picá-lo e colocá-lo em um caldeirão sagrado para transformá-lo em néctar antes de oferecê-lo a todos os seres sencientes. Torna-se, assim, o exercício final de renúncia do ego — o ato supremo de desprendimento.

No tempo de Machig Lapdron, seus talentos inevitavelmente chamaram a atenção dos patriarcas que, instigados pelo ciúme e pelo medo, pensaram em desacreditá-la de uma vez por todas desafiando-a na arena pública do debate espiritual. Esta é uma especialidade do budismo tibetano, a plataforma na qual todos os acadêmicos-santos têm que provar a si mesmos. O tiro deles saiu dramaticamente pela culatra. A história conta como Machig Lapdron fez picadinho intelectual e espiritual de seus oponentes masculinos, com isso estabelecendo-se em definitivo como uma das mais importantes figuras espirituais do Tibete.

Para a mulher moderna, no entanto, Machig Lapdron é particularmente interessante pelo fato de ter combinado a carreira espiritual com casamento e filhos. No entanto, ao contrário da maioria das mulheres com estes apêndices, ela não era ligada a eles, nem demonstrou qualquer particular senso de responsabilidade por sua criação. Ela vagava alegremente para meditar em cavernas sempre que a vontade de avanço espiritual apoderava-se dela, deixando-os com o pai meses a fio. Entre seus muitos motivos de fama está ter começado sua própria linhagem, usando os filhos como detentores da linhagem. Ela morreu aos 99 anos de idade passando, como diz a lenda, para a terra das dakinis.

Mais típico do destino das mulheres místicas foi o que se abateu sobre Jomo Menmo, uma jovem simples do século XIII. Diz a lenda que ela, em um sonho, subitamente adquiriu profunda sabedoria de Yeshe Tsogyal, a Dançarina Celeste, e a seguir a transmitiu a todos que lhe pediram. Como de costume, isso suscitou a ira dos lamas, que a tacharam de insana. Devastada, Jomo vagou pelo país recusando-se a falar, mas beneficiando inúmeras pessoas no "caminho secreto", ou seja, pela simples força de sua presença física. Era sucesso furtivo, um truque muito usado por mulheres de todas as culturas.

Por mais importantes que personagens como Machig Lapdron e Jomo Menmo fossem, eram por demais distantes para ter algum impacto real na vida de Tenzin Palmo ou ajudá-la em missão de iluminação feminina. Houve, no entanto, uma mulher que ofereceu alguma inspiração. A-Yu Khadro era uma mulher da mesma época de Tenzin Palmo. Os principais detalhes de sua vida extraordinária foram extraídos dela mesma por um lama vivo, Namkhai Norbu, hoje residindo na Itália. Ele, por sua vez, relatou-os para Tsultrim Allione, que incluiu a história de A-Yu Khadro em seu livro inovador *Women of Wisdom*. A-Yu Khadro tinha 113 anos e uma aparência jovial quando Namkhai Norbu conheceu-a, com cabelo comprido e ainda preto nas pontas. Ela ainda dava ensinamentos e conferia iniciações secretas.

Além da dedicação incomum para a vida espiritual (e do fato

de que o casamento literalmente deixou-a doente), a história de A-Yu Khadro é notável por causa da "pedra em forma de ovo". Aparentemente este objeto foi-lhe revelado primeiro em sonho, mas, quando ela finalmente o avistou, após meses de procura, o acesso era barrado por um rio caudaloso em plena cheia. Acampando na margem, olhando a pedra do outro lado, A-Yu Khadro decidiu esperar até o rio baixar. Na terceira noite, ela sonhou que uma ponte havia se materializado sobre as águas turbulentas, permitindo-lhe atravessar. Quando acordou, inexplicavelmente encontrou-se do outro lado.

Todavia, esta ocorrência muito misteriosa foi ofuscada pelo que aconteceu em seguida. Tendo chegado a sua "rocha em forma de ovo", A-Yu Khadro tratou de entrar nela através de uma caverna e lá, na escuridão total, viveu e meditou por sete anos. Paradoxalmente, o blackout completo foi necessário para praticar a realização do famoso "corpo de luz".

Seus esforços devem ter dado certo pois, quando morreu, em 1954, aos 115 anos de idade (sem quaisquer sinais de doença), supostamente ficou na postura de meditação por duas semanas após a respiração externa ter cessado. O corpo não se decompôs — apenas tornou-se muito pequeno. Como o guru de Tenzin Palmo, Khamtrul Rinpoche, A-Yu Khadro demonstrou na morte que havia atingido um nível excepcionalmente alto de desenvolvimento espiritual.

Mas essas poucas mulheres, por mais inspiradoras que possam ter sido, foram de pouca ajuda para Tenzin Palmo. Tinham vivido muito longe e há muito tempo. Em se tratando de descobrir quais eram as qualidades espirituais femininas, parecia que ela teria que fazer sua própria viagem de descoberta. Ao longo dos anos em sua caverna, ela chegou a algumas conclusões sobre os pontos fortes e fracos das mulheres:

"Para mim, a qualidade feminina especial (que muitos homens também possuem, claro) é antes de tudo a perspicácia, a clareza. Ela transpassa — especialmente a ossificação intelectual. É muito sagaz e chega direto ao ponto. Para mim, o princípio da dakini representa a força intuitiva. As mulheres captam num relance e não têm interesse em discussão intelectual, que normalmente consideram árida e fria, com um mínimo de apelo. Para as mulheres, este é o caminho longo. Elas entram pela porta dos fundos! Isto em si revela as mulheres como mais práticas em sua abordagem, menos abstratas e idealistas do que os homens. Elas querem saber: 'O que podemos fazer?'. Não ficam fascinadas com teorias e ideias — querem ter condições de agir e resolver logo", diz ela. "Claro, a Prajnaparamita é feminina", acrescenta, referindo-se à mãe de todos os Budas. "Ela é a perfeição da sabedoria que extirpa todos os nossos conceitos e desejos de fazer algo muito estável e assentado. Construímos nossas ideias. Tentamos torná-las concretas. Ela corta, corta, corta, corta. Corta as coisas de volta ao essencial.

"Ao mesmo tempo, as mulheres têm um carinho, uma suavidade, uma mansidão. As mulheres tendem a ficar mais no sentimento do que os homens, o que facilita o desenvolvimento de bodicita. A bondade amorosa é inata nas mulheres devido ao elemento da maternidade. Uma mãe está pronta para morrer pelo filho. Esse impulso pode ser desenvolvido em relação a todos os seres. Novamente, é uma questão de sentimento, não de intelecto.

Estas não são apenas qualidades úteis — são essenciais.

"A energia espiritual feminina também é muito rápida. Como Tara. Você não precisa ser um grande iogue para se comunicar com Tara. Ela está ali! Como uma mãe, ela tem que ser muito rápida, pois não pode esperar até que seu filho atinja um certo nível antes de dar sua atenção e compaixão. Ela tem que estar ali junto — desde o momento em que ele nasce — um pequeno verme se contorcendo. Seja um bom filho ou um mau filho, ela está ali para ajudar.

"E as mulheres com frequência também conseguem atingir a experiência de tumo, em geral mais rapidamente do que os homens", diz ela, falando sobre o famoso "calor místico" interno que pode ser estimulado pela meditação. "Tem algo a ver com nossa fisiologia. Milarepa teve muitos problemas para obter calor e bem-aventurança, ao passo que sua discípula Rechungma efetuou toda a experiência em três dias. Muitos lamas disseram que as mulheres são especialmente boas em tumo. Não só conseguem gerar a bem-aventurança, como são capazes de lidar melhor com ela também. Quanto a mim, no entanto, não posso dizer que sou uma iogue de tumo. Não era a minha prática principal."

Se as mulheres têm pontos fortes, deduz-se que também devam ter falhas. O maior e mais insidioso estigma atribuído às mulheres no caminho espiritual foi o ciclo menstrual. A maldição! Aos olhos de sacerdotes homens na maioria das religiões por todo o mundo, isto torna as mulheres impuras e, portanto, candidatas inadequadas a um posto espiritual superior. Por conseguinte, foi decretado em muitas partes do mundo que uma mulher não pode entrar na santidade do templo quando está menstruada. Nem sacerdote algum pode tocá-la! Essa reprovação por certo é um obstáculo a ser superado se o corpo vai encarnar o divino. Em um nível mais profundo e grave, dizem para a praticante que a menstruação gera o caos em suas meditações, trazendo "irritabilidade", "irracionalidade", "dor" e TPM — sendo que tudo isso supostamente perturba a concentração e a paz de espírito. A menstruação torna-se assim um dos maiores empecilhos ao pleno desenvolvimento espiritual.

Tenzin Palmo, tendo percorrido o caminho, não teve nada disso. "Hormônios não foram obstáculo para mim! Pessoalmente, nunca fui afetada pela menstruação e acho que toda essa conversa sobre menopausa e TPM só faz render o assunto. Além disso, reparei que os homens com frequência são mais temperamentais que as mulheres. Todos os seres humanos têm variação de humor, não significa que você tenha que se fixar nisso", disse Tenzin Palmo em sua forma pragmática habitual.

"Entretanto, um lama me disse que o principal problema das mulheres é ter uma mente volátil. Ela oscila para cima e para baixo, o que torna mais difícil alcançar a estabilidade na meditação. Mas ele também acrescentou que quando uma mulher aprende a controlar essa energia, ela pode ir muito rápido na prática — muito mais rápido do que os homens pois existe este fundo de energia que não é dissipado. Na verdade, muitos lamas disseram que, uma vez que as mulheres prossigam na meditação, suas experiências são muito mais rápidas e mais elevadas que as da maioria dos homens. Mas, de novo, como as mulheres não escreviam nem divulgavam isso, não se ouvia falar delas."

A grande desvantagem adicional, o anseio das mulheres por conforto físico, tampouco se aplicou a Tenzin Palmo. Mas ela era incomum. As condições de vida austera, que parecem uma parte inevitável de todos os treinamentos espirituais avançados, haviam arruinado muitas buscadoras mulheres. Irina Tweedie, a grande mestra sufi e autora de *Chasm of Fire* (o diário de seu próprio caminho espiritual), admitiu ser constantemente mortificada pelo calor abrasador, pelo ruído e pela poeira da aldeia indiana onde vivia seu guru. Ele a fez abrir mão de tudo que possuía, inclusive do dinheiro, o que apenas agravou ainda mais a miséria e o elemento de desconforto.

"Nós, mulheres, precisamos de conforto, precisamos de segurança, precisamos de amor, precisamos disto e daquilo. Nós mulheres precisamos, precisamos, precisamos. Na sociedade ocidental, é muito mais fácil para um homem abrir mão de tudo do que para uma mulher. Eu sei porque fiz isso, então posso falar", disse Tweedie de sua casa no norte de Londres antes de morrer. "Você vê, o treinamento da mulher é diferente. O homem tem que aprender a controlar sua sexualidade. A mulher tem que superar o apego aos objetos mundanos. Nosso caminho é o do desapego. O despertar da mulher irá guiá-la para o completo desapego. Uma das razões pelas quais somos tão apegadas, claro, é porque nosso corpo é feito para ter filhos e, para isso, você precisa de conforto, segurança e amor. É maravilhoso ter filhos, mas, se você chegar ao estágio em que ama todo mundo exatamente como seus filhos, isso é notável. Você não ama menos seus filhos, oh, não. Mas você ama mais o mundo inteiro."

Tenzin Palmo, porém, nunca quis ter filhos e conseguiu suportar o frio, a ausência de uma cama, a falta de água quente e de todos os outros confortos materiais com uma facilidade encantadora. Também sobrepujou a dificuldade mais insuperável de todas — viver em um lugar isolado, em solidão absoluta. Quais então eram as chances dela, ou de qualquer mulher, de se tornar outra Yeshe Tsogyal? Quais eram as probabilidades de ela um dia atingir seu objetivo? Quais, aliás, eram as chances de qualquer um, homem ou mulher, de atingir o estágio de onisciência, dadas as limitações que um corpo humano impõe automaticamente?

Tenzin Palmo não tinha dúvidas a respeito de nada disso. "O Buda provou que a iluminação é possível", ela disse. "Quando ele finalmente rompeu todos os véus da delusão, sua mente tornou-se vasta — ele lembrou de todas as suas vidas passadas, estendendo-se por éons e éons, as quais narrou aos discípulos. Em dado momento ele pegou algumas folhas do chão da floresta e perguntou aos seguidores: 'O que é maior — as folhas em minha mão ou aquelas nas árvores da floresta?'. Quando os discípulos responderam: 'As folhas nas árvores', o Buda disse: 'As folhas em minha mão representam a quantidade de conhecimento que posso dar a vocês'. Mas isso não significa que ele não tivesse dor de dente. Ele tinha seu médico pessoal para as ocasiões em que ficava doente", disse ela.

"Quanto à controvérsia crônica sobre a possibilidade de as mulheres ficarem iluminadas, a maior parte dela deve-se apenas à discriminação cultural e ao chauvinismo masculino contínuo. Pessoalmente não tenho dúvidas. E os benefícios de ter mulheres lá em cima entre os homens são óbvios. Por um lado, as mulheres são metade da raça humana. Assim, mulheres que detêm um grande volume de prática genuína e entendimento necessariamente elevam o nível da humanidade, pois existem muitas delas", afirmou Tenzin Palmo.

Irina Tweedie concordou: "Pessoalmente, sinto que nós mulheres podemos alcançar exatamente os mesmos patamares que os homens — contanto que mantenhamos nossa feminilidade. Somos todos criados à imagem de Deus — Deus é tanto masculino quanto feminino, então temos todas as aptidões, todas as habilidades em nós. É da natureza feminina ser poderosa. O problema é que os homens têm medo de mulheres poderosas, é a concorrência! Mas não acho que as mulheres tenham! Há milhares de anos houve uma sociedade matriarcal, aí o pêndulo balançou de volta (demais na minha opinião) — agora as mulheres estão ascendendo outra vez. O resultado será um mundo mais equilibrado, mais cheio de amor. Não haverá tanta dureza".

Homens budistas em altos postos hoje em dia também estão começando a mudar sua mentalidade. "Claro que uma mulher pode se tornar um buda", anunciou o Dalai Lama antes de justificar sua declaração com referências às escrituras. "Nos textos do Veículo da Perfeição e nos das primeiras três classes dos tantras, é dito que o estado de buda geralmente é alcançado na forma masculina. Mas, de acordo com a quarta classe dos tantras, não existe distinção entre masculino e feminino; a iluminação pode ocorrer tão facilmente em corpo de mulher como de homem."

Outro lama eminente e muito amado, o falecido Kalu Rinpoche, que estabeleceu um centro na França após a diáspora tibetana, ecoou as palavras do Dalai Lama: "Independentemente de ser homem ou mulher, se você tem fé, confiança e diligência, se tem compaixão e sabedoria, você pode se tornar iluminado. O motivo desta total igualdade de oportunidades é a natureza da mente em si, que não é masculina nem feminina. Não existe isso de a natureza intrínseca da mente de uma pessoa ser melhor do que a de outra pessoa; no nível último, a natureza vazia, clara e desimpedida da mente não exibe qualidades limitantes como masculinidade ou feminilidade, superioridade ou inferioridade.

"Em um nível relativo, no entanto, existem diferenças, incluindo o modo como o corpo físico é formado no nível sutil dos canais de energia e centros de energia. De acordo com os ensinamentos do tantra, o modo como a mente encarna em um corpo masculino é sutilmente diferente do modo como encarna em um corpo feminino. Na composição psicofísica do homem há mais força, mais energia concentrada e direta, ao passo que na mulher há mais espaço, o que significa sabedoria. Estas diferenças relativas devem ser sempre compreendidas no contexto da natureza última da mente". Suas palavras ilustram a natureza complexa e altamente científica da iluminação no estilo tibetano.

A confirmação talvez mais encorajadora e mais simples veio de um velho lama chamado Kangyur, que morava não muito longe da caverna de Tenzin Palmo em Lahoul e conhecia bem a monja inglesa. Kangyur, uma figura robusta de barba rala e branca e temperamento jovial, era conhecido em toda a região pela santidade e pelo hábito de dormir a vida inteira ao ar livre, no telhado, em temperaturas de 35 graus negativos, sem meias. Quando indagado se uma mulher podia atingir a iluminação, ele foi peremptório: "Do lado de fora tem diferença, mas o coração é o mesmo", disse ele, tocando o ponto no meio do peito. "O que é a iluminação senão o coração conhecendo a si mesmo? Isto é muito difícil. Assim como os olhos podem ver o mundo inteiro, mas não conseguem ver a si mesmos, o coração pode conhecer tudo, mas tem grande dificuldade em compreender a si mesmo. Mas Tenzin Palmo é uma grande praticante. Todos aqui ficaram muito surpresos com o quanto ela se saiu bem."

Para a própria Tenzin Palmo, no entanto, seus esforços não tiveram nada de especial. "Eu gosto de sentar e meditar. Não há mais nada que eu goste de fazer", disse ela.

Capítulo 12

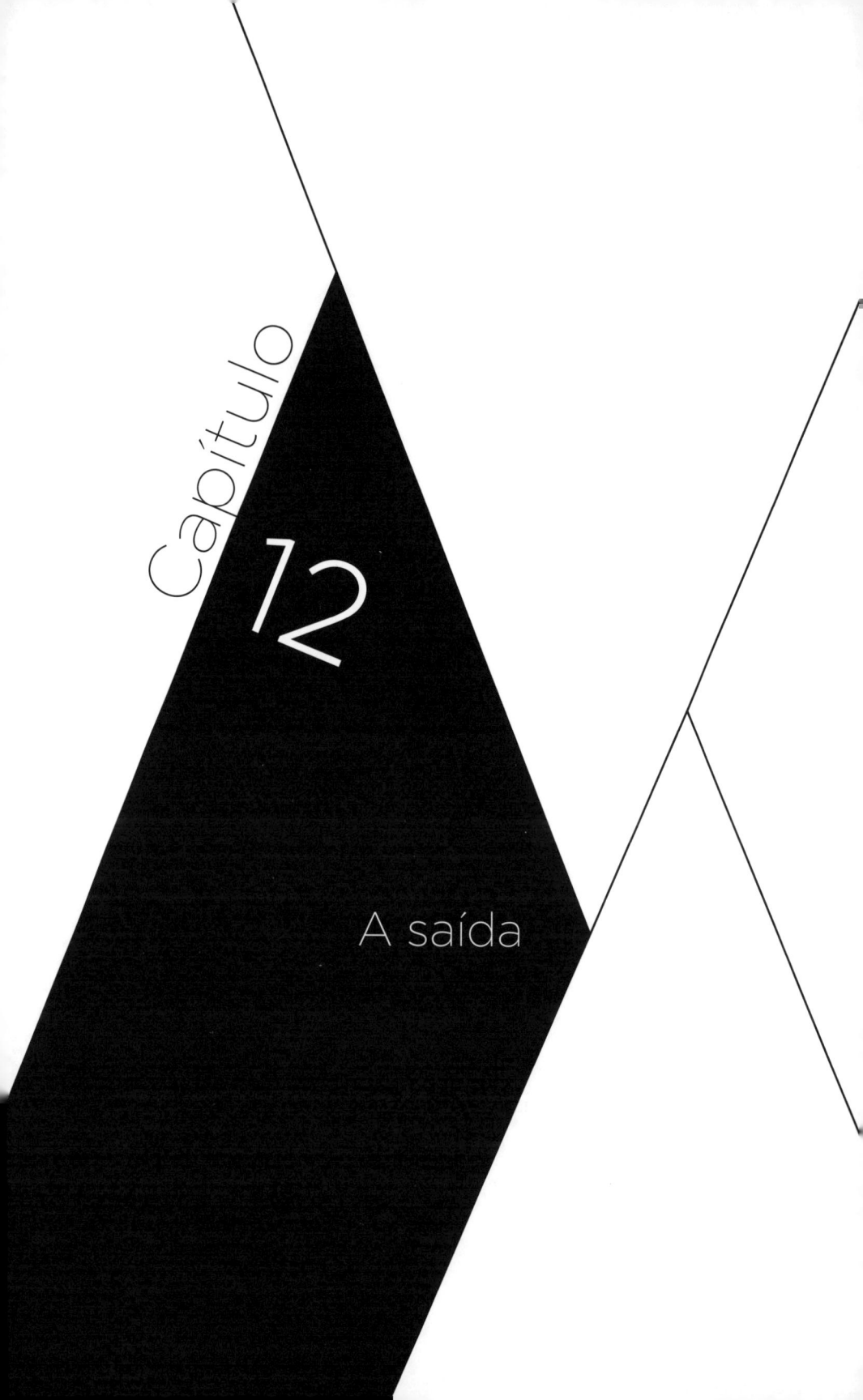

A saída

Tenzin Palmo talvez ficasse contente em permanecer em sua caverna meditando por tempo indeterminado, mas o mundo veio bater à porta literalmente. Num dia do verão de 1988, ela saiu em sobressalto da solidão com o aparecimento da polícia. Sem dar atenção à cerca limítrofe, construída especificamente para manter todos os visitantes de fora, nem à etiqueta de praxe de nunca incomodar praticantes solitários, o policial invadiu o recinto, bateu forte na porta e exigiu saber por que ela tinha um visto ilegal. A seguir declarou com todas as letras que, se ela não aparecesse na delegacia local no dia seguinte, seria presa. Era a primeira voz que Tenzin Palmo ouvia em três anos, a primeira figura que ela via. Sob todos os aspectos, foi um rude despertar. Em conformidade com esta investida do oficialismo, ela obedientemente desceu a montanha para encarar o novo superintendente da polícia, que lhe disse lamentar muito pela situação, mas que não tinha escolha a não ser lhe dar um aviso para deixar a Índia. Ela teria que sair do país em dez dias.

Pacientemente, Tenzin Palmo explicou ao superintendente que ela estava na Índia há vinte e quatro anos e não estava preparada para partir em dez dias. Além disso, prosseguiu, não era culpa dela o visto não estar em ordem, pois havia deixado o assunto com o titular anterior, que o renovava em seu nome. Diante de sua absoluta racionalidade e da óbvia sinceridade, o superintendente amoleceu e disse que, como ele estava saindo de férias por um mês, não precisava dar o aviso imediatamente, como havia pensado, mas que eventualmente ela teria que ir embora. Até o problema ser resolvido, ele graciosamente deu permissão para ela retornar à caverna e retomar o que estava fazendo.

Tenzin Palmo escalou a montanha uma vez mais, mas não adiantou. Ela tinha sido vista, tinha sido forçada a falar e, de acordo com as leis espirituais estabelecidas, seu retiro estava, por isso, irrevogavelmente quebrado. Ela não poderia continuar. Ela teria todo o direito de ficar furiosa ou pelo menos amargamente desapontada. Havia completado três anos no último período de retiro sério, mas diziam que os frutos não poderiam ser plenamente realizados até os últimos três meses, três semanas e três dias serem concluídos. Depois de tanta dedicação e diligência, ela bem poderia ter batido boca com o superintendente ou chorado em silêncio em sua caverna. Teria sido razoável. Em vez disso, ela riu e disse: "Com certeza não é desse jeito que se deve terminar um retiro. Você deve ficar lá por um alguns dias e lentamente se acostumar a ver pessoas novamente".

Depressa espalhou-se a notícia de que o retiro de Tenzin Palmo havia terminado, e os amigos foram procurá-la, ansiosos para ver por si mesmos os resultados daquele longo período de meditação e solidão. Ela estava bem? Será que o período prolongado de introspecção e isolamento a deixara louca ou ligeiramente maluca? Quem sabe tivesse se transformado em um ser glorioso de luz, rodeada por arco-íris, como as fabulosas histórias de outrora contavam? Todavia, se as pessoas que iam visitá-la esperassem ver uma grande metamorfose, ficaram decepcionadas.

"Não é que Tenzin Palmo tivesse mudado tanto, é que suas qualidades estavam aprimoradas. A cordialidade, a agudeza mental, o humor — tudo ainda estava lá, mas intensificado. Havia um crescimento. Era como se ela tivesse o talento e a capacidade e então colocasse esforço por trás disso. Ela é muito obstinada", relatou Didi Contractor, a mulher que havia examinado a caverna de Tenzin Palmo para certificar-se de que era habitável quando ela foi morar lá pela primeira vez e que tinha conhecido muitos grandes mestres espirituais e seus seguidores durante seus anos na Índia.

"Não acho que alguém de fora possa ver os resultados do que ela conseguiu na caverna. O que conseguiu foi entre ela e a deidade (prefiro deidade a vacuidade). Só se pode observar os sintomas. Com certeza ela tem estatura e uma integridade de caráter muito desenvolvida. Também tem uma completude. Tenzin Palmo é sempre totalmente coerente e sempre completamente amável. Mas não sei se isto é uma prova ou um fruto de sua busca espiritual. Poderia ser parte do que ela é e que lhe possibilita empreender a busca. Eu diria, no entanto, que Tenzin Palmo chegou mais longe do que todos os outros muitos buscadores ocidentais que conheci", comentou Didi Contractor.

Outra visitante foi Lia Frede, uma alemã que vivia em uma bela casa nas montanhas de Dharamsala e que conhecia Tenzin Palmo há alguns anos. Ela também tinha um interesse de longa data por assuntos espirituais, particularmente meditação vipassana, tendo realizado vários retiros. Coincidentemente, Lia estava liderando uma pequena caminhada em Lahoul, estudando a ecologia da região, quando ouviu a notícia de que Tenzin Palmo estava "fora".

"Fiquei encantada por ter a oportunidade de conversar com ela, pois queria saber o que ela tinha realizado", disse Frede com franqueza. "O dia está gravado com clareza em minha mente. Foi uma dificuldade terrível encontrar a caverna, era tão bem misturada com o resto da montanha — mas finalmente chegamos lá.

Eu estava um pouco acanhada pela intrusão; por isso deixei meus dois acompanhantes no portão, entrei e chamei. Tenzin Palmo saiu na mesma hora, sorriu feliz e disse: "Entre, entre, traga seus amigos, acabei de assar um pão. Querem chá?". Era como se ela tivesse me visto na véspera. Ela estava totalmente normal. Lembro de ficar lá sentada pensando que era tudo muito incongruente. Lá estávamos nós na caverna, comendo aquele pão delicioso com gergelim torrado e batendo papo. Era como se estivéssemos em plena Inglaterra, tomando o chá da tarde.

"Enquanto ela nos acompanhava até a trilha, perguntei quais resultados havia obtido de seu retiro. Não quis perguntar de forma direta se ela havia ficado iluminada, mas esperava que me contasse alguma experiência transcendente que houvesse tido. Com certeza era o que eu esperava. Em vez disso, ela olhou para mim e respondeu: 'Uma coisa posso dizer — nunca me senti entediada'. Foi só isso. Eu esperava mais, mas nada mais foi dito. Sempre me intrigou que esta tenha sido a única declaração dela". Tenzin Palmo obviamente estava mantendo a boca fechada, como sempre.

Se Tenzin Palmo não revelava nada, Lia, assim como Didi, pôde ver por si mesma e com clareza as excepcionais qualidades da amiga. "Tenzin Palmo tem uma pureza profunda e, diria eu, inocência. E a outra coisa é que ela tem uma verdadeira equanimidade. Não rejeita nem sustenta as coisas que acontecem com ela — nem empurra, nem obstrui. Tem uma neutralidade. Lida com o que acontece sem agregar qualquer envolvimento do ego. Não é que ela tente isso, o ego simplesmente não está ali. Fiquei assombrada com sua reação quando ficou presa na caverna e achou que fosse morrer. Sei que, se fosse eu naquela situação, entraria em pânico. Em vez disso, ela fez meditações de morte calmamente. E, quando eu soube que seus mantimentos não haviam chegado e ela quase morreu de fome, fiquei furiosa! Eu gostaria de saber por quê. Ela, porém, nunca se preocupou em descobrir. Nem culpou o superintendente por interromper seu retiro. Ela sabe que as pessoas têm seu karma. Todavia, para mim esse nível de equanimidade mostra um nítido grau de avanço espiritual."

Mais relevante do que as impressões das pessoas a respeito de Tenzin Palmo foi sua reação a elas. Tendo passado tanto tempo isolada das pessoas e das convenções do mundo, como foi entrar em contato subitamente com elas outra vez, tendo que manter conversas, lidar com o ruído e o aspecto mundano da vida cotidiana? De acordo com os testemunhos de outros ocidentais que fizeram retiros, aventurando-se em períodos mais curtos de silêncio e reclusão, a reentrada no mundo foi uma experiência chocante, um assalto aos sentidos e à psique que os deixou zonzos. Relataram ter levado semanas para se recuperar e se reintegrar à sociedade. Tenzin Palmo estivera isolada do contato humano por um período infinitamente mais longo e, conforme ela mesmo admitiu, estivera removendo camada após camada do revestimento exterior. Sua sensibilidade deve ter se aprimorado a níveis mais sutis do que nunca. "No começo, conversar com as pessoas era exaustivo, não na hora, mas depois eu me sentia muito cansada. Mas, passado um tempo, ficou tudo bem", admitiu.

Curiosamente, ao invés de deixá-la menos apta a lidar com as pessoas, menos disposta a se relacionar com o mundo da forma esperada, a caverna pareceu ter efeito oposto. Tenzin Palmo não ficou traumatizada pelo reencontro com o mundo e foi considerada extremamente sociável, muito falante e supersensível às necessidades e sofrimentos da humanidade. Foi mais um grande sinal de que as meditações na caverna tinham funcionado.

"Tenzin Palmo tem grande compaixão — uma compaixão imperturbável", comentou Lia Frede. "Ela realmente não julga e dá ouvidos e conselhos a qualquer um, seja um pecador ou um santo. Ela é neutra — não importa se a pessoa a afrontou ou foi bondosa com ela. É uma característica que notei em outros seres espiritualmente avançados. Ela está sempre disposta a ajudar qualquer um que chegue até ela com um problema. Por isso as pessoas procuram sua companhia, porque é uma influência purificadora estar com uma pessoa assim."

"Tenho um tipo de mente que, onde quer que eu esteja, é ali que estou", era a atitude de Tenzin Palmo. "Penso que tenho dois lados em minha natureza — um é a necessidade básica de estar sozinha, o amor pelo isolamento, o outro é a sociabilidade e afabilidade. Não sei se sou particularmente calorosa para com os outros, mas sei que, esteja eu com quem estiver, sinto que aquela é a pessoa mais importante do mundo naquele instante. Internamente, existe sempre o sentimento de desejar-lhe o bem. Então, embora eu ame ficar sozinha, quando estou com outros também é bom."

Agora, lançada na corrente do mundo mais uma vez, Tenzin Palmo poderia ver por si mesma se havia mudado. Houvera uma transformação? Em última análise, este era o único teste válido para suas práticas espirituais, pois não daria para se dizer que nenhum tempo de retiro havia funcionado a menos que houvesse uma mudança fundamental, uma virada nas velhas formas habituais de ver e ser. Lá no alto de sua montanha, em esplêndido isolamento, ela pode ter ficado completamente absorta nas verdades eternas, mas essa experiência poderia resistir ao desafio da vida cotidiana?

"Existe um tipo de liberdade interior que acho que eu não tinha quando comecei — uma paz e clareza internas. Acho que isso veio da necessidade de ter que ser autossuficiente, sem ter nada ou ninguém a quem recorrer acontecesse o que acontecesse", disse ela. "Além disso, enquanto eu estava no retiro, tudo tornou-se um sonho, conforme o Buda descreveu. Dava para ver a natureza ilusória de tudo que acontecia ao redor — porque não se estava no meio daquilo", continuou, usando o pronome impessoal a fim de desviar a atenção de quaisquer realizações que ela pudesse ter tido! "E então, quando sai, você vê que as pessoas estão tão capturadas em suas vidas — nos identificamos totalmente com o que criamos. Acreditamos completamente naquilo. Por isso sofremos — porque não há espaço para nós.

"Agora eu noto que existe uma distância interna em relação ao que quer que ocorra, quer o que esteja ocorrendo externa ou internamente. Às vezes, é como estar em uma casa vazia com todas as portas e janelas escancaradas, e o vento apenas soprando através dela, sem nada a obstruí-lo. Nem sempre. Às vezes fica-se preso de novo, mas aí se sabe que está novamente preso."

Embora ser como "uma casa vazia" possa parecer desejável para um meditador, para a pessoa média, educada com a noção de que paixão e envolvimento emocional são o que dá cor e verve à vida, tal estado pode parecer insípido e remoto. Ser uma "casa vazia" seria o mesmo que ser uma pessoa "concha" — fria e insensível? E qual a diferença entre desprendimento e estar isolado de suas emoções? Um estudo realizado em um hospital de Londres com crianças deixadas sem receber visitas durante semanas mostrou que, quando elas chegavam ao ponto de parar de chorar e se tornavam "boazinhas" aos olhos dos funcionários, era quando o estrago estava feito. Estudos de acompanhamento mostraram que estas crianças desenvolveram o potencial para comportamento psicótico. O estágio em que pararam de chorar foi quando alguma parte vital dos sentimentos delas "morreu". Era ser desapegado ou ser alienado?

Tenzin Palmo, como seria de se esperar, refutou todas essas insinuações. "Não é um vazio frio", declarou enfaticamente, "existe um espaço acolhedor. Significa que já não se está envolvido com as emoções efêmeras. Vê-se como as pessoas causam muito do seu próprio sofrimento só por pensar que, sem ter estas emoções fortes, elas não são pessoas de verdade."

"Por que se entra em retiro?", prosseguiu ela com ardor. "Entra-se em retiro para se entender quem realmente se é e o que a situação verdadeiramente é. Quando se começa a entender a si mesmo, pode-se então compreender os outros de verdade, pois estamos todos inter-relacionados. É muito difícil entender os outros enquanto ainda se está preso no turbilhão do envolvimento emocional próprio, pois sempre interpretamos os outros do ponto de vista de nossas próprias necessidades. É por isso que, quando você encontra eremitas que realmente fizeram muito retiro, digamos que vinte e cinco anos, eles não são frios e distantes. Pelo contrário. São pessoas absolutamente adoráveis. Você sabe que o amor delas por você é totalmente sem julgamento, porque elas não dependem de quem você é ou do que está fazendo, ou de como as trata. É totalmente imparcial. É apenas amor. É como o sol — brilha sobre todos. Seja lá o que você tenha feito, elas ainda o amam porque entendem sua enrascada e, com essa compreensão, o amor e a compaixão surgem naturalmente. Não se baseiam no sentimento. Não se baseiam na emoção. O amor sentimental é muito instável pois se baseia no retorno e em como você se sente com este retorno. Isso não é amor de verdade de forma alguma."

Pode não ter sido psicológica, mas mesmo assim aconteceu uma ruptura na vida de Tenzin Palmo. Como se veria, o decreto do superintendente teve um efeito muito mais dramático do que encerrar o retiro. Pôs fim a todo um período. Nesse momento aconteceu o totalmente inesperado. Depois de uma vida inteira encantada com o Oriente em geral e com o budismo tibetano em particular, ela começou a sentir o apelo de sua própria cultura. Pela primeira vez em vinte e quatro anos vivendo na Índia, o Ocidente a atraiu.

Tenzin Palmo explica: "Senti que meu tempo na Índia tinha chegado ao fim, que eu precisava voltar para o Ocidente e redescobrir minhas raízes. Afinal, não sou tibetana. Enquanto trabalhava na biblioteca de Hackney, tive um namorado ligado em música clássica, arquitetura, arte, igrejas antigas, esse tipo de coisa. Ele amava falar disso tudo e ir a concertos e galerias. Eu ficava fascinada. Aí me tornei budista aos 18 anos e renunciei a tudo isso! Todo meu foco mudou. No entanto, após vinte e quatro anos na Índia e sem ler nada além dos livros do Dharma, senti que havia um enorme vazio na minha vida e que eu não tinha acabado o que devia ter feito".

Sem ter ideia de aonde queria ir, Tenzin Palmo fez o que sempre fazia em tais situações — ficou quieta e esperou a "voz" falar com ela. Nesse meio-tempo, muitos amigos espalhados pelo mundo começaram a escrever convidando-a aos países deles. Ela cogitou a América, Austrália, Inglaterra, mas nada parecia o certo. Então um amigo americano, Ram, que ela havia conhecido na Índia, escreveu dizendo que tinha encontrado o lugar perfeito — Assis. Por que ela não se juntava a ele e sua esposa lá? Ela nunca estivera em Assis, mas, no momento em que leu o nome, a voz falou alta e clara.

"É isso", disse ela, estalando os dedos.

Sem sentimentalismo ou tristeza, Tenzin Palmo preparou-se para deixar a caverna da grande bem-aventurança. Aquilo havia consumido um naco colossal de sua vida, seus "anos dourados", dos 33 aos 45 anos de idade, mas para ela não parecia nada. "A coisa que mais me impressionava era onde tinha ido todo aquele tempo? O tempo simplesmente condensou-se. Os últimos três anos em particular passaram voando. Pareceram quatro meses, no máximo", ela comentou.

Sem pressa, Tenzin Palmo empacotou seus poucos pertences, despediu-se dos amigos lahouli e tomou seu rumo para o Ocidente e para o berço do maior florescimento da cultura ocidental, a Itália, terra natal da Renascença. Ela havia fechado um círculo completo. Vir ao mundo, deixá-lo e depois voltar. Ela chegou à bonita cidade medieval de Assis, construída nos flancos do Monte Subásio, na Úmbria, a altas horas da noite, mas soube instantaneamente que tinha feito a escolha certa. Poderia ser por causa dos pequenos grupos de casas pitorescas empoleiradas no topo de montanhas, tão reminiscentes de Lahoul, ou da aura de santidade deixada por São Francisco, que ainda pairava no ar, ou até mesmo pelo fato de que havia vários *ashrams* indianos na área, mas, no momento em que chegou, Tenzin Palmo sentiu-se em casa.

"Senti uma ligação muito forte com Assis. Até hoje é o único lugar de que sinto falta, incluindo minha caverna. Existe uma qualidade especial, inefável, palpável, apesar dos milhões de turistas que afluem todos os anos. Não é um lugar comum. É o centro para a paz mundial e ainda há várias conferências intercrenças. E muitas pessoas relataram ter experiências espirituais intensas e transformadoras lá", disse ela.

Tenzin Palmo mudou-se para o térreo de uma casa pertencente a um amigo de Ram e começou a redescobrir suas raízes ocidentais com deleite. Vagava pelas encantadoras ruas estreitas da cidade, muitas vezes à noite e sozinha, sentindo-se bastante segura. Visitou a famosa basílica que abriga a tumba de São Francisco, maravilhando-se com os afrescos requintados, especialmente os de Giotto. E subiu a montanha, curiosa para ver uma outra caverna, aquela habitada por São Francisco, que rezou a Deus com tanto fervor para deixá-lo conhecer o sofrimento de Jesus que não só os estigmas apareceram em suas mãos e pés, como pregos de verdade também se manifestaram. Ao longo dos cinco anos que viveu em Assis, Tenzin Palmo desenvolveu uma forte devoção a São Francisco e passava horas meditando na caverna dele quando não havia turistas em redor.

"Era uma caverna muito diferente da minha porque tem uma igreja construída em cima dela. Mas era ótima! Ainda existem pombos na árvore do lado de fora, descendentes dos que São Francisco comprou de um vendedor e deixou lá para se multiplicarem. Amei as histórias dele com animais. Você sabe que ele tinha uma cigarra e eles cantavam um para o outro? Ele foi um santo muito ativo", ela disse.

Certa vez Tenzin Palmo revelou sentir que havia sido um monge cristão em uma de suas muitas vidas. "O sentimento quando entro em claustros é muito forte. É quase um *déjà vu*. E sempre tive afinidade com as ordens de clausura. Acho que provavelmente decidi ir para o Oriente quando a tradição cristã parou de evoluir. Faria sentido", ela comentou.

As austeridades a que Tenzin Palmo havia se submetido por muito tempo deram lugar a algumas indulgências. Ela aprendeu a comer macarrão e desenvolveu um gosto por cappuccino e tiramisù (embora afirmasse que seu prato favorito ainda era arroz, legumes e dhal). Assistia a vídeos, especialmente antigos filmes preto e branco dos anos de 1940. Além disso, enterrou-se na vasta biblioteca e na coleção de música dos amigos, absorvendo sua herança europeia como uma esponja seca. "Era como se toda a minha porção ocidental tivesse se rompido e precisasse ser curada e remontada novamente." Ela agora se permitia ler romances, voltando-se para autores franceses e histórias com trama religiosa, como *O nome da rosa*, de Umberto Eco. E devorava qualquer coisa que conseguisse encontrar de história medieval, dedicando-se a esse novo aprendizado com o mesmo rigor com que havia encarado o budismo. O período em torno dos séculos XII e XIII, época em que São Francisco viveu, era particularmente atraente. "Havia grande agitação intelectual e debate escolástico em andamento — muitas coisas vindo dos árabes e judeus, e estavam começando a descobrir os gregos lentamente. Também foi a época do crescimento das ordens mendicantes, quando existiram muitos grandes santos e artistas", ela explicou.

Tenzin Palmo também mergulhou em biografias e obras dos

santos e filósofos cristãos: Santa Teresa de Ávila, São João da Cruz, Tomás de Aquino, os padres do deserto, Thomas Merton, a Filocália, as escrituras da igreja ortodoxa e muito mais. Enquanto lia, sua apreciação pela religião que outrora havia rejeitado cresceu e, com isso, veio um novo entendimento e orgulho de sua identidade ocidental.

"Os tibetanos geralmente consideram-nos bárbaros. Acham que somos muito bons em inventar automóveis, mas que não temos muito conteúdo interno e que, em termos de cultura, somos estéreis. Em certa medida isso é muito incapacitante. É como quando os missionários cristãos foram para o exterior e denegriram toda cultura que encontraram, pensando que a deles era a única verdadeira", ela disse. "Comecei a ver que não é verdade. Não somos só McDonald's e Coca-Cola. Temos uma filosofia e arte fabulosas e uma tradição espiritual incrível. O pensamento ocidental é muito sofisticado e descobri que, em termos de religião, tinha tudo ali. Pessoalmente, ainda considero a análise budista do caminho a mais clara e completa para alguém como eu, mas foi muito bom ver os mesmos insights declarados, ainda que de forma diferente. É importante saber essas coisas." Em seguida, ela acrescentou com um sorriso irônico: "Curiosamente, quando o budismo chegou ao Tibete, os indianos também pensaram que os tibetanos eram 'bárbaros'. Não queriam transmitir o precioso Dharma do Buda porque acharam que eles iriam estragá-lo!".

Acima de tudo, Tenzin Palmo descobriu o prazer da música, que alimentou uma parte dela há muito negligenciada. Ela mergulhou nos compositores clássicos — Bach, Handel, Haydn e seu preferido, Mozart. "Foi uma coisa maravilhosa encontrar Mozart. Apaixonei-me completamente por ele", afirmou. "Foi algo muito profundo em certo nível. Foi muito hidratante. Acho que eu havia me tornado extremamente seca em algum ponto", disse ela com franqueza.

Conscientemente ou não, Tenzin Palmo estava balanceando Oriente e Ocidente, ascetismo e sensualidade, solidão e sociabilidade — proporcionando a si mesma uma personalidade mais equilibrada. Nesse sentido, estava seguindo exatamente o conselho dado por um de seus mentores cristãos recém-encontrados, Mestre Eckhart, o grande místico alemão do século XIII, que havia escrito: "Digo que a pessoa contemplativa deve evitar até mesmo o pensamento de ações a serem feitas durante o período de contemplação, mas depois deve ocupar-se pois ninguém pode ou deve envolver-se em contemplação o tempo todo porque a vida ativa deve ser uma pausa na contemplação".

Naquela época, um outro aspecto da vida de Tenzin Palmo começou a se abrir — um que se desenvolveria muito mais no futuro. Os cristãos logo souberam de sua presença em Assis e ficaram muitíssimo interessados em ver e ouvir por si mesmos a mulher que passara tanto tempo em retiro sozinha. O esforço de Tenzin Palmo ia além de tudo que as ordens deles já haviam tentado. Ela foi convidada a falar em seminários e, em certa ocasião, recebeu um convite em relevo nada menos que do Conselho do Vaticano pedindo-lhe para falar em uma conferência intercrenças em Taiwan. Também foi convidada a conduzir workshops em seminários e conventos para contar às ordens de clausura exatamente o que ela tinha feito e como tinha feito. Tenzin Palmo aceitava com alegria pois agora estava bem receptiva ao diálogo intercrenças e disposta a oferecer todo seu conhecimento em troca dos métodos cristãos de contemplação. Mas a coisa não funcionou assim de forma alguma.

"Em um mosteiro beneditino, fui informada de que a missa era às 5 da manhã, então pensei em participar. No entanto, quando cheguei à capela, havia apenas uma ou duas pessoas lá dentro. Perguntei onde estava todo mundo e me disseram que estavam na salinha reservada para meu curso de meditação. Quando cheguei lá, deparei com todos os sapatos alinhados com capricho do lado de fora e todos os reclusos sentados lá dentro, no chão, de pernas cruzadas. Tinham montado um altar com uma estátua do Buda, flores e tigelas de água e perguntaram se estava tudo bem. 'Está adorável, obrigada', eu disse.

"Eles só estavam interessados em aprender sobre budismo. Haviam estudado, tinham conhecido o Dalai Lama e estavam ansiosos para saber mais. Eu queria incentivar a meditação cristã, mas eles não sabiam nada a respeito. Disseram que havia pouquíssimos mestres da vida interior no catolicismo e por isso os jovens estavam se afastando. Contaram que os jovens pediam formas de obter paz interior e um caminho espiritual que desse significado a suas vidas. As freiras e monges sentiam que, se conseguissem dar um jeito em si mesmos, poderiam se tornar guias para dar aos jovens o que eles precisavam.

"Queriam métodos pois tinham perdido os deles. Queriam orientações: o que fazer, o que não fazer, descrições dos problemas que podem surgir na meditação e como lidar com eles. Os métodos tibetanos são excelentes porque não exigem qualquer estrutura de fé particular. Qualquer um pode fazer uso deles — inclusive psicólogos. Então falei o que fazer, e eles ficaram lá sentados, balançando as cabeças. Depois, uma freira carmelita idosa disse: 'Quem dera alguém tivesse me dito como meditar anos atrás. É tão simples'."

De sua parte, Tenzin Palmo gostava imensamente de estar com as freiras. Trocavam informações sobre como vestir os mantos, ela contava sobre sua vida, as freiras explicavam as delas. Apesar das diferenças, o prazer pelo elemento em comum do hábito era mútuo. Das freiras cristãs ela também adquiriu métodos de um tipo diferente, que viriam a ser extremamente úteis passados alguns anos. A fraternidade cristã, por sua vez, gostava tanto de Tenzin Palmo que a convidava a seus mosteiros para fazer longos retiros quando quisesse. Ela agradecia gentilmente e recusava.

Com o passar do tempo, seu nome tornou-se conhecido e sua influência começou a se espalhar. Ela foi convidada a falar em Roma, no norte da Itália, na Úmbria, em Devon, na Polônia. Enquanto estava na Polônia, visitou Auschwitz e viu o lugar que foi palco de tanto sofrimento humano. "Uma das coisas que mais me comoveu foram as fotografias das pessoas que tinham ido para as câmaras de gás. Muitas delas tinham olhos brilhantes e eram bonitas. Algumas até estavam sorrindo. Achei incrivelmente doloroso", ela disse.

Não obstante toda a apreciação da cultura ocidental, ela não abandonou o budismo, nem a meditação. Longe disso. Continuou a fazer suas práticas diárias e realizou vários retiros curtos. Antes de que se desse conta, também viu-se envolvida em um projeto para começar um convento de monjas budistas ocidentais em Pomaia, perto de Pisa. Conheceu as mulheres em um curso de verão e, identificando nelas um reflexo de sua própria experiência terrível quando foi ordenada, ficou comovida com a provação. "As monjas não tinham um lugar para si e ninguém cuidava delas. Os monges estavam numa boa situação — tinham seu mosteiro, mas as monjas se mudavam de um centro para outro. Não era nada bom para o desenvolvimento espiritual delas", disse Tenzin Palmo.

Mais tarde, quando surgiu a oportunidade de se juntar ao amigo Ram em uma peregrinação ao Monte Kailash, no Tibete, ela se jogou. Tenzin Palmo nunca estivera na terra que havia fomentado os impulsos mais fortes de sua vida atual, e o Monte Kailash era considerado o local de peregrinação mais sagrado de todos. Situado em uma região remota do Tibete Ocidental, em um dos lugares mais desolados da terra, o Monte Kailash era aclamado como o centro do universo tântrico tanto por budistas quanto hindus. No seu pico, que se alçava a 6,4 mil metros na atmosfera rarefeita, viviam os deuses sob a própria Tara. Tenzin Palmo quis ir a Kailash desde a primeira vez que leu sobre a montanha mística no inspirador *The Way of the White Clouds*, o livro de Lama Govinda, mas nunca pensou seriamente que faria isso nesta vida.

"Foi incrível estar finalmente no Tibete — havia passado tanto de minha vida pensando e lendo a respeito. Os arredores corresponderam perfeitamente às minhas expectativas — mas houve também a angústia de ver tudo o que tinha sido destruído sob o comando dos chineses. Havia grandes mosteiros que eram apenas ruínas. Foi terrivelmente triste", ela disse.

Eles contrataram quatro iaques para transportar suas barracas e equipamento de cozinha enquanto viajavam de modo mais moderno, em um Land Cruiser. A jornada levou dez dias pois não havia estrada e o trajeto era incrivelmente difícil. Quando ela enfim chegou lá, valeu a pena. "O Kailash em si era maravilhoso. Tivemos que atravessar o Passo de Dolma, a 5,5 mil metros, em uma tempestade de neve para chegar a ele, e Ram e eu ficamos exaustos e desorientados. Nesse momento apareceu um grande cão negro. Demos biscoitos e ele nos mostrou o caminho. Ficamos incrivelmente felizes. Foi muito especial e uma grande bênção. Levamos dois dias e meio para circundar o Monte Kailash, prostrando-nos nos lugares sagrados. Alguns tibetanos fazem isso em um dia. Eles se levantam às 3 da manhã e terminam às dez da noite. Alguns fazem de vinte a trinta voltas em um mês! Alguns fazem 108, o número de contas dos malas (rosários). E alguns se prostram ao longo de toda a volta, o que demora cerca de duas semanas. É muito pedregoso; portanto, não é fácil.

"O lago Manasarovar, nas proximidades, também é muito especial. Estávamos lá no meu 50º aniversário. Ram insistiu em tomar banho nele, então eu também fui. Aquilo quase me matou. Era congelante, com um vento glacial soprando. Você tem que beber a água também, do contrário não vale!"

Ela conheceu os nômades, um povo gentil, ainda apegado a um modo de vida milenar. Ouviu os anseios deles pelo Dalai Lama, viu sua pobreza, mas achou que estavam em melhor situação que o povo tibetano das cidades, humilhado diariamente pelos suseranos chineses. "Apesar de todo o sofrimento, fiquei abismada com o espírito indomável dos tibetanos e como conseguiam manter-se alegres em circunstâncias tão medonhas", disse ela. "Foi uma bem-aventurança estar lá, uma das minhas maiores experiências, embora me sentisse péssima, com dores de cabeça de rachar e enjoo de altitude! Eu tinha uma sensação de realização — havia sonhado com aquilo por tanto tempo."

Todavia, não houve desejo de ficar. Tenzin Palmo podia ter as mais fortes conexões possíveis com o Tibete e sua religião, mas agora ela era uma ocidental que, além disso, havia descoberto a música ocidental. Em meio à vastidão rochosa do Tibete ocidental, à sombra do sublime e místico Monte Kailash, Tenzin Palmo tocou Mozart. "Você pode levar Mozart a qualquer lugar", diz ela entusiasmada. "Para mim é a música perfeita. É incrivelmente emocionante e me dá grande alegria! Meus discos para uma ilha deserta seriam quase todos de Mozart. Se você pensasse no céu com música, teria Mozart lá."

Ela também ansiava por comida decente. "Tive um enjoo de matar com macarrão gorduroso. Eu ansiava por arroz e dhal", disse ela. Seu lar já não era o Tibete.

Tenzin Palmo acreditava sinceramente que Assis seria sua base para o resto da vida. Com este pensamento em mente, deu início à construção de uma casinha de madeira de dois cômodos nas terras pertencentes a seus amigos, com dinheiro de doações. Ela pretendia entrar em retiro de novo, pois certamente não tinha esquecido a busca da perfeição. Na verdade, tinha começado, quando, no estilo italiano, a permissão para a construção foi revogada de repente. Mais uma vez, parecia que o destino, ou "karma", estava entrando em cena e dando uma mão na vida de Tenzin Palmo. Ela poderia estar pronta para se acomodar, mas seus dias de "ir adiante na vida sem lar", conforme decretado pelo Buda como a situação ideal para seus monges e monjas, estavam longe do fim. Ela tinha trabalho a fazer. Muito trabalho.

Capítulo 13

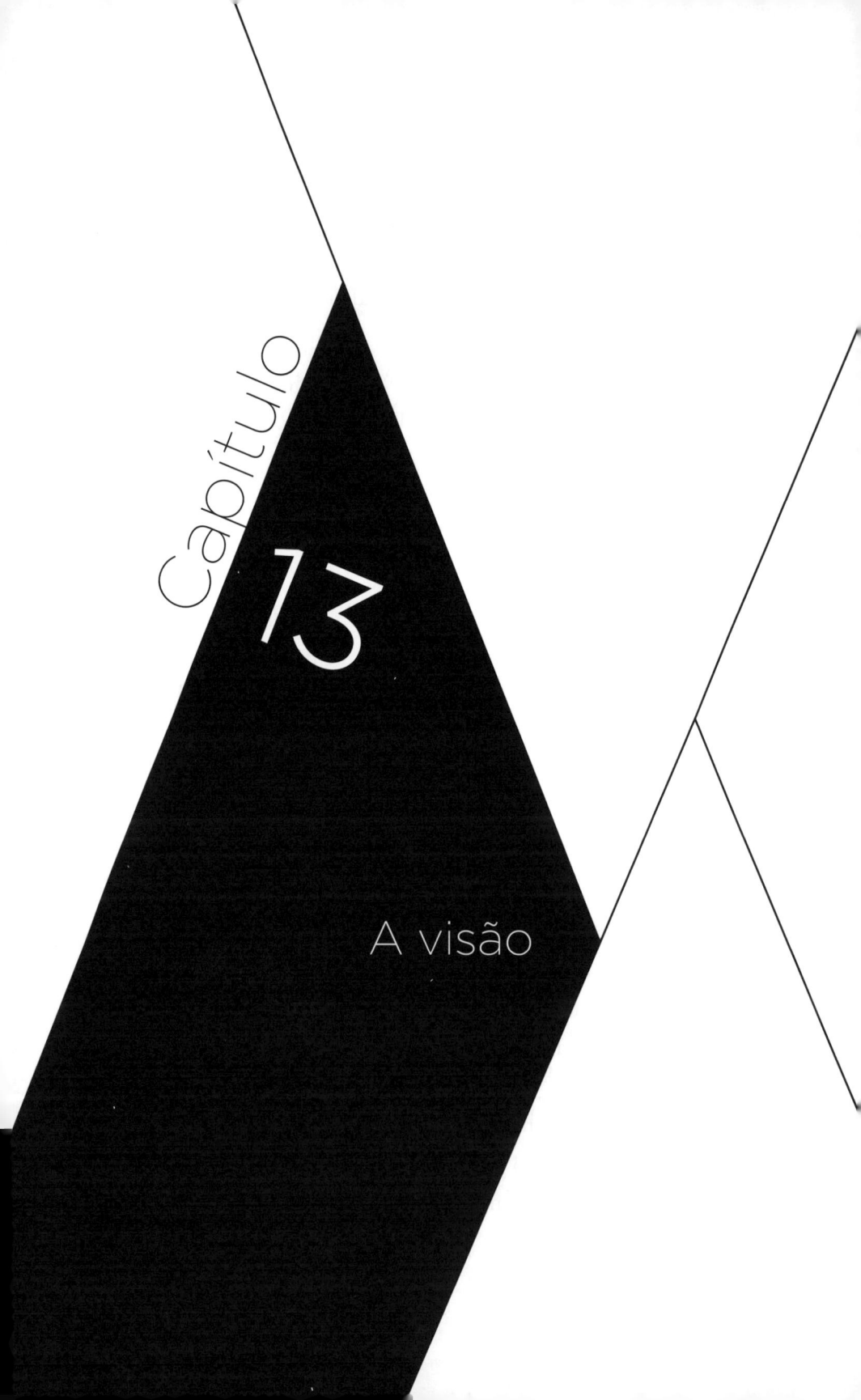

A visão

O mês era março de 1993. O lugar era Dharamsala, a antiga estação de montanha britânica em Himachal Pradesh, no norte da Índia, agora lar do Dalai Lama e de seu governo no exílio. Como monja sênior e professora insigne, Tenzin Palmo havia sido convidada a participar da primeira conferência de budismo ocidental, destinada a discutir as questões envolvidas no fenômeno da transmissão do Dharma do Buda no Ocidente. Com ela, estavam vinte e uma outras lideranças representantes das principais tradições budistas na Europa e América, bem como lamas eminentes das diferentes escolas tibetanas. As discussões iam e vinham — o papel do professor, as diferenças entre a psique oriental e ocidental, diretrizes éticas —, quando de repente veio à baila "o papel da mulher no budismo".

Uma atraente leiga alemã, Sylvia Wetzel, tomou a palavra. Com uma pequena, mas perceptível ofegada, ela convidou Sua Santidade o Dalai Lama e a multidão de figurões reunidos a se juntar a ela em uma visualização. "Por favor, imaginem que vocês são um homem que chega a um centro budista. Você vê a pintura da linda Tara rodeada por dezesseis arhats femininos e vê também que Sua Santidade a XIV Dalai Lama, em todas as catorze encarnações, sempre optou por um renascimento feminino", ela começou. "Você está cercado de rinpoches femininas muito elevadas — mulheres bonitas, fortes e educadas. Então vê as bhikshunis entrando, autoconfiantes, expansivas. De repente, vê os monges chegando atrás delas — muito tímidos e envergonhados. Você ouve falar das lamas de linhagem da tradição, todas mulheres, até Tara feminina na pintura.

"Lembrem-se, vocês são um homem", ela recorda os presentes, "que então se aproxima de uma lama, sentindo-se um pouquinho inseguro e um pouquinho irritado, e pergunta: 'Por que existem todos estes símbolos femininos, budas femininos?', e ela responde: 'Não se preocupe. Homens e mulheres são iguais. Bem, quase. Temos algumas escrituras que dizem que um renascimento masculino é inferior, e não é mesmo? Os homens têm mais dificuldade se todos os líderes espirituais, filosóficos e políticos são mulheres'.

"E então o estudante homem, que é muito sincero, vai a outra lama, uma Mahayana, da Escola do Veículo Superior, e diz: 'Sou um homem, como posso me identificar com todos estes ícones femininos?'. E ela responde: 'Apenas medite sobre *shunyata* (vacuidade). Em shunyata não tem homem, nem mulher, nem corpo, nada. Não tem problema!'

"Então você vai a uma mestra tântrica e diz: 'Todas essas mulheres... e eu sou homem. Não sei como me relacionar'. E ela diz: 'Que maravilhoso você é, lindo *daka*, tão útil para nós praticantes, ajudando-nos a aumentar nossa energia *kundalini*. Como você é abençoado por ser homem, para beneficiar as praticantes do sexo feminino em seu caminho para a iluminação".

Foi ultrajante, mas apresentado de forma tão encantadora que todo mundo, incluindo o Dalai Lama, riu. "Você me deu um outro ângulo sobre o assunto", ele disse. De fato, Sylvia Wetzel manifestou o que milhões de mulheres ao longo dos séculos haviam sentido. Apesar da hilaridade, a barragem represando mais de 2.500 anos de sexismo espiritual e ressentimento feminino reprimido estava começando a ruir.

Outras começaram a entrar na conversa. Uma professora e autora budista de destaque, a monja norte-americana Thubten Chodron, contou como o preconceito sutil com que se deparou no seio das instituições havia prejudicado sua confiança, a ponto de se tornar um obstáculo sério no caminho. "Se ao menos nossa dor fosse reconhecida, isso faria nos sentirmos melhores", ela declarou.

Professores solidários se manifestaram. "Este é um maravilhoso desafio para os homens — ver e aceitar", disse um mestre Zen.

O monge budista tibetano norte-americano Thubten Pende deu sua opinião: "Quando traduzi os textos relativos à cerimônia de ordenação, tive um grande choque. Diziam que mesmo a monja mais sênior tinha que se sentar atrás do monge mais noviço, porque, embora sua ordenação fosse superior, a base dessa ordenação, seu corpo, era inferior. Eu pensei: 'Aí está'. Eu tinha ouvido falar nesta crença, mas nunca tinha encontrado provas. Eu tive que recitar este texto na cerimônia. Fiquei constrangido por dizer aquilo e envergonhado da instituição que eu estava representando. Me perguntei: 'Por que ela não se levanta e vai embora?'. Eu iria".

O monge Theravada inglês Ven. Ajahn Amaso também falou: "Ver as monjas não receber o respeito dado aos monges é muito doloroso. É como ter uma lança no coração", disse ele.

A seguir foi a vez de Tenzin Palmo, contando sua história com toda a sua eloquência natural: "Quando vim para a Índia pela primeira vez, vivi em um mosteiro com cem monges. Eu era a única monja", ela disse, e parou por alguns segundos para suas palavras penetrarem. "Acho que foi por isso que acabei indo morar sozinha em uma caverna." Todos entenderam a colocação. "Os monges eram gentis e não tive problemas de assédio sexual ou encrencas desse tipo, mas é claro que infelizmente eu estava dentro de uma forma feminina. De fato, me disseram que rezavam para que, em minha próxima vida, eu tivesse a boa sorte de renascer como homem para poder participar das atividades do mosteiro. Enquanto isso, disseram que não me levavam *muito* a mal por ter este renascimento inferior em forma feminina. Não era tanto por minha culpa."

Aproveitando a oportunidade, ela desfechou seu ataque principal: um relato sobre a situação da sangha ocidental, particularmente das monjas com quem fizera amizade na Itália. "Os lamas ordenam as pessoas, mas elas são jogadas no mundo sem treinamento, preparação, incentivo, apoio ou orientação — e espera-se que mantenham seus votos, façam sua prática e dirijam centros de Dharma. É muito difícil, e fico surpresa que tantos monásticos ocidentais permaneçam por tanto tempo. Não me surpreende quando desistem. Começam com tanto entusiasmo, com tanta fé e devoção puras e, gradualmente, a inspiração diminui. Ficam desanimados e desiludidos e não há ninguém para ajudá-los. Isto é verdade, Vossa Santidade. É uma situação muito dura, sem antecedentes na história do budismo.

"No passado, a sangha estava firmemente estabelecida, era nutrida e cuidada. No Ocidente isso não acontece. Realmente não sei por quê. Existem alguns mosteiros, principalmente da tradição Theravada, que estão indo bem, mas o que se tem ali para as monjas? Quase nada, francamente. Contudo, para encerrar em tom positivo, rezo para que essa vida de pureza e renúncia, tão rara e preciosa no mundo, essa joia da sangha não seja lançada na lama de nossa indiferença e desprezo."

Foi um brado do coração, apaixonado, formidável. Quando ela terminou, sobreveio um grande silêncio no encontro. Ninguém estava rindo agora. Tenzin Gyatso, o grande Oceano de Sabedoria, considerado por seu povo uma emanação de Chenrezig, o Buda da Compaixão, ficou lá sentado, com a cabeça entre as mãos, chorando em silêncio. Após vários minutos, ele ergueu o olhar, limpou os olhos e disse baixinho: "Você é muito corajosa". Mais tarde os lamas sêniores comentaram que tal franqueza era deveras rara e que nesse aspecto a conferência tinha sido como uma reunião de família onde todos falaram o que pensavam com franqueza.

O discurso marcou mais um momento decisivo e radical na vida já notável de Tenzin Palmo. Ela tinha se levantado e se pronunciado (nada menos do que para os homens da cúpula), mas era como se soubesse que não bastavam palavras. Queixar-se do sistema era uma coisa, fazer algo a respeito era outra. E se as mulheres que se sentiam injustiçadas não conseguissem agir, quem agiria? O reservatório de sua infelicidade pessoal como monja em Dalhousie veio à tona e começou a ser usado para fins positivos. Ela tinha esperado quase trinta anos, mas não era tarde demais. Havia chegado a hora da liberação espiritual das mulheres. E Tenzin Palmo assumiria um papel ativo. Era o mais distante de sua amada vida de reclusa que ela poderia chegar, mas, ainda assim, parecia peculiarmente adequado. Ela conhecia por si as dificuldades enfrentadas pelas mulheres no caminho espiritual. Tinha sofrido, tinha conhecido a rejeição espiritual e o peso opressivo do desânimo, mas agora parecia que tudo tivera um propósito.

"Acho que é por isso que desta vez nasci como mulher", disse ela.

Tenzin Palmo começou ajudando a organizar uma conferência para monjas ocidentais em Bodhgaya, onde poderiam expor seus problemas, trocar ideias e estabelecer uma sensação muito necessária de comunidade e suporte. Depois juntou forças com um pequeno mas comprometido grupo de mulheres em campanha pela ordenação completa das monjas. Ela sabia mais do que ninguém o quanto isso era essencial para elevar o status das mulheres aos olhos da sociedade e aumentar sua autoestima. Todavia era um assunto delicado, complexo, atrelado a séculos de burocracia eclesiástica, argumento teológico tortuoso e camadas de preconceito masculino arraigado. Levaria anos de persistência e de gentil persuasão para subverter a ordem existente e persuadir os lamas a darem espaço em seus tronos elevados. Mas pelo menos o movimento havia começado.

Quando esses projetos estavam em andamento e Tenzin Palmo começou a pensar de novo em retornar à vida de retiro sério, foi apresentada a outro projeto — um muito mais querido ao seu coração. Um infinitamente mais difícil de alcançar. A construção de um convento para as mulheres de sua própria ordem, a escola Drukpa Kagyu. A ideia tinha sido colocada em sua cabeça lá nos anos de 1970 por seu lama, Khamtrul Rinpoche. Ele havia apontado na direção do exuberante Vale do Kangra, onde seu próprio mosteiro de Tashi Jong tinha sido reconstruído, e falado: "Você pode construir um convento aqui". Na época ela descartou a ideia como um ideal brilhante, mas impossível. Agora ela estava mais velha, tinha feito doze anos de meditação em uma caverna e retornara ao mundo. Poderia ser a hora certa.

Seus planos de ajudar a construir um convento para monjas budistas ocidentais tinham fracassado, mas Tenzin Palmo sabia com que urgência as monjas tibetanas precisavam de ajuda. Assim como as monjas ocidentais, elas não tinham para onde ir, pois haviam sido esquecidas na pressa para se reconstruir mosteiros para os monges refugiados. Consequentemente, ficaram reduzidas a cozinhar para os monges na cozinha dos mosteiros ou voltar para casa, levando uma vida doméstica a fim de garantir seu sustento. Era uma situação lamentável que deixava Tenzin Palmo muito triste.

"As monjas são tão jovens e viçosas, com tanta devoção e entusiasmo, todavia recebem tão pouco incentivo. São abertas e incrivelmente diligentes. Estamos falando de garotas que fazem prostrações ao longo de todo o trajeto do Kham até Kailash, centenas de quilômetros, prostrando-se depois em torno do Monte Kailash. Elas nem pensam! É um tipo de dedicação total ao caminho", diz Tenzin Palmo. "Mesmo a rara monja que consegue obter alguma formação filosófica é prejudicada pelo fato de ser mulher. Sei do caso de uma monja que conseguiu conquistar uma vaga em uma prestigiosa universidade de Sarnath, na Índia e, embora ficasse entre os melhores, foi expulsa após dois anos sob o argumento de que ela tivera aprendizado suficiente para uma mulher e mais estudo seria desperdício de tempo e dinheiro."

Ainda assim, ela hesitou. Começar um convento era um empreendimento formidável. Levaria anos de planejamento, organização, atividade mundana e, o mais central, investimento pessoal. Ela era boa em retiro. Para ela, retiro era fácil. Enquanto hesitava, Tenzin Palmo conheceu um monge cristão, um sábio, que salientou que a escolha difícil era sempre a que oferecia o maior crescimento.

Ela voltou a Assis e nos meses seguintes formulou planos para o tipo de convento que queria criar. Antes e acima de tudo, seria um lugar aonde as mulheres poderiam ir para desenvolver seu potencial espiritual ao máximo. A iluminação feminina ainda era o objetivo. Seria um local de excelência espiritual feminina. Um lugar que não só educaria as mulheres no dogma religioso, mas as transformaria em iogues, mulheres que realizassem a verdade dentro de si. Só mulheres sábias, em contraste a mulheres com conhecimento, detinham o verdadeiro poder espiritual e, portanto, eram capazes de tocar e transformar a vida dos outros.

E as únicas mulheres que ela sabia possuir tais realizações eram as togdenmas, as contrapartes femininas dos togdens, os grandes iogues de Tashi Jong. As togdenmas seguiam técnicas espirituais especialmente concebidas para praticantes mulheres por Rechungpa, um dos principais discípulos de Milarepa, no século XII. Métodos com a fama de transformar mulheres em budas rapidamente! Mesmo no Tibete, onde sistemas para alcançar a iluminação eram abundantes, o método de Rechungpa fora considerado singular. Mas não se via nem se ouvia falar de togdenmas desde a ocupação chinesa. Entretanto, nem tudo estava completamente perdido. Tenzin Palmo sabia que os velhos togdens, residentes no atual Tashi Jong, na Índia, tinham a chave para o antigo baú do tesouro de instruções. Se ela conseguisse encontrar as monjas certas para treinar, a preciosa linhagem Togdenma poderia ser ressuscitada.

"Esses ensinamentos são incrivelmente preciosos. São uma chama viva que deve ser passada por transmissão viva. Se isso não for feito antes de os togdens morrerem, existe o perigo de que desapareçam para sempre. Uma vez que esta linhagem não seja mais praticada, ela estará extinta — não poderá ser revivida. Se eu conseguir juntar a prática e as monjas, pode ser de grande benefício para muitos, muitos seres sencientes no futuro", ela raciocinou.

Tenzin Palmo começou a agilizar seus planos. O convento, que se chamaria Dongyu Gatsal Ling (Bosque Delicioso da Linhagem Verdadeira), aceitaria mulheres entre dezessete e trinta anos de idade que já tivessem terminado a educação geral. Ela não pretendia administrar um orfanato, nem uma escola básica. A admissão inicial seria restrita a dez, no máximo quinze mulheres, para garantir que houvesse um núcleo de monjas bem-treinadas que, por sua vez, fossem capazes de ensinar outras. Feito isto, o número poderia ser aumentado para talvez 100 ou 200 monjas. De início, era absolutamente vital, portanto, encontrar duas ou três monjas maduras para atuar como modelos e professoras para as mulheres mais jovens.

O programa de formação inicial de cinco anos consistiria em estudo de textos clássicos e lógica, bem como familiarização com práticas rituais específicas e serviços religiosos. As monjas também aprenderiam inglês como parte do curso fundamental. Completado esse estágio, as monjas com a aptidão necessária e que quisessem continuar seriam escolhidas para passar pelo treinamento de Togdenma — a razão de ser do convento.

As ocidentais não foram esquecidas. Ao lado do convento, Tenzin Palmo construiria um centro de retiro internacional, onde mulheres de todo o mundo poderiam praticar em um ambiente propício ao lado de outras mulheres de mentalidade semelhante. Elas receberiam instrução budista geral e instruções em meditação das monjas do Dongyu Gatsal Ling. Se quisessem treinar como togdenmas, no entanto, teriam que se submeter a todos os pré-requisitos de ensino, ser psicologicamente adequadas e falar tibetano, a língua franca do convento. Nesse estágio, enquanto as profundas realizações ainda residiam nas práticas tradicionais do velho Tibete, não havia outra maneira.

Além do colégio monástico e do centro internacional também haveria um templo, cabanas de retiro individual e uma casa de hóspedes para visitantes masculinos e femininos em estadias curtas.

À medida que o projeto para o convento de Tenzin Palmo crescia no olho da mente, certas ideias revolucionárias começaram a ser introduzidas — ideias que ela coletou junto às comunidades cristãs em que havia ensinado na Europa. Ela eliminaria o sistema tradicional de patrocínio individual, em vigor há séculos no Tibete, segundo o qual monges e monjas recebem o dinheiro necessário para seu sustento de familiares ou patronos ricos. Esta prática, ela salientou, era detestável, pois não só gerava concorrência e ardis (já que os monásticos competiam para ver quem tinha mais), como produzia um ambiente mental mundano, que tirava o foco da vida espiritual. Em vez disso, ela propôs que as monjas do Dongyu Gatsal Ling batalhassem pela independência econômica. Haveria períodos de trabalho em que aprenderiam a ganhar seu sustento por meio de atividades como artesanato. (O mosteiro irmão de Tashi Jong poderia fornecer amplo ensino). Isto daria a elas estabilidade econômica, independência financeira e alívio da ansiedade de constantemente ter que encontrar fundos. Trabalhar juntas em cooperativa também criaria harmonia. Todo o dinheiro que entrasse iria para um fundo comum e cada monja receberia suas vestes, alimentação e um pequeno salário semanal para artigos pessoais. Isto eliminaria a rivalidade.

E tinha mais: "Embora vá existir uma certa hierarquia, não será óbvia. As monjas sêniores serão as professoras, mas todos os serviços serão rotativos. Todo mundo tem que ser ajudante de cozinha, com a apreciação de que é tão importante quanto ser professora. Vou ensinar que varrer o pátio com consciência é uma prática espiritual. E que a cozinheira provavelmente é mais indispensável que a professora! Desse modo, todas vão entender os problemas umas das outras. Quero fazer deste convento um lugar harmonioso, um ambiente em que todo mundo possa florescer", disse ela.

Uma das muitas críticas dirigidas às mulheres em busca da iluminação através dos séculos é que eram prejudicadas por não conseguirem se dar bem juntas. Os homens diziam que elas disputavam, eram malévolas, incapazes de viver de forma coesa e, portanto, seu foco espiritual era seriamente debilitado. Eles citavam isto como um dos motivos para os conventos não terem florescido no Tibete, ao contrário dos grandes mosteiros.

"É um disparate absoluto. As mulheres têm estado coesas há milênios", foi a posição de Tenzin Palmo. "Tenho notado que quando as mulheres trabalham juntas em um projeto, há uma tremenda energia, uma energia muito especial. As mulheres gostam da ideia de retiros só de mulheres. Quando nos sentimos satisfeitas, fazendo algum trabalho interno, nos damos muito bem. E as mulheres gostam da companhia umas das outras. Minha tia vai para Paris com as amigas, deixando o marido em casa, e todas se divertem pra valer. Na minha opinião, a maldade não é parte intrínseca da natureza feminina. Às vezes, os homens também não se dão."

Ela continuou com os planos radicais. Introduziria a hatha ioga (que tanto tinha ajudado no seu longo retiro) para neutralizar os longos períodos sentados e ajudar a alinhar o corpo para a meditação. Exercício físico de qualquer tipo era uma ideia nova para monjas tibetanas. "Ioga é muito apropriada. Você não precisa de equipamento, nem de muito espaço e é muito digna", ela disse. "Poderia haver uma pequena resistência, mas, se fosse introduzida desde o início, ficaria tudo bem. Acho que é muito importante."

Quanto mais ela pensava, mais o convento tomava forma. Quando decidiu exatamente o que queria fazer, levou o projeto ao conjunto de chefes espirituais do mosteiro de Tashi Jong, incluindo o jovem Khamtrul Rinpoche, expondo a eles precisamente o que tinha em mente. Quando terminou, ela disse: "Até agora, os monges receberam muita ajuda, mas existe uma grande necessidade de que as mulheres também sejam assistidas. É importante que as mulheres se ajudem. As mulheres precisam de confiança para se tornar professoras, de modo que possam tornar-se autossuficientes e não precisar depender dos homens. E as mulheres precisam de professoras, outras mulheres com quem possam conversar, que possam entender os problemas sob uma perspectiva feminina. Eu sinceramente acredito que as mulheres podem tornar-se iluminadas — o que tem faltado é apenas oportunidade. Então é isto que quero fazer. Ao criar este convento, sirvo não só a meu lama, que foi o primeiro a me sugerir a ideia, mas também sirvo à linhagem e às mulheres. São as três coisas mais importantes que posso fazer nesta vida".

Havia uma ressalva importante. Tenzin Palmo não tinha intenção de ser a abadessa de jeito nenhum. Ela declarou que colocaria o convento para funcionar para então retornar àquele que era seu caminho escolhido nesta vida — o contemplativo.

Os líderes reunidos no Tashi Jong ouviram a exposição e, para o espanto de Tenzin Palmo, concordaram com tudo o que ela propôs. Deram sua bênção para ela prosseguir. O único problema, disseram, é que sendo refugiados e tentando construir sua própria comunidade, eles tinham poucos fundos de sobra e, por conseguinte, ela teria que encarregar-se do projeto. Era uma tarefa de monta, mas ela não deveria se desesperar, disseram. Eles tinham feito observações e previam que o convento Dongyu Gatsal Ling viria a existir e seria um grande sucesso.

No entanto, era um plano ambicioso, para dizer o mínimo. Para montar e executar tal esquema era necessária uma multiplicidade de fatores que pareciam impossíveis: terra, permissão para construir, projetos de arquitetura, tijolos, argamassa, expertise em uma gama de assuntos e dinheiro. Muito dinheiro. A única coisa fácil seria encontrar internas para o convento. Tenzin Palmo não tinha casa, não tinha dinheiro e estava fora do mercado de trabalho e das atividades do mundo há trinta anos. Mas isso não era motivo para não tentar. Com a habitual ousadia e a fé no Buda, no Dharma e na Sangha, a quem havia entregue a vida, Tenzin Palmo lançava-se agora em carreira das mais inesperadas: angariadora de fundos internacional. O plano era dar palestras sobre o Dharma onde quer que fosse convidada e esperar que lá houvesse alguém para ouvir e depositar alguns centavos em sua tigela de mendicância.

Capítulo 14

A professora

Em função da mais improvável reviravolta dos acontecimentos, Tenzin Palmo viu-se empurrada para o papel de professora. Ela não havia planejado o estranho desdobramento, tampouco era algo de que particularmente gostasse. A solidão e a introspecção eram sua vocação, mas as exigências financeiras para construir um convento especial onde as mulheres pudessem atingir a excelência espiritual exigiram-no. Eram necessárias centenas de milhares de dólares para comprar a terra perto de Tashi Jong, para adquirir tijolos e argamassa, não havendo nada a fazer senão viajar pelo mundo, indo de um centro budista a outro, de um grupo de interessados a outro para angariar fundos, distribuindo a sabedoria armazenada e cristalizada ao longo de trinta anos de intensa jornada interior. Foi um processo dolorosamente lento, sendo a arrecadação em cada evento somente por doação. A despeito das semanas, meses, anos de palestra, Tenzin Palmo permaneceu peculiarmente serena e sem pressa, recebendo cada oferenda, fossem cinco dólares ou cinco mil dólares, com a mesma gratidão genuína. Nem a lentidão, nem a enormidade da tarefa pareciam intimidá-la.

"Bem, os altos lamas deram sua bênção ao projeto e disseram que seria realizado. Portanto, tenho fé. E continuo", ela raciocinou. Ainda assim, a mudança radical do estilo de vida aturdiu-a. "Como me meti nisto eu simplesmente não sei! Se há alguns anos alguém tivesse dito que eu viajaria pelo mundo ensinando e angariando dinheiro, eu teria pensado que essa pessoa era louca", disse ela, reclinando-se e colocando os braços acima da cabeça. "Mas, se eu não fizer, quem fará? E é uma maneira de retribuir a bondade do meu lama."

Mesmo que de algum modo tivesse mudado o curso, o rio seguia fluindo pela vida de Tenzin Palmo e a mantinha firme na correnteza. Como sempre, ela se rendeu, indo em frente para onde o rio obviamente queria levá-la, sendo guiada a cada passo do caminho. Ela começou por Singapura em 1994, um ano depois do discurso apaixonado ao Dalai Lama. De início, as coisas não foram bem. Ela escolheu Singapura aleatoriamente, mas não organizou nada com antecedência. Ninguém sabia que ela estava na cidade, nem quem ela era e sem ter absolutamente nenhuma experiência em autopromoção. Quando estava começando a achar que aquilo era inútil, encontrou-se com uma velha amiga, uma chinesa chamada Wong Pee Lee. Deve ter sido um encontro extraordinário, pois na noite anterior Pee Lee teve um sonho dos mais vívidos. Nele viu Tenzin Palmo rodeada de dakinis vestindo lindas sedas. Durante o sonho, uma voz disse: "Está na hora de você ajudar as mulheres". Tenzin Palmo falou para Pee Lee da missão de construir o convento. O sonho entrou em foco, Pee Lee entrou em ação e a primeira de centenas de palestras foi organizada. De Singapura, Tenzin Palmo viajaria para todo o sudeste asiático, excursionando por Taiwan, Malásia, Brunei, Hong Kong, Sarawak, Indonésia, Camboja, Filipinas e de lá para a Inglaterra, França e a seguir para os Estados Unidos, onde circulou por Washington, Seattle, Nova Iorque, Maryland, Vermont, Havaí e para cima e para baixo na costa da Califórnia antes de retornar à Ásia e fazer tudo de novo. A cada vez alguém assumia o encargo de organizar um encontro. Não faltavam locais, não faltavam participantes. Onde quer que ela fosse, a multidão se reunia pois os comentários sobre uma mulher inglesa que passara doze anos meditando em uma caverna no Himalaia haviam se espalhado, deixando as pessoas curiosas para ver o fenômeno por si. Muitas também estavam ávidas para saber como essa experiência poderia ser traduzida em palavras.

Elas não saíam decepcionadas. Apesar de toda relutância em subir ao palco, Tenzin Palmo provou-se uma professora inspirada. Falava com o coração, sem anotações, sem preparação e as palavras brotavam cristalinas. Acima de tudo, revelavam a verdadeira extensão da maturidade espiritual e do que ela havia realizado na caverna. Exibindo a qualidade quintessencial feminina de transpassar teorias abstratas e construtos intelectuais ossificados, ela ignorava todas as abordagens tradicionais e ia direto ao cerne da questão. Era prática, pé no chão, brilhantemente lúcida. As plateias absorviam tudo avidamente. Ali estava alguém que conseguia transmitir o Dharma do Buda em inglês fluente e articulado, alguém que conhecia as nuances e planos ocultos da psique ocidental e que, muito significativamente, podia falar por experiência própria e não pelos livros. Era uma mistura poderosa. Mais significativamente, era uma mulher trajando mantos e falando de um estrado — uma novidade e tanto.

Era o que muitos esperavam. Os lamas tibetanos que primeiro trouxeram as palavras do Buda para os ávidos ouvidos ocidentais haviam inspirado mais pela força de sua presença espiritual do que pelo inglês truncado. A beleza exterior era um reflexo tão óbvio dos estados primorosos gerados no interior que as pessoas eram atraídas como mariposas pela luz. Entretanto, extrair o significado por trás da transmissão desajeitada e do intricado contexto cultural exigia um trabalho duro excepcional. Surgiram problemas e confusão pois os lamas, acostumados a se dirigir a congregações muito especializadas de monges, não tinham precedentes sobre como transmitir o Dharma do Buda em termos aplicáveis a chefes de família, profissionais e mulheres do Ocidente. Apenas os verdadeiramente dedicados, que sentavam-se por tempo suficiente ou se davam ao trabalho de aprender tibetano, desembrulhavam a embalagem para obter a essência do que havia lá dentro.

Com Tenzin Palmo tudo ficou mais fácil. Ela transitou por centros de meditação tibetana, grupos de Zen, praticantes dedicados de vipassana, comunidades cristãs, até mesmo organizações não religiosas, distribuindo sabedoria, bom senso e seus insights arduamente conquistados. E, à medida que viajava, sua influência propagava-se e sua fama aumentava, apesar dela mesma.

"Nossa mente é como um depósito de lixo. O que colocamos dentro dela é, na maior parte, refugo! Conversas, jornais, entretenimento, apenas amontoamos tudo. Há uma *jam session* acontecendo ali dentro. E o problema é que isso nos deixa muito cansados", diz ela para um grupo de terapeutas ocupacionais em Seattle; eles ouviram falar que ela estava na cidade e a convidaram para palestrar, acreditando que sua experiência pudesse ajudá-los com o volume de estresse que carregavam. "Meus parabéns a todos vocês pelo trabalho que fazem", ela prossegue. "Vocês não o escolheram só porque precisam ganhar a vida. Existem maneiras mais fáceis de ganhar um dinheirinho. De alguma forma, vocês escolheram este trabalho porque querem ajudar. Vocês são pessoas que doam, doam e precisam se reabastecer — caso contrário vão ficar como recipientes vazios. Nós precisamos assimilar bem como doar", diz ela.

"Quando pensamos em descansar, normalmente ligamos a TV ou saímos, ou tomamos um drinque. Mas isso não nos dá descanso real. Isso é apenas colocar mais informação para dentro. Nem mesmo o sono é um verdadeiro descanso para a mente. Para obter um verdadeiro relaxamento, precisamos nos dar algum espaço interno. Precisamos limpar o depósito de lixo, aquietar o ruído interior. E a maneira de fazer isso é manter a mente no momento. Este é o descanso mais perfeito para a mente. Isso é meditação. Consciência. A mente relaxada e alerta. Cinco minutos dessa prática e você vai se sentir revigorado e desperto", ela garante.

"As pessoas dizem que não têm tempo para 'meditação'. Não é verdade!", ela continua. "Você pode meditar caminhando pelo corredor, esperando o computador abrir, nos semáforos, em pé em uma fila, indo ao banheiro, penteando o cabelo. Apenas fique no presente, sem comentário mental. Comece escolhendo uma ação durante o dia e decida ficar inteiramente presente naquela ação. Tomando chá de manhã. Fazendo a barba. Decida: nessa ação, vou ficar realmente ali. É tudo hábito. No momento, temos o hábito de estar inconsciente. Temos de desenvolver o hábito de estar presente. Uma vez que começamos a estar presentes no momento, tudo se abre. Quando estamos atentos, não há comentário — é uma experiência muito desnuda, desperta, vívida."

Em toda oportunidade que tem, Tenzin Palmo salienta que para se levar uma vida espiritual não é preciso fazer como ela. "Meditação não se trata apenas de ficar sentada em uma caverna por doze anos", ela afirma. "Trata-se da vida cotidiana. Onde mais se pratica generosidade, paciência, ética? Quanta paciência eu precisava ter sentada na minha caverna, ouvindo os lobos uivarem?" A questão é no dia a dia. "Em última análise, o Dharma do Buda trata da transformação da mente que, na linguagem budista, inclui o coração. A transformação do coração/mente não pode ser alcançada se apenas sentamos em meditação e ignoramos o Dharma do nosso cotidiano", salienta.

Ela pontilha as palestras com citações dos sutras, histórias que ouviu, suas próprias experiências, a vida moderna: "O filme *Feitiço do tempo* é muito budista", diz ela. "É sobre um homem que tem que viver o mesmo dia repetidamente. Ele não consegue impedir que os eventos ocorram, mas aprende que a forma como ele reage transforma toda a experiência do dia. Ele descobre que, à medida que sua mente começa a superar a animosidade e a ganância, quando começa a pensar nos outros, sua vida melhora enormemente. Claro que leva muito tempo para ele captar a ideia pois no início do filme ele está aprendendo a tocar piano e no final ele está tocando uma sonata."

Para plateias especificamente budistas ela expande o tema, aprofundando-se e, ao mesmo tempo, revelando a extensão de sua própria sabedoria e erudição. "A atenção plena pode ser interpretada de duas maneiras", diz ela. "'Concentração', que é restrita e semelhante ao laser, ou 'consciência', que é mais panorâmica. Pode-se tomar como exemplo ouvir música. Se a pessoa realmente está ouvindo música é como se fosse absorvida pela música. Como o poeta T.S. Eliot colocou: 'Música ouvida tão profundamente que não é mais ouvida, mas você é a música enquanto perdura a música'. Isso é a concentração. Mas saber que se está absorto na música é a consciência. Vocês veem a diferença?

Quando estamos conscientes, estamos atentos não apenas ao que estamos fazendo, mas também aos sentimentos, às emoções que estão surgindo e ao que está acontecendo ao redor.

"É tão simples que deixamos passar. Achamos que deve ser algo maior, mais espetacular. O que as pessoas pensam que seja desenvolvimento espiritual? Não são luzes e trombetas. É muito simples. É aqui e agora. As pessoas têm a ideia de que iluminação e realização são algo distante — um acontecimento muito fantástico e magnífico que vai transformar tudo de uma vez só e para sempre. Mas não é absolutamente assim. Às vezes é algo tão simples que mal se vê. Está bem aqui na nossa frente, tão perto que não notamos. É algo que pode acontecer a qualquer momento. E, no momento em que vemos, pronto. Esteve ali o tempo todo, mas nosso olho interior estava fechado. Quando todos os momentos de consciência encadeiam-se — aí nos tornamos um buda.

"A palavra sânscrita para atenção plena é 'smriti', em páli é 'sati' e em tibetano 'drenpa'", ela continua. "Todas significam 'lembrar'. É o que os católicos chamam de 'estado de lembrança'. E é extremamente difícil. Se conseguirmos ficar conscientes por alguns minutos já é muito. Se atenção plena é sinônimo de 'lembrança', por conseguinte o inimigo da consciência é o esquecimento. Podemos estar conscientes por poucos e breves momentos e depois esquecemos. Como lembramos de lembrar? É essa a questão. O problema é que temos uma inércia tremenda. Simplesmente não temos o hábito de lembrar."

Ela procura uma analogia para ilustrar o que está dizendo. "No momento, é como se estivéssemos olhando através de um par de binóculos e a visão estivesse borrada. Quando experimentamos alguma coisa, fazemos isso através do filtro das ideias, preconceitos, julgamentos. Por exemplo, quando nos encontramos com alguém, não vemos a pessoa como ela realmente é. Vemos em relação ao que pensamos dela — o quanto gostamos ou não gostamos, o quanto nos faz lembrar de outra pessoa, que tipo de qualidades possui. Não experimentamos a pessoa em si. Tudo que percebemos é assim — tudo que vemos, comemos, ouvimos, tocamos. Tudo é imediatamente reinterpretado de acordo com nossos pensamentos e experiências.

"Poderíamos pensar: 'E daí?'. Não importa. Mas acontece que estamos vivendo vários passos atrás da experiência e, portanto, tornamo-nos mais e mais condicionados, mais e mais robóticos. Ficamos cada vez mais parecidos com um computador. Alguém 'aperta nossos botões', como dizem de modo muito apropriado, e lá vem a resposta condicionada.

"O que temos que fazer é colocar tudo em foco nítido, ver as coisas como elas realmente são, como se fosse a primeira vez — como um bebezinho olhando as pinturas em um altar, como dizem os tibetanos. O bebê vê as cores e formas sem julgamento, sua mente é fresca. É esse o estado mental que devemos trazer para nossa vida cotidiana. Se conseguirmos aprender a fazê-lo, sem fazer qualquer outra coisa, isso irá transformar a situação automaticamente", ela promete.

Ela prossegue com uma descrição abrangente das várias maneiras pelas quais as pessoas "comuns" podem começar a atingir a atenção plena. Mais uma vez, as instruções são específicas e eminentemente práticas. Ela ensina as pessoas a observar a respiração, o corpo, os pensamentos. As instruções são detalhadas, claras. Às vezes, a voz dela fica animada, lírica, assumindo a qualidade "efervescente" pela qual era conhecida na juventude quando uma ideia a empolgava.

"As pessoas têm a ideia de que para se tornar uma pessoa espiritual, você tem que se tornar uma gosma cósmica, que é do que temos medo. Mas não é de modo algum assim", ela continua. "Não significa que você não vai mais sentir, que você fica emocionalmente insípido. Ainda se tem a identidade, a personalidade — só que não se acredita mais nela. Quando conhecemos lamas elevados, eles são as pessoas mais vívidas possíveis. Isso porque muitos dos emaranhados que temos em nossa mente e que nos mantêm tão inibidos esvaíram-se, permitindo que a natureza espontânea e real da mente possa brilhar. A mente do Buda não é um nada em branco — é preenchida com compaixão, alegria e humor. É maravilhosamente leve. Também é extremamente sensível e profundamente inteligente", diz ela, fazendo uma pausa para pensar em um exemplo que amplie a explicação.

"A consciência é como uma prancha de surfe. Se você é surfista, não quer um lago tranquilo, quer uma onda grande. Quanto maior a onda, maior a diversão, certo? Milarepa disse: 'Quanto maior a perturbação, maior a alegria', porque ele estava andando na crista, habilidoso e equilibrado. De um ponto de vista espiritual, não é vantajoso ser um coelho. É melhor ser um tigre", ela continua, alternando metáforas. "Coelhos são muito legais e fofinhos, mas não têm muito potencial para arrebentar. Tigres, por outro lado, são muito selvagens, mas essa energia pura, se usada de modo hábil, é exatamente o que se precisa no caminho. Todos os grandes santos foram pessoas muito apaixonadas. Só que não dissiparam suas paixões em canais negativos. Utilizaram-nas como combustível para avançar até a iluminação."

Nesses momentos ela parece aproximar-se do maior de todos os meditadores de caverna, Milarepa, o fundador de sua linhagem, cuja experiência levou-o além do dogma:

Acostumado há tempos a meditar sobre verdades escolhidas murmradas,
Esqueci tudo o que é dito em livros manuscritos e impressos.
Acostumado há tempos a aplicar cada nova experiência em meu próprio crescimento espiritual,
Esqueci todos os credos e dogmas.
Acostumado há tempos a conhecer o significado do inexprimível,
Esqueci a maneira de rastrear as raízes dos verbos e a fonte das palavras e frases.

Com congregações mais avançadas, as palestras ficam mais substanciosas e mais vívidas dando, com frequência, margem para diálogos animados.

"Existe o pensamento e depois o conhecimento do pensamento. E a diferença entre estar consciente do pensamento e apenas pensar é imensa. É enorme... Normalmente somos tão identificados com nossos pensamentos e emoções que somos estes pensamentos e emoções. Somos a felicidade, somos a raiva, somos o medo. Temos de aprender a recuar e saber que nossos pensamentos e emoções são apenas pensamentos e emoções. São apenas estados mentais. Não são sólidos, são transparentes", diz ela antes de enunciar a conclusão. "É preciso saber e então não se identificar com aquele que sabe. É preciso saber que aquele que sabe não é alguém."

Há um silêncio enquanto os ouvintes digerem a informação. Tenzin Palmo aventurou-se em terreno profundamente filosófico. Alguém da plateia fala: "Aquele que sabe não é alguém", repete a voz lentamente, pensando no assunto. "É difícil!"

"Sim! Mas este foi o grande insight do Buda", retoma Tenzin Palmo, com voz baixa e respeitosa.

"Você acha que percebeu quando entende que você não é o pensamento ou sentimento — mas ir mais longe e saber que você não é aquele que sabe... isso leva à pergunta: 'Quem sou eu?'", prossegue a pessoa da plateia.

"Este foi o grande entendimento do Buda — realizar que, quanto mais recuamos, mais aberta e vazia torna-se a qualidade de nossa consciência. Em vez de encontrar alguma pequena entidade eterna e sólida que seja o 'eu', voltamos para esta vasta mente espaçosa que está interligada com todos os seres vivos. Neste espaço você tem que perguntar onde está o 'eu' e onde está o 'outro'. Enquanto estamos no reino da dualidade, existem o 'eu' e os 'outros'. Esta é a nossa ilusão básica — é o que provoca todos os nossos problemas", diz Tenzin Palmo em tom categórico. "Por causa disto, temos a sensação de sermos muito separados. Essa é nossa ignorância básica."

A quintessência do budismo — a vacuidade, a filosofia perene — é o remédio para todos os males da humanidade.

O diálogo com a pessoa da plateia continua: "Essa dualidade, a sensação de ser separado, é a causa de nossa dor fundamental, da profunda solidão que o ser humano sente no âmago de seu ser?".

"Claro", responde Tenzin Palmo incisivamente. "Ela cria tudo. Ignorância, de acordo com o budismo, não é ignorância sobre isso ou aquilo em nível intelectual — é ignorância no sentido de desconhecimento. Criamos um senso de 'eu' e tudo mais que é 'não eu'. E a partir disso vem a atração pelos outros 'não eus' que 'eu' quero e a aversão a tudo que eu não quero. Esta é a fonte de nossa ganância, de nossa aversão e de todas as outras qualidades negativas que temos. Tudo vem deste equívoco dual básico.

"Quando realizamos que a natureza de nossa existência está além do pensamento e das emoções, que é incrivelmente vasta e interconectada com todos os outros seres, então o senso de isolamento, de separação, o medo e a esperança se desvanecem. É um tremendo alívio!", diz ela. E a plateia tem que acreditar. Esta é a verdade mística que os santos de todas as religiões descobriram — a alegria da unidade que brota quando o ego é extirpado.

Ela faz outra pausa, enquanto todos saboreiam a plena extensão do que significa estar neste estado. "A razão pela qual não somos iluminados é sermos preguiçosos", ela continua, valendo-se da descoberta de seu maior "defeito", ocorrida na caverna. "Não há nenhum outro motivo. Não nos preocupamos em voltar para o presente porque ficamos por demais fascinados com os jogos que a mente joga. Caso realmente se pense em renúncia, não se trata de abrir mão de coisas externas como dinheiro, de abandonar a casa ou a família. Isso é fácil. A verdadeira renúncia é abrir mão de nossos pensamentos queridos, de todo o nosso deleite com memórias, esperanças e sonhos, de nossa tagarelice mental. Renunciar a isto e ficar desnudo no presente, isto é renúncia", diz ela, as palavras ficando mais apaixonadas.

"Dizemos que queremos ser iluminados, mas não queremos realmente. Apenas pedacinhos de nós querem ser iluminados.

O ego que pensa o quanto seria bacana, confortável e agradável ficar iluminado. Mas não largamos tudo para tratar disso de verdade! Poderíamos fazer num instante, mas não fazemos. E o motivo é sermos preguiçosos demais. Ficamos parados por medo e letargia — a grande inércia da mente. A prática está ali. Qualquer um no caminho budista com certeza sabe dessas coisas. Então, como é que não somos iluminados? Não podemos culpar ninguém além de nós mesmos. É por isso que ficamos no samsara, porque sempre encontramos desculpas. Em vez disso, deveríamos nos acordar. O caminho budista no todo refere-se a despertar. No entanto, o desejo de continuar dormindo é muito forte. Por mais que digamos que iremos despertar para ajudar todos os seres sencientes, na verdade, não acontece pois não queremos. Nós gostamos de sonhar."

É uma fala sincera, que fica ainda mais potente porque todos os presentes sentem que ela fala por experiência própria.

Em um dos mais antigos estabelecimentos budistas da América, sugestivamente chamado de Cabra na Estrada, em Muir Beach, Califórnia, ela conduz um seminário de fim de semana sobre "Como abrir o coração". É um tópico de especial interesse para ela que experimentou uma severa falta de cordialidade em vários centros budistas recém-inaugurados que visitou. "Eu chego e sinto a atmosfera muita pesada, bastante fria. Quer dizer, falam muito sobre compaixão e bodhicitta, mas não têm nenhuma bondade real no coração, nem mesmo em relação uns aos outros. Tem algo errado. O Dharma não está funcionando como deveria. Vejo pessoas que estudam e praticam o budismo com sinceridade há anos e ainda têm os mesmos entraves."

Sentada diante da plateia lotada, ela tenta remediar a situação: "Muito frequentemente, existe uma divisão fundamental entre a prática e nós mesmos. A prática permanece fora de nós. É muito difícil para nós ocidentais sairmos da nossa cabeça. Abordamos a meditação apenas a partir do cérebro e então temos a dualidade — o sujeito e o objeto. A prática tem que ir para o coração, tem que chegar fundo dentro de nós. A partir daí não existe sujeito (eu) e objeto (a meditação). Nos tornamos a meditação. Dessa forma, existe uma transformação em um nível muito profundo.

"Neste momento, nós ocidentais estamos olhando para dentro do coração, para as visualizações que estabelecemos ali. O que precisamos fazer é aprender a ir para dentro do coração, a sede do nosso verdadeiro eu. Quando indicamos nosso 'eu', apontamos para o nosso coração, não para a cabeça. É instintivo. O problema é que não damos o salto para nos tornarmos a meditação. Por isso não nos transformamos. A bondade amorosa deve ser tão espontânea a ponto de não termos que pensar nela. Não é uma teoria, uma ideia. É algo que você sente. A abertura do coração é real", diz ela, quase como num apelo.

Nesse momento, Tenzin Palmo conduz o grupo em uma meditação curta. Senta-se com as pernas cruzadas, os olhos fechados, as mãos em concha no colo e, em poucos segundos, um olhar bem-aventurado e calmo toma conta de seu rosto, e um leve sorriso brinca em seus lábios. É óbvio que está funcionando, pelo menos para ela.

Onde quer que ela vá, as pessoas fazem fila para vê-la, querendo mais de sua sabedoria, mais de sua presença. Em um evento em Madison, Nova Jersey, ela concede audiências durante seis horas ininterruptas, cada pessoa é recebida por quinze minutos. Elas procuram Tenzin Palmo com problemas pessoais, dilemas na carreira, enigmas espirituais, preocupações, aflições. Tenzin Palmo está ali para cada uma delas, ouvindo, dando conselhos, segurando a mão, chorando quando se comove. Não parece ficar cansada ou impaciente. Uma mulher pergunta como pode conciliar o trabalho nas forças armadas com a recém-descoberta crença budista de não violência. Uma jovem monja dá vazão à infelicidade por não se sentir apoiada em sua comunidade. Um monge de cara redonda quer simplesmente falar de sua própria jornada espiritual. Uma californiana de meia-idade pergunta como podem esperar que ela assuma a responsabilidade pelo bem-estar de todos os seres vivos quando passou dez anos em terapia aprendendo a não ser responsável pela mãe alcoolista. Um homem preocupado com os macabros ensinamentos do budismo tibetano sobre o reino dos infernos quer saber o que Tenzin Palmo pensa que acontece após a morte. A resposta revela que, mesmo após décadas imersa no budismo, ela conserva sua independência mental.

"Uma vez questionei um lama sobre isso já que, pela definição dele, eu definitivamente estava indo para o inferno. 'Não se preocupe', disse o lama, rindo e dando tapinhas nas minhas costas. 'Dizemos isso só para que as pessoas se comportem'. Francamente, não acho que essa abordagem funcione. Já passamos um enorme trabalho do jeito que a coisa é. Assustar as pessoas com contos sobre o inferno é contraproducente — apenas faz com que elas queiram desistir!

"Os lamas costumam apresentar o estado pós-morte como uma recompensa ou punição pelo que fizemos nesta vida, durando um determinado período de tempo até retornarmos à terra e recomeçarmos a trabalhar em nosso desenvolvimento espiritual", ela prossegue. "É como se poupássemos nosso dinheiro nesta vida e então gastássemos na próxima e depois tivéssemos que voltar para começar a poupar outra vez. Para mim, a ideia espírita é mais significativa. Eles também acreditam que existem muitas dimensões diferentes aonde você pode ir após a morte, onde você encontra pessoas semelhantes. A diferença é que os espíritas sustentam que depois da morte você tem condições de trabalhar para ajudar outros menos afortunados, o que gera mais evolução espiritual. Uma das maneiras de evoluirmos é cultivar amor e compaixão mesmo quando se está no reino do espírito."

O homem vai embora aliviado.

Não é apenas o público que está ansioso para conhecê-la. Professores renomados, também enfrentando o desafio de apresentar o budismo ao Ocidente, têm a mesma curiosidade de avaliá-la. Yvonne Rand, fundadora do Cabra na Estrada, é um deles. Como uma das principais instrutoras do Zen na América e ardente porta-voz da feminização do budismo, ela tem especial interesse em Tenzin Palmo.

"Aprecio o fato de que ela seja mulher e muito confiante ao transmitir o cerne dos ensinamentos de um jeito que as pessoas conseguem entender. É uma professora muito talentosa. E também não é sentimental em nenhum sentido, coisa de que eu gosto", diz Rand. "O número de professoras está crescendo rapidamente e, ao colaborarmos mais e mais de forma não sectária, isso levará a uma maior confiança. Esta colaboração é um processo altamente criativo."

"Ela não é comum — acho que veio com uma mente muito pura", disse a Lama Palden Drolma, californiana que recebeu o título de "Lama" após completar um retiro em grupo de três anos nos EUA sob a orientação do eminente professor Kalu Rinpoche. Ela havia convidado Tenzin Palmo para falar em sua recém-inaugurada Fundação Sukhasiddhi, em Mill Valley, São Francisco. "Para mim, a vida dela é inspiradora", continuou Palden Drolma. "O fato de ter permanecido monja por trinta anos é uma conquista em si. Sua dedicação é inspiradora. Nela dá para ver que o Dharma realmente funcionou. Ela é calorosa, natural e, pessoalmente, não percebo muito ego ali. É também uma professora extraordinariamente clara, expressando o Dharma de forma muito direta e significativa. Era tanta gente querendo ouvi-la que não pudemos receber todas."

Portanto, é irônico que, não obstante o sucesso inquestionável de seu programa de ensino, o número de seguidores que conquistou e a crescente força de sua reputação, Tenzin Palmo permaneça singularmente desinteressada pela nova carreira. Ela poderia muito facilmente tornar-se uma guru, a posição obviamente estará ao alcance em um futuro próximo. Mas é uma atividade que ela simplesmente não quer.[5]

"Simplesmente não gosto. Não me dá alegria", admite com franqueza. "Quando estou ensinando, tem uma vozinha dentro

---

[5] N. do editor: Em fevereiro de 2008, Sua Santidade, o Gyalwang Drukpa, autoridade máxima da linhagem Drukpa, entronizou Tenzin Palmo e lhe concedeu o raro título de Jetsunma, que significa "Venerável Mestra", em reconhecimento de suas realizações espirituais como monja e de seus esforços para melhorar o treinamento e o status das praticantes femininas do budismo tibetano. Tenzin Palmo é a primeira ocidental reconhecida como Jetsunma na tradição budista tibetana.

de mim que diz: 'O que você está fazendo?'. E por isso acho que não está certo. Claro que conheço muita gente adorável que normalmente não conheceria. Todo mundo é muito gentil. Estranhos se tornam amigos. E aprendo muito por estar em diferentes situações, respondendo perguntas, ensinando. Muitas vezes acho que aprendo mais do que as pessoas a quem ensino. Vejo as coisas de novas maneiras. É útil. Mas simplesmente não é algo que queira fazer o resto da minha vida."

Todavia, ela foi em frente. Havia um trabalho a fazer, uma necessidade a ser atendida. Outras mulheres estavam em busca da iluminação e ela tinha que responder. O voto do bodhisattva, de "libertar todas as criaturas do sofrimento e colocá-las em bem-aventurança", exigia isso. Ao prosseguir, Tenzin Palmo expandiu consideravelmente sua esfera de ação, da busca de sua própria liberação como mulher para ajudar outras mulheres a alcançar o mesmo objetivo. Assim como estivera entre os primeiros ocidentais a descobrir o budismo, tornar-se monja e viver em uma caverna nos Himalaias nevados, Tenzin Palmo, aos cinquenta anos, ainda era pioneira — ainda forjava o caminho em frente, desta vez em escala mais ambiciosa. E assim, sem rebuliço e apenas com um ocasional suspiro, ela prosseguiu.

Capítulo 15

Desafios

De moradora de caverna, Tenzin Palmo tornou-se *jet-setter*. De uma existência inteiramente estacionária, saiu a andar pelo mundo inteiro em ritmo frenético. Do silêncio passou a falar por horas a fio. De uma existência das mais simples, ficou exposta a toda gama da vida no final do século XX. O mundo em que ela reapareceu era um lugar radicalmente diferente daquele que havia deixado em 1963 ao zarpar para a Índia. Ela viu por si o estresse e a insegurança, a perda de emprego e o novo fenômeno dos sem-teto. Leu sobre o aumento da criminalidade, a escalada da violência e o problema das drogas. Assistiu aos amigos correndo cada vez mais no esforço para se manter. Reparou nos governos por toda parte trocando o princípio do serviço público pelo racionalismo econômico; e agora os novos luxos eram o silêncio, espaço, tempo e uma ecologia intacta. Dessa forma, ela experimentou em primeira mão a grande necessidade de valores espirituais em uma sociedade cada vez mais materialista.

"As pessoas estão mortas de sede", ela disse. "Em Lahoul, a despeito de todas as dificuldades, havia riqueza na vida. Aqui as pessoas estão famintas de algum significado e profundidade reais em sua vida. Quando a satisfação dos sentidos cessa, o indivíduo quer mais. Por isso as pessoas são agressivas e deprimidas. Acham tudo muito fútil. Você tem tudo o que quer, e daí? A resposta da sociedade é conseguir mais e mais, mas aonde isso leva? Vejo isolamento por toda parte e não tem nada a ver com estar sozinho. Tem a ver com uma psique alienada."

Mais relacionado à história de Tenzin Palmo era o fato de que, em meados de 1990, o mundo ocidental havia superado o arroubo inicial do caso de amor com o budismo e começava a adotar um olhar mais frio e mais maduro em relação à complexa e exótica religião que se instalara em seu meio. Que o budismo tinha cativado o Ocidente não se discutia. Cabeças pensantes de todas as idades e estilos de vida por toda Europa, EUA, Canadá, Austrália e Nova Zelândia ficaram impressionadas com a profundidade da mensagem e foram atraídas pela qualidade dos lamas que a transmitiam. Como resultado, centros budistas, especificamente de budismo tibetano, haviam brotado por todo o planeta. Mas agora a lua de mel havia acabado. Depois de trinta anos de investigação e prática, os primeiros discípulos começaram a ver uma face mais realista — e humana — da religião que tinham transplantado para seu solo. As falhas vieram à tona, as discrepâncias surgiram e, embora os costumes orientais pudessem ter proibido a crítica direta de sua religião estabelecida e de seus representantes espirituais, o Ocidente, com o direito da liberdade de expressão, não tinha tais escrúpulos. Na época em que Tenzin Palmo entrou no circuito mundial, certos aspectos do budismo estavam sendo desafiados ruidosa e publicamente — e com eles, implicitamente, o estilo de vida escolhido por Tenzin Palmo.

O primeiro alvo colocado sob escrutínio foi o guru, considerado guardião da verdade, guia infalível e, no budismo tibetano, uno com o próprio Buda. "O guru é o Buda, o guru é o Dharma, o guru também é a Sangha", diz a prece. O raciocínio era lógico. A mente do Buda é absoluta e onipresente, mas o guru está aqui na terra em carne e osso. Os tibetanos têm uma analogia. O Buda é como o sol, todo-poderoso e brilhando sobre tudo, mas ainda assim incapaz de atear fogo a um pedaço de papel. Por isso é preciso uma lupa, um conduto para canalizar a energia, por isso o guru. Todavia, é uma posição precária para qualquer ser humano manter, quanto mais um homem residente em uma terra distante, entre pessoas estrangeiras e costumes estranhos. Inevitavelmente, vários gurus caíram rapidamente de seus pedestais em meio a um clamor de publicidade.

Chögyam Trungpa, velho amigo e mentor de Tenzin Palmo, que ela havia conhecido logo que ele chegou à Inglaterra vindo do Tibete, abriu o caminho com uma série de escândalos que vieram à luz principalmente após sua morte em 1987. Foi revelado que Trungpa não apenas havia sentado em seu trono fedendo a álcool em várias ocasiões, como também se envolvera em diversos relacionamentos sexuais com suas alunas. Não importava que ele não pertencesse a uma ordem celibatária, a confusão subsequente alastrou-se. Muitos estudantes tentaram imitá-lo aderindo à bebida, e várias de suas parceiras femininas disseram que suas vidas foram destruídas pela promiscuidade de Trungpa. Esta notoriedade foi rápida e horrivelmente seguida pela notícia de que seu sucessor escolhido, o norte-americano Thomas Rich, que se tornou Osel Tendzin, não só tinha Aids e mantinha segredo a respeito disso, como havia infectado uma de suas muitas alunas-amantes desavisadas.

Abertas as comportas, outras partes "lesadas" vieram a público para denunciar seus gurus. Uma mulher entrou com um processo de US$ 10 milhões contra um professor tibetano muito popular alegando má conduta sexual. O caso foi resolvido com um acordo fora do tribunal, mas não antes dos rumores sobre a promiscuidade do homem terem varrido o mundo budista. (Em Dharamsala, no entanto, os tibetanos simplesmente não acreditavam que uma mulher ousasse denunciar um lama e rebaixaram o episódio inteiro a uma trama política.) Professores do Zen reconheceram que a "má conduta sexual" grassava entre seus membros. No livro *Traveller in Space*, a escritora britânica June Campbell narrou com eloquência seu romance secreto com o falecido Kalu Rinpoche, lama altamente estimado, descrevendo o quanto a relação clandestina havia sido atordoante e debilitante. Jack Kornfield, um dos professores e autores budistas mais renomados da América, botou lenha na fogueira ao declarar, em tom quase casual, que havia entrevistado 53 mestres do Zen, lamas, *swamis* e/ou seus alunos sêniores sobre suas vidas sexuais e tinha descoberto que "os pássaros fazem, as abelhas fazem, e a maioria dos gurus faz". E disse mais: "Como em qualquer grupo de pessoas em nossa cultura, as práticas sexuais variam. Havia heterossexuais, bissexuais, homossexuais, fetichistas, exibicionistas, polígamos e monógamos". O argumento de Kornfield era que os líderes espirituais orientais não são mais especiais do que ninguém, mas não ajudou. A questão em jogo era a suposta infalibilidade do guru e o abuso de poder e da autoridade espirituais.

Confrontado com as revelações, o Dalai Lama declarou-se francamente chocado. "Isto é muito, muito prejudicial para o Dharma do Buda. O budismo destina-se a beneficiar as pessoas — este é o propósito, o único propósito. Ao ser examinado de perto, tal comportamento vergonhoso deve-se à falta de força interior e mostra que de fato existe uma discrepância entre o budismo e a vida, que o Dharma não foi devidamente internalizado", declarou, antes de anunciar que o único remédio para uma situação tão terrível era "expulsar" todos os culpados. "Deve-se citar pelo nome, divulgar e já não considerar como um professor", sentenciou o Dalai Lama.

O mundo ocidental budista, com seus novos convertidos idealistas, ficou aturdido quando esta revelação foi rapidamente seguida de uma outra: a verdade era que centenas de seguidores estavam completamente felizes com seus professores tibetanos, encontrando neles exemplos supremos de moralidade, sabedoria e compaixão. Alguns discípulos de Trungpa inclusive falaram em sua defesa.

"Meu professor não cumpriu normas éticas, mas minha devoção a ele é inabalável. Ele me mostrou a natureza de minha mente e, por isso, sou eternamente grata", afirmou a eminente monja e professora norte-americana Pema Chödrön, diretora de Gampo Abbey, na Nova Escócia, à revista budista *Tricycle*. "Trungpa Rinpoche ensinou-me de todas as formas possíveis que você nunca pode fazer as coisas de um jeito certo ou errado. Seu ensinamento no todo era para evitar que as pessoas se agarrassem a algum tipo de segurança, era lançar fora a linha partidária. No entanto, sempre vamos contra a natureza humana. O professor diz uma coisa e todo mundo faz. Teve uma época em que ele fumou cigarro e todo mundo começou a fumar. Mas quando ele parou, todos pararam. Foi simplesmente ridículo".

Porém, os defensores da fé eram a maioria silenciosa. Os descontentes faziam todo o barulho, porém os escândalos manchavam a imagem anteriormente limpíssima do budismo. Aqueles cujas vidas foram afetadas por gurus caídos voaram para os psiquiatras (e para a imprensa) para falar de sua angústia e dúvida. A nova geração de mulheres emancipadas e articuladas foi especialmente vociferante, alegando que se tratava de mais um exemplo do poder masculino explorando e traindo as mulheres.

O argumento era válido. É moral e eticamente questionável professores religiosos de qualquer crença envolverem-se em atividade sexual com discípulos; no contexto do budismo tibetano, isto é ainda mais discutível. O budismo tibetano tem o tantra, o enlace sexual legítimo entre parceiros espirituais, que dizem inspirar ambas as partes a níveis mais elevados de realização. Ser escolhida por um guru como consorte para tal união mística, portanto, qualificava uma mulher como deveras especial. Em muitos casos era irresistível. Sendo o guru visto como o Buda, como uma mulher resistiria?

Tenzin Palmo desembarcou no meio da tormenta. No banco do réus estava o guru, apelidado por um comentarista norte-americano de "pobre modelo disfuncional". Era o pilar ao qual Tenzin Palmo havia confiado toda sua vida espiritual. Na mente dela, o guru era o âmago da questão. Khamtrul Rinpoche tinha sido, pura e simplesmente, a pessoa mais importante na vida dela, a única "coisa" de que ela sentira falta em todos aqueles anos na caverna, o homem cuja lembrança ainda podia provocar soluços incontroláveis anos após sua morte. Ela examinou o cenário com seu olhar frio, distanciado.

"Claro que, quando um lama age de modo desonroso, é extremamente prejudicial. Ele cria uma atmosfera de rivalidade, ciúme, sigilo e caos. Ouvi falar de alguns lamas com uma situação de harém ou com uma ou duas ligações secretas. Em tais circunstâncias, as mulheres têm o direito de se sentir humilhadas e exploradas. Também é algo hipócrita: o lama posa como um monge, todavia não é. Não vejo como isso beneficie o Dharma ou os seres sencientes. É uma situação muito diferente daquela de um lama que não tomou os votos de celibato e tem uma consorte, em um relacionamento público, estável e decente", ela afirmou.

Entretanto, a mulher que tinha despachado os avanços sexuais de Trungpa, rindo da situação quando tinha apenas 19 anos e que ainda conseguira permanecer amiga dele, dificilmente ficaria no campo da alta moralidade. "Algumas mulheres ficam muito lisonjeadas em ser 'consorte'; nesse caso, devem assumir as consequências. E algumas mulheres só sabem se relacionar com homens dessa maneira. Às vezes acho que as mulheres têm que ficar longe dessa mentalidade de vítima", disse ela em tom ríspido. "Também é necessário compreender a situação estranha em que estes lamas vieram parar. Eles foram criados em um ambiente monástico entre centenas de homens com a mesma mentalidade e agora encontram-se em uma terra estranha, sendo o único lama em uma comunidade de ocidentais. Não há ninguém a quem recorrer em busca de companheirismo e aconselhamento, estando eles rodeados de discípulos devotados e excessivamente dispostos a agradar. Com a pesadíssima proeminência sexual do Ocidente, acredito que muitos lamas entendem os sinais de forma errada e ficam surpresos ao descobrir que as mulheres levam seus avanços a sério. Uma gama de mensagens mal-entendidas estão causando confusão por toda parte."

Grande parte do problema atual, ela deduziu, devia-se ao fato de os ocidentais terem pouca experiência e não saberem como procurar e encontrar seu verdadeiro guru. Tampouco entendiam qual era a função de um verdadeiro guru. Os mestres orientais estavam na moda, e a sede dos ocidentais por uma liderança espiritual, qualquer liderança, era imensa. A ingenuidade e susceptibilidade, portanto, tornaram-nos presa fácil para mal-entendidos e, em alguns casos, exploração espiritual e sexual. Segundo a experiência de Tenzin Palmo, achar um guru era de fato uma tarefa altamente especializada.

"No Tibete, entendia-se que, quando você encontra seu guru de raiz, existe um reconhecimento mútuo instantâneo, imediato — e confiança instantânea. No íntimo, você sabe. O problema no Ocidente é que as pessoas podem encontrar um lama carismático, ter um acesso de devoção e achar que é isso! Mesmo que haja uma conexão com o Tibete em vidas passadas, as chances de encontrar seu lama novamente são, na verdade, muito escassas. Seu guru raiz pode estar em qualquer lugar, ou mesmo morto, dado que a maioria dos lamas elevados pereceu no rastro da invasão chinesa. Antes era mais fácil. Os lamas renasciam em suas próprias localidades, portanto era muito mais provável que você reencontrasse seu guru", ela explicou.

"Muitos ocidentais têm falsas ideias sobre o que é um guru", ela prosseguiu. "Pensam que, se encontrarem o mestre perfeito com os ensinamentos perfeitos, vão perceber imediatamente. Acreditam que o guru vai guiá-los através de cada passo do caminho. É uma busca pela mamãe. Mas não é assim. Um guru genuíno está ali para ajudar as pessoas a crescer, bem como despertar. A verdadeira função de um guru é apresentá-lo à natureza não nascida de sua mente e a relação é de compromisso mútuo. Da parte do discípulo, ele ou ela deve ver o que quer que o guru faça como atividade perfeita do Buda, obedecer o que quer que o lama diga e colocar em prática o que o lama instrui.

O lama, de sua parte, está empenhado em levar o discípulo até a iluminação, não importa quantas vidas leve. Nisso residem a glória e a ruína. Se é um lama genuíno, você tem a certeza de nunca ser abandonado. Se não é um lama genuíno, você se abre para todos os tipos de exploração."

O Dalai Lama tem sua própria receita para distinguir um guru autêntico de um falso: "Você deve 'espioná-lo' por pelo menos dez anos. Deve ouvir, examinar, observar até ficar convencido de que a pessoa é sincera. Nesse ínterim, você deve tratá-la como um ser humano comum e receber o ensinamento como 'simples informações'. No final, a autoridade de um guru é conferida pelo discípulo. O guru não sai à procura de alunos. É o aluno que tem que pedir ao guru que o ensine e o oriente", diz ele.

Tenzin Palmo tinha outras ideias, especialmente quando se tratava de lamas sugerindo relações sexuais. "Uma forma de julgar se ele é fidedigno é ver se está indo atrás de mulheres velhas, desinteressantes, bem como das jovens e bonitas!", ela sugeriu. "Se for um verdadeiro lama, ele verá todas as mulheres como dakinis, jovens e velhas, gordas e magras, bonitas e feias, pois terá visão pura! E mesmo que o guru seja genuíno, você sempre pode dizer não, sem achar que estragou tudo. Um verdadeiro guru, mesmo que achasse que uma relação tântrica poderia ser benéfica para a discípula, faria a solicitação com o entendimento de que a recusa dela não prejudicaria o relacionamento. Nenhuma mulher jamais deve concordar com base na autoridade do guru ou na sua noção de obediência. O entendimento deve ser: 'Se ela quis, está bem; se não quis, também está bem', oferecendo a escolha e o senso de respeito. Dessa forma não é exploração.

"Na verdade, ligações tântricas reais são extremamente raras", continuou Tenzin Palmo. "Uma vez perguntei a Khamtrul Rinpoche: 'Visto que a ioga sexual é um caminho tão rápido para a iluminação, como é que todos vocês são monges?'. E ele respondeu: 'É verdade que é um caminho rápido, mas é preciso ser quase um buda para praticá-lo'. Para haver um genuíno relacionamento tântrico, em primeiro lugar não deve haver sentimento de luxúria. Então não deve haver emissão de fluidos sexuais. Em vez disso, deve-se aprender a enviar os fluidos para cima, através do canal central, até a coroa, enquanto se faz práticas de visualização e respiração muito complicadas. Tudo isto requer um tremendo controle de corpo, fala e mente. Mesmo iogues que praticaram tumo por muitos anos dizem precisar de uma ou duas vidas de prática para realizar a ioga sexual. De modo que estes finais de semana tântricos oferecidos no Ocidente hoje em dia podem proporcionar um momento maravilhoso, mas não muito mais que isso!", ela disse.

A despeito de todas as acusações, desconfiança e mal-estar geral, os sentimentos de Tenzin Palmo em relação a Khamtrul Rinpoche nunca vacilaram, nem por um segundo. "Posso dizer que Khamtrul Rinpoche foi a única pessoa em quem pude confiar completamente. Uma das maiores bênçãos de minha vida é que nunca, nem por um único momento, duvidei dele como guru e como meu guru. Ele guiou-me infalivelmente. Nunca vi nada que precisasse questionar. Ele sempre foi completamente altruísta e sábio", diz ela de modo enfático.

Para muitos budistas ocidentais, no entanto, o guru tinha sido ferido de morte. Não eram só os escândalos que haviam corroído a posição, eram os tempos em si. Nos últimos segundos do século XX, havia quem afirmasse que a relação guru-discípulo estava com os dias contados. A figura do guru, diziam, era um produto do patriarcado, com ênfase na estrutura e na hierarquia; com a ascensão do poder espiritual feminino, os dias do patriarcado estavam chegando ao fim rapidamente.

Andrew Harvey, ex-acadêmico de Oxford e escritor poético, passou muitos anos buscando verdades espirituais aos pés de uma variedade de mestres proeminentes de diferentes religiões, incluindo vários lamas importantes, o monge cristão Bede Griffiths (que estabeleceu um ashram na Índia) e a guru indiana Mãe Meera. Ele resumiu o novo sentimento de forma eloquente: "Sou muito grato por todas as relações com meus professores, mas vim a entender que nesse relacionamento você pode ficar congelado no infantilismo. Você pode ser impelido a todo tipo de incapacidade de lidar com o mundo. A relação também pode corromper o mestre. Está sendo mostrado que muitas das pessoas que reverenciávamos na verdade têm muitos, muitos defeitos", disse ele em uma entrevista de rádio. "Estamos tentando chegar a uma nova compreensão, um novo paradigma de como deve ser a relação entre professor e aluno. Acho que ela mudará muito drasticamente nos próximos dez a quinze anos. Não continuaremos agarrados à velha fantasia oriental de avatares e mestres. Essa fantasia é por demais conveniente hoje. Precisamos de algo que nos empodere de forma direta."

O que os novos pensadores sugeriam no lugar do guru era o amigo espiritual. Uma figura que não alegasse ser iluminada, que não quisesse ser considerada infalível, nem receber obediência total, mas que trilhasse o caminho com o buscador, lado a lado. Era uma solução democrática, condizente com a cultura ocidental. Tenzin Palmo concordou. Ela pode ter obtido uma experiência inestimável do relacionamento com seu guru, mas foi extremamente afortunada — e foi algo muito incomum.

"Francamente, neste momento acho que é mais importante para o Ocidente praticar o budismo e contar com bons professores do que com gurus. Não se trata necessariamente da mesma coisa", disse Tenzin Palmo. "Com um guru a relação é muito especial, mas você pode ter muitos, muitos professores. Veja Atisha (um dos fundadores do budismo tibetano, do século X). Ele teve cinquenta professores. A maioria dos professores é perfeitamente capaz de nos guiar. E somos perfeitamente capazes de nos guiarmos. Temos nossa sabedoria inata. As pessoas podem adiar sua prática para sempre, esperando o toque mágico que vá transformá-las — ou se atirar em cima de alguém que seja carismático, sem discriminar se é ou não apropriado. Devemos apenas seguir em frente. Se você encontra alguém com quem tem uma conexão interna profunda, ótimo; caso contrário, o Dharma está sempre ali. É bom não se atirar na viagem do guru. É melhor entender o Buda, o Dharma e a Sangha."

Assim como no caso dos sacerdotes da religião cristã, toda a série de escândalos sexuais em torno dos lamas levou o foco a outra área de questionamento radical — o celibato em si. Esse era um tema muito pertinente a Tenzin Palmo e à difícil escolha que ela fizera. O celibato era relevante na década de 1990? Seria possível? Seria sequer desejável? Tenzin Palmo não tinha dúvidas.

"O celibato ainda é extremamente relevante", ela insistiu. "Existe uma razão para ele. Não só libera o corpo, como também clareia a mente. Por não serem aplicadas em um relacionamento sexual, suas energias podem ser conduzidas para outras direções mais elevadas. Também libera suas emoções, permitindo-lhe desenvolver grande amor por todos, não só por sua família e um pequeno círculo de amigos íntimos. Claro que não é para todo mundo, portanto é nesse ponto que surgem os problemas. Uma enorme quantidade de homens torna-se monge budista porque é uma vida boa e eles têm devoção. O Dalai Lama declarou publicamente que apenas dez de cada cem monges são verdadeiros candidatos.

"E, pelo que vejo, muitos padres católicos romanos estão em uma posição muito difícil. Acho que deveriam ter a escolha de casar ou não. Para alguns, ajudaria muito ter uma relação íntima a fim de aprender as leis da vida conjugal antes de dar conselhos aos outros. No Tibete, houve muitos lamas casados que eram incríveis. Lama significa apenas guru, não necessariamente significa monge. Mesmo hoje em dia muitos se casam, como Sakya Trizin e Dilgo Khyentse Rinpoche. Eles começam a treinar em idade muito tenra e fazem vários anos de retiro antes de tomar uma consorte. Muitas vezes fazem isso mediante instruções de seu guru e vivem no mosteiro com a esposa e os filhos a seu lado. Pode ser muito bom porque com esposa e filhas eles entendem as mulheres e valorizam o ponto de vista feminino. Você não precisa ser celibatário, trata-se de algo que simplesmente é benéfico para muitas pessoas."

Tenzin Palmo reparou na revolução sexual ocorrida enquanto ela estava na caverna. Como poderia não reparar? O mundo em que ela reapareceu estava em chamas, com corpos nus entrelaçados em outdoors, na televisão, nos filmes, nos jornais e nas revistas em cada quiosque de rua. O tabu tinha sido quebrado de verdade e, para provar isso, o sexo era discutido, exibido e difundido como nunca fora antes. Logotipos de preservativos desfilavam em camisetas, a indústria do sexo tinha substituído a prostituição, as pessoas já não "faziam amor", "faziam sexo". Era muito diferente dos tempos em que um disco de Elvis Presley provocava arrepios em uma adolescente.

"Não há dúvida de que o Ocidente está obcecado pelo sexo, as pessoas pensam que não se pode viver sem e que, se ficarem sem, isso vai deixá-las pervertidas e frustradas. É um absurdo! Algumas das pessoas mais brilhantes e realizadas que conheci eram castas", ela continuou. "Quando olho para os monges do Tashi Jong e os leigos da comunidade, a diferença na qualidade física e espiritual é espantosa. Os monges parecem saudáveis, límpidos, felizes e os leigos, muitas vezes, parecem bastante doentes e sombrios. Isto é uma generalização, é claro, mas bastante apropriada. Dá para ver a diferença nos olhos deles.

"Lembro-me que certa vez um alto funcionário indiano esteve em Dalhousie pouco depois que eu havia chegado lá e me perguntou: 'Você é uma mulher do mundo, então onde os monges fazem?'. 'Fazem o quê?', perguntei inocentemente. 'Bem', ele respondeu: 'Eu tenho oito filhos e ainda não consigo ficar sem, então como esses monges parecem tão felizes?'. Ele achava totalmente inacreditável que um monge celibatário pudesse parecer tão bem. E você deveria vê-lo, era um completo caco! Também conheci muitos monges cristãos que mantêm seus votos puros e que certamente não são pervertidos, tampouco problemáticos.

Os trapistas vivem uma vida muito longa — e só comem vegetais e queijo", acrescentou.

Em 1997, Tenzin Palmo era celibatária fazia trinta e três anos. Aos 21 anos de idade, havia tomado a decisão radical de viver sem qualquer forma de contato sexual ou satisfação sexual, sem nenhum conforto de intimidade física — tudo em nome da vocação. Agora estava com 54 anos e ainda sozinha. Na melhor das hipóteses parecia heroico; na pior, antinatural. O que havia acontecido com a garota de saltos altos que tinha um séquito de namorados? "Acho que ela foi integrada. Gosto de música, aprecio as artes, gosto de ver belas obras de arte, de estar em paisagens bonitas. Gosto de estar com amigos e rir — são as expressões do lado sensual de minha natureza. Não sou nem de longe tão séria quanto costumava ser e não vejo mais 'a outra garota' como uma ameaça", disse ela.

Quanto a seu celibato, não havia arrependimentos: "Sinto-me absolutamente ótima! Simplesmente não penso daquela maneira em relação aos homens. Eles sabem e dizem que sou a única mulher que conhecem que não tem vibração sexual. Para o bem e para o mal, é assim que sou. Tenho muitos amigos homens e desfruto da companhia masculina. Na verdade, adoro os homens — acho os homens muito interessantes. (Também amo as mulheres e as considero igualmente muito interessantes.) Uma das alegrias de ser monja é que isso torna a relação com homens muito mais profunda em certos aspectos, pois eles não se sentem ameaçados. Podem conversar comigo e contar coisas que provavelmente não conseguiriam contar para muitas outras pessoas. Na verdade, não costumo mais pensar em termos de homem e mulher. Quanto ao afeto físico, foi do que senti falta durante todos aqueles anos em que estive no mosteiro. Agora, a necessidade se foi. Se as pessoas querem me abraçar (o que fazem muito na América), tudo bem. Mas também está perfeitamente bem se não abraçam. Como Masters e Johnson disseram em sua conclusão, o sexo é uma das alegrias da vida, mas certamente não é a única, nem a mais importante. Na minha opinião, existe muito mais coisa na vida além de relacionamentos."

Havia outros desafios a enfrentar, além do sexo, celibato e gurus. Na época em que Tenzin Palmo viajava pelo mundo em seu circuito de Dharma, os novos discípulos estavam timidamente começando a dar forma ao "budismo ocidental", extraindo as pepitas de ouro da sabedoria do Buda de sua embalagem oriental para adaptá-las à sua cultura. Era uma revolução mais silenciosa, infinitamente mais substancial do que os eventos mais sensacionalistas que prendiam a atenção da mídia. Também era algo absolutamente de acordo com a história budista. Ao longo dos tempos, o budismo tinha viajado de um país asiático para outro, e a flexibilidade de seu pensamento era tamanha que havia alterado sua cor, como um camaleão, para se adequar a qualquer ambiente em que se encontrasse. Por consequência, o budismo japonês é muito diferente do budismo do Sri Lanka, que, por sua vez, parece radicalmente diferente do budismo tailandês, birmanês, vietnamita ou tibetano. Por baixo da superfície, as verdades fundamentais são as mesmas — o sofrimento da existência cíclica e a necessidade de encontrar o caminho de fuga. Agora, pela primeira vez em 2.500 anos, a maré budista tinha virado irrevogavelmente para o oeste e atingido as muitas costas da Europa, América e Australásia, todas ostentando cultura e psique distintivas. Com o tempo, cada uma delas dotaria o budismo com suas próprias características singulares.

Agora os estudantes mais antigos começavam a reescrever a liturgia, tentando incutir o poderoso simbolismo das imagens e linguagem tibetanas em palavras que tivessem mais significado para o público ocidental. Eles começaram a ensinar, encontrando formas de colocar as antigas verdades em um contexto contemporâneo. Era um empreendimento delicado, exigindo uma peneiração muito suave para não se colocar tudo a perder. Ao mesmo tempo, as maiores influências do pensamento ocidental começaram a ser enxertadas na religião oriental de forma orgânica. Não era só o Oriente indo ao encontro do Ocidente, mas o Ocidente indo ao encontro do Oriente. O *ethos* do serviço social, da compaixão em ação (e não apenas em cima da almofada de meditação), foi introduzido. Casas de repouso e serviços de cuidado domiciliar budistas para doentes terminais surgiram por toda parte, bem como clínicas para leprosos e refúgios para desabrigados. Os centros budistas criaram sessões de meditação para aliviar o estresse, serviços de aconselhamento e programas para abuso de álcool e drogas. E os insights dos mestres da mente ocidentais — Jung, Freud e outros psicoterapeutas — foram aplicados para adicionar um significado mais fresco ao Dharma do Buda. O processo havia começado, uma nova forma de religião estava em construção. Era um momento emocionante.

Tenzin Palmo, que não tivera escolha senão fundir-se ao budismo tibetano em sua forma mais pura, olhava com fascínio as mudanças em desdobramento. "Acredito que o Ocidente vá fazer algumas contribuições muito importantes ao budismo. O Tibete tinha uma situação muito singular e especial, portanto os tibetanos criaram um tipo de budismo ideal para eles. Mas as circunstâncias que o budismo enfrenta hoje no Ocidente obviamente são muito diferentes, portanto o Dharma tem que mudar. Não na essência, claro, mas na maneira como é apresentado e na ênfase", disse ela.

"Acho que a incorporação hábil de certos princípios psicológicos será muito importante. Também gosto da ideia de envolvimento social, de sair para ajudar os outros de verdade, ao invés de apenas ficar sentada na almofada de meditação pensando no assunto. Isso é abrir o coração através da aplicação prática e combina com o Ocidente. Na verdade, não é algo contrário ao Dharma, sempre esteve lá, mas um pouco amortecido. Diferentes aspectos do Dharma surgem ao ressoar com determinadas qualidades na psique das pessoas. É um processo absolutamente necessário para o budismo ser aplicável ao país de um indivíduo.

"Mas este é apenas o começo. O Dharma levou centenas de anos para se enraizar no Tibete. Ainda não existe um budismo ocidental. O budismo não se enraizará no Ocidente até alguns ocidentais adotarem, consumirem e digerirem o Dharma, para então devolverem-no da forma certa para os ocidentais. De momento, é como o período em que os tibetanos foram à Índia buscar escrituras e que mestres indianos visitaram o Tibete. Só gradualmente os tibetanos desenvolveram o budismo da forma certa para eles, assim como os tailandeses e birmaneses fizeram. Os ocidentais eventualmente farão isso também, mas tem que acontecer de forma natural."

Na história de Tenzin Palmo, porém, foi a ascensão do feminismo no Ocidente que trouxe as recompensas mais interessantes e os desafios mais agudos.

Capítulo 16

É necessária uma caverna?

Enquanto Tenzin Palmo isolava-se em sua caverna, trilhando obstinadamente o caminho para a perfeição, as mulheres do Ocidente haviam se ocupado no mundo, organizando sua própria revolução. Quando Tenzin Palmo saiu do retiro, as mulheres haviam feito incursões significativas aos baluartes masculinos tanto no setor público quanto no privado, e voltavam o olhar decidido e cada vez mais confiante para o último bastião da dominação masculina, a religião. O budismo não foi poupado. Com sua crença no absoluto destituído de gênero, o budismo podia não ter um "Deus Pai" a ser contestado, mas, como todas as grandes religiões do mundo, fora formulado por homens de acordo com as leis dos homens num tempo em que os homens eram os líderes indiscutíveis. Mas os tempos estavam mudando rapidamente e a velha ordem dava lugar à nova. A estirpe emergente de poderosas budistas feministas começou a questionar alguns dos fundamentos que jaziam no âmago da antiga tradição que Tenzin Palmo seguia tão fielmente e a exigir um rosto mais feminino para o Buda.

As perguntas dessas mulheres eram perspicazes e muito abrangentes. Em vez da estrutura hierárquica masculina, em vigor há milênios, que colocava o líder no topo e o resto da comunidade embaixo, espalhando-se em um triângulo, por que o líder não ficava no centro de um círculo, com todos os outros ao redor e equidistantes? Por que os locais de culto eram sempre construídos em linhas retas? Por que não eram arredondados, seguindo os princípios mais femininos do círculo e da espiral? Por que a qualidade da criação não era incluída na prática? Por que não havia mais ênfase na sacralidade do corpo e da encarnação, em vez de perpetuamente retratar-se o ideal como algo transcendente? Por que o terreno não era tão sagrado quanto o etéreo? Por que não honrar mais os relacionamentos? E por que as consortes femininas da arte divina eram sempre retratadas de costas para o observador, com seu papel sendo assim sutilmente projetado como secundário ao do homem, embora na realidade elas fossem tão essenciais ao processo de desenvolvimento espiritual quanto o parceiro masculino?

Mais pertinente à jornada de Tenzin Palmo, elas perguntavam: uma caverna é necessária? A caverna, diziam elas, era uma prerrogativa masculina que deixava as mulheres com filhos, marido e casa para cuidar em grave desvantagem. Enquanto os homens podem deixar (e deixam) suas famílias, como o próprio Buda fez, para se dedicar a longos períodos de meditação solitária visando a melhorar suas oportunidades espirituais, as mulheres não podem ou não querem. Por que o instinto maternal, que afinal é responsável por trazer ao mundo todos os seres, incluindo o Buda, o Cristo e todos os outros seres sagrados, deve ser considerado uma desvantagem? A caverna (ou a cabana na floresta), com sua convocação de renúncia total ao mundo era, diziam essas mulheres, um ideal patriarcal que havia exercido domínio por tempo demais.

A exemplo do que havia acontecido em outros campos do feminismo, as mulheres espirituais agora declaravam que queriam ter tudo. Espiritualidade e família. A caverna e o coração. Com este propósito, deram início a práticas incluindo filhos e famílias. Introduziram a cura emocional como uma forma de meditação em vez de uma inimiga desta. Agiram para mudar a liturgia e a linguagem sexista das preces e rituais. E deixaram bem claro que a pia da cozinha era um lugar tão bom para se alcançar a iluminação como a sala de meditação ou a caverna remota nos Himalaias. Era um posicionamento revolucionário que prometia mudar a cara do budismo para sempre.

A norte-americana Tsultrim Allione estava na vanguarda do movimento. Ela tinha sido ordenada em 1970, mas devolvera os votos quatro anos depois para se casar e ter filhos. Na sequência, escreveu *Women of Wisdom*, um dos primeiros livros a louvar o lugar do feminino no budismo e, mais tarde, fundou o Centro de Retiros Mandala de Tara em Pagosa Springs, no Colorado, implantado segundo as novas linhas experimentais feministas. Ela estava em posição privilegiada para conhecer os dois lados da história.

"Devolvi os votos porque eu era a única monja budista tibetana nos EUA naquele tempo e me senti muito isolada e sem apoio", disse ela de um *loft* em Seattle, onde estava fazendo uma palestra e apresentando slides da sua recente visita a locais sagrados femininos na Índia e no Nepal. "Eu tinha 25 anos, meu desejo sexual estava lá e o celibato começou a parecer uma supressão. O resultado disso foi que passei de monja a mãe e escritora em um ano. Foi uma experiência intensa — e definitivamente a melhor decisão para mim. De ter todo o tempo para mim, passei a não ter tempo algum. Pensei que havia superado o ciúme, a raiva e todas as emoções negativas, mas tive todas elas jogadas de volta na minha cara. Isso me fez perceber que, como monja, eu estivera protegida de senti-las. Eu tinha que britar as camadas dos cinco venenos em maior profundidade para ver o que eles eram e aprender a trabalhar diretamente com eles e não encobri-los. Se eu tivesse permanecido monja, poderia ter me tornado muito arrogante, pensando que estava acima dessa coisa toda", disse ela.

Tsultrim Allione teve quatro filhos em cinco anos (um morreu na infância), experiência que a fez contestar a rígida linha "oficial" de que a maternidade é um obstáculo ao progresso espiritual. "Temos que nos perguntar o que são as realizações espirituais. O impulso maternal é igual ao ímpeto de amor e autossacrifício. As realizações foram definidas por homens e como tal são eventos que estão 'lá em cima e lá fora'. Não são a experiência da encarnação. O instinto de doação das mães é desapego. E existe uma qualidade de realmente entender a condição humana por ser mãe e leiga que você não obtém como pessoa ordenada. Como mãe, eu ficava constantemente desiludida comigo mesma. Eu não escolhia *se* eu fracassaria; escolhia como fracassar."

Tsultrim Allione não tinha dúvidas de que para ela a caverna era desnecessária. "Acredito que as mulheres podem tornar-se iluminadas em casa", disse. "Essa é a principal razão do tantra. Existe a história de uma mulher que costumava fazer sua prática enquanto carregava água. Um dia ela deixou a água cair e, nesse momento, sua consciência se escancarou, fazendo com que ela experimentasse a iluminação. Os ensinamentos tântricos, na verdade, provêm de um movimento de protesto da comunidade leiga contra os monásticos, resultando em dois sistemas com dois diferentes conjuntos de ideais. Pode-se seguir o paradigma tântrico ou o paradigma monástico."

Na Mandala de Tara, Tsultrim Allione lançou o conceito de um local de culto circular, colocando o altar contendo 21 imagens da divindade feminina Tara no centro. "Você entra em um espaço de totalidade. É muito difícil de descrever, mas todo mundo sente o quanto é diferente. Ninguém sabe ainda como as mulheres vão mudar o budismo porque está muito no início e nunca vivemos em uma sociedade onde o feminino tenha sido homenageado, então não sabemos como será. As mulheres estão começando a dar uns passinhos para sair da sombra do patriarcado. É uma época muito interessante."

Yvonne Rand, uma das principais professoras de Zen da América, que convidou Tenzin Palmo para conduzir um seminário de fim de semana em seu centro em Muir Beach, na Califórnia, também está experimentando um caminho. Ela conhecia em primeira mão as dificuldades encaradas pelas mulheres com aspirações espirituais. Antes de montar seu próprio centro independente, presidiu o conselho do Centro Zen de São Francisco, cargo que conflitou com seu papel de mãe.

"Como mulher era esperado que eu assumisse muitas responsabilidades, mas me sentia uma cidadã de segunda classe. Não havia muita compreensão quanto às questões de uma mãe solteira, além de ser sempre rejeitada por não ser muito séria na prática. Por exemplo, havia muita pressão para acordar de manhã cedo e sentar no salão de meditação, mas, para mim, fazer isso significaria deixar crianças sozinhas em um apartamento", ela contou. Por fim, Rand deduziu que as regras que estava tentando seguir provinham da psique japonesa e não do budismo em si e que o lar era um local tão bom para praticar quanto os encontros formais de grupo. "Finalmente percebi que sou uma leiga ordenada como sacerdote, uma chefe de família que pratica periodicamente como um monástico. Pela primeira vez vi como me encaixo, trazendo-me um tremendo alívio."

Ela refletiu sobre a questão de quão longe uma mulher pode

chegar praticando em casa. "Não sei quanto à iluminação, mas tenho certeza de que as mulheres podem chegar muito longe. A liberação torna-se possível quando se começa a experimentar a possibilidade de estar no momento, quando não se carrega a bagagem de ontem ou de quando se tinha dois anos", disse ela. "O mais importante é a constância. Se você escolhe uma prática, digamos que uma prática de atenção plena, você tem que fazê-la muitas vezes. Doze vezes por dia pode ser muito eficaz. Por exemplo, existe uma pequena prática maravilhosa chamada de meio sorriso, em que você levanta ligeiramente os cantos da boca e segura por três respirações. Se fizer seis ou mais vezes por dia, em três dias isso faz uma diferença surpreendente para o corpo e a mente. Você pode fazer em qualquer momento de espera, enquanto aguarda ao telefone, no supermercado, no aeroporto, no semáforo", acrescentou, soando notavelmente como Tenzin Palmo.

"Existe muita coisa que se pode fazer em casa", ela continuou. "Você pode manter a prática do desenvolvimento de paciência ou usar os obstáculos como professores. Eu costumava acompanhar moribundos e depois ficava com o cadáver. Foi um ensinamento incrível. Aprendi não só sobre a impermanência e a ligação entre a respiração e a mente, mas que a forma como morremos é a forma como vivemos. As questões de nossa vida vão surgir na hora da morte. Quando você seleciona suas práticas e as executa durante alguns anos, pode voltar e refinar a base. Não precisa continuar adicionando novas práticas antes de aperfeiçoar as que já tem. Um dos riscos de ser norte-americano é que não somos muito modestos. Estamos sempre com pressa, querendo tudo pra já."

Contudo, o caminho da pia da cozinha tem suas armadilhas, conforme testemunhou Yvonne Rand, praticante e chefe de família há mais de trinta anos. Embora não sejam tão dramáticas como enfrentar a inanição ou animais selvagens, são igualmente reais, ela declarou, e devem ser trabalhadas com o mesmo empenho e constância. "Existem duas principais: confusão com prioridades e relutância em desistir, de modo que você fica sobrecarregada tentando fazer tudo. A fim de praticar, estudar e ensinar, além de estar disponível para meu marido e família, desisti de sair muito. Na verdade, tornei-me uma galinha. Levanto às 5h30 e muitas vezes vou para a cama por volta das 19h30. É relativamente fácil para mim porque agora meus filhos estão crescidos e meu marido também é um praticante do Dharma. Aquelas horas para mim no início da manhã fazem uma enorme diferença. Faço meditação sentada e andando, observo preceitos como não mentir, não pegar nada que não seja dado livremente e não matar ou prejudicar seres vivos. Faço estas práticas há tanto tempo que elas se tornaram parte da minha vida."

Não eram só as feministas que estavam fazendo perguntas difíceis. Praticantes do sexo masculino também estavam desafiando o valor da caverna. Jack Kornfield, professor de vipassana e um dos mestres de meditação mais renomados da América, introduziu o conceito de "alguns meses dentro" e "alguns meses fora" como alternativa aos anos de retiro ininterrupto em locais isolados. Também propôs casas de passagem para quando o retiro estivesse concluído. Seu argumento era que períodos prolongados de meditação longe da vida tradicional tornavam extremamente difícil a reintegração da pessoa na sociedade. A psique ocidental era inadequada para tais práticas austeras, ele disse, conforme muitos que estavam começando a experimentar em sua terra natal haviam descoberto. O retiro solitário prolongado estava causando psicose e alienação.

Na Inglaterra, outro professor budista bem conhecido, Stephen Batchelor, diretor de estudos na Faculdade Sharpham de Estudos Budistas e Investigação Contemporânea, também concorda. Ele foi monge por dez anos, tanto no Zen quanto na tradição tibetana, antes de se tornar um dos mais famosos céticos budistas, questionando abertamente princípios doutrinários fundamentais como a reencarnação. Como amigo de Tenzin Palmo, ele estava em boa posição para comentar se uma caverna era necessária para a prática espiritual avançada.

"Não faz muito sentido generalizar. Tem muito a ver com o temperamento da pessoa que vai para a caverna", disse ele. "Conhecendo Tenzin Palmo, obviamente foi uma experiência de grande valor, algo que teve efeito em cadeia. Ela é tão evidentemente calorosa, extrovertida, atuante na vida. Mas Tenzin Palmo não se encaixa na norma-padrão do eremita solitário, que geralmente é introvertido e avesso ao mundo. Sei de outros casos nos quais as pessoas não são tão psicologicamente firmes, sendo que os períodos prolongados de meditação em solidão completa podem levar a estados psicóticos. As pessoas vão em busca de respostas para sua insegurança e alienação e podem ficar presas em suas percepções neuróticas ao invés de ir além delas. Você tem que ter uma índole que o habilite a lidar com esse tipo de isolamento."

Como monge, Stephen Batchelor havia conduzido seus próprios retiros, em certa ocasião fazendo três meses dentro e três meses fora por um período de três anos. Ele sabe os tipos de trauma a que tal exercício pode induzir. "Você enfrenta seus próprios demônios (se tiver algum), o que é de enorme valor. Você confronta a si mesmo e tem que responder à sua realidade usando as ferramentas que lhe foram dadas. Meu longo retiro corroeu minha crença no sistema", ele reconhece. "Eu estava em um mosteiro Zen onde tudo que fazíamos era a pergunta: 'O que é isto?'. Meu retiro foi sobre desaprender. Foi uma abordagem muito diferente da utilizada por Tenzin Palmo. No Zen não há devoção a um determinado professor. Um dos pontos fortes de Tenzin Palmo é que ela tem muita fé em seu guru e na tradição de que faz parte. Francamente, é uma fé que considero inconcebível."

Tudo isso colocava em xeque os doze anos de determinação e o esforço extraordinário de Tenzin Palmo na caverna. Teria ela perdido tempo? Poderia ter realizado seu grande retiro em Londres ou em Assis? Ela era um anacronismo? Se não tivesse desaparecido no Oriente quando tinha vinte anos, ela teria feito algo diferente? Como sempre, Tenzin Palmo ficou firme e elaborou uma defesa convincente para a caverna.

"É uma pobreza de nosso tempo que muita gente não consiga ver além do material", disse ela. "Nesta era das trevas, com sua ganância, violência e ignorância, é importante que haja algumas áreas de luz na escuridão, algo para equilibrar todo o peso e obscuridade. Na minha opinião, contemplativos e meditadores solitários são como faróis irradiando amor e compaixão para o mundo. Como seus feixes de luz são concentrados, são muito poderosos. Eles tornam-se geradores — e são extremamente necessários.

"Ao viajar pelo mundo, encontro pessoas que falam como foram inspiradas por eu estar na caverna", prosseguiu Tenzin Palmo. "Recebi uma carta de uma mulher que contou que seu filho estava morrendo de Aids e que, nos momentos da sua mais profunda depressão, ela pensava em mim na caverna e isso a consolava. Isso é válido para muitas outras pessoas. Conheço católicos que se sentem inspirados porque contemplativos cristãos estão orando pelos pecadores do mundo. O que as pessoas têm que lembrar é que os meditadores nas cavernas não fazem aquilo para si mesmos — eles estão meditando em nome de todos os seres sencientes." Suas palavras lembram o velho ditado oriental que diz: se não fossem os meditadores dirigindo suas orações para o bem-estar de toda a humanidade, o sol não se ergueria todas as manhãs no Oriente. E Pascal não disse que todos os problemas do mundo decorrem de o homem não conseguir sentar-se quieto em seu quarto?

Mas para Tenzin Palmo, a mulher, a escolha tinha sido fácil. Nunca, por um segundo sequer, ela desejou ter um filho. Jamais conheceu a dor do instinto maternal não concretizado. Tampouco teve que equilibrar as exigências da maternidade e da responsabilidade doméstica com a vocação para o desenvolvimento espiritual, como tantas mulheres tentam fazer. Mães ocidentais como Tsultrim Allione tentam contornar o problema admitindo os filhos nas sessões de meditação (quando as crianças escalavam por todo o corpo dela). Outras mulheres são forçadas a levantar antes do amanhecer para dispor das horas prescritas de prática antes de levar os filhos para a escola. Depois acomodam outras sessões entre a cozinha e a lavanderia e terminam tarde da noite, fazendo a última sessão depois que as crianças estão na cama. Mães tibetanas como Machig Lobdron (a famosa iogue do Tibete) resolviam o problema simplesmente deixando os filhos com o marido por meses a fio para praticar. Desse modo, seria então a maternidade uma desvantagem para o progresso espiritual?

"Fazemos diferentes coisas em diferentes vidas", respondeu Tenzin Palmo. "Devemos ver bem o que somos chamadas a fazer nesta vida. É ridículo tornar-se monja ou eremita por causa de algum ideal quando o tempo todo aprenderíamos mais dentro de uma relação íntima ou de uma situação familiar. Por meio da maternidade, você pode desenvolver qualidades que não poderia ao levar uma vida monástica. Ser mãe não significa sair do caminho. Longe disso! Existem muitas abordagens, muitas maneiras. No entanto, o que não é realista é tornar-se mãe ou empresária e ao mesmo tempo esperar ser capaz de fazer o mesmo tipo de práticas projetadas para eremitas. Se a mulher optou por ter filhos, deve então desenvolver uma prática que faça da família o caminho do Dharma. Caso contrário, vai acabar muito frustrada.

"Na verdade, tudo depende dos meios hábeis e de quanta determinação e esforço se coloca", ela prosseguiu. "Ser monge, monja, eremita, dona de casa, empresária ou mulher — em um certo nível, isso é irrelevante. A prática de estar no momento, de abrir o coração, pode ser feita onde quer que estejamos. Se houver a capacidade de trazer a consciência para a vida cotidiana e para os relacionamentos, o local de trabalho, a casa, não faz diferença onde se esteja. Mesmo no Tibete, pessoas que atingiram o corpo de arco-íris eram com frequência muito 'comuns', ninguém sequer sabia que elas praticavam. O fato é que uma prática genuína pode ser realizada em todas as circunstâncias." Ela pausa por um momento, depois acrescenta: "Acontece apenas que é mais fácil fazer práticas avançadas em um ambiente propício, sem distrações externas e internas. Por isso o Buda criou a Sangha. Temos que admitir que relacionamentos muito próximos podem causar muita distração".

Foi um adendo essencial. Tenzin Palmo na verdade disse que, embora um grande desenvolvimento espiritual possa ser alcançado dentro de casa ou do escritório, a caverna continua sendo a estufa para a iluminação. Foi o que sempre disseram.

"A vantagem de ir para uma caverna é lhe dar tempo e espaço para poder concentrar-se totalmente. As práticas são complicadas, com visualizações detalhadas. As práticas e mantras de ioga interior também exigem muito tempo e isolamento. Não podem ser feitos no meio da cidade. Entrar em retiro dá oportunidade de que os alimentos cozinhem", disse ela ironicamente, lançando mão de linguagem culinária para se fazer entender. "Você tem que colocar todos os ingredientes em uma panela e cozinhá-los. E tem que ter um calor constante. Se ficar acendendo e apagando, não ficará pronto nunca. O retiro é como viver em uma panela de pressão. Tudo cozinha muito mais rapidamente. Por isso é recomendável.

"Mesmo por curtos períodos, pode ser útil. Você não tem que fazer a vida inteira. Acho que para muita gente seria muito útil ter um período de silêncio e isolamento para olhar para dentro e descobrir quem realmente é quando não está ocupada desempenhando papéis — sendo mãe, esposa, marido, profissional, melhor amigo de todo mundo ou qualquer fachada que apresentamos ao mundo como nossa identidade. É muito bom ter uma oportunidade de ficar a sós consigo e ver quem realmente se é por trás de todas as máscaras."

Em face disso, ela declarou, a caverna ou eremitério jamais seria um ideal arcaico, como alguns sugeriram. E, enquanto certos indivíduos, como ela mesma, tivessem o anseio de buscar o caminho interior solitário, longe da correria da vida cotidiana, a caverna sempre existiria de uma forma ou de outra. "A investigação da realidade é antiquada?", ela declarou, mais do que perguntou. "Enquanto a procura da compreensão espiritual for válida, a caverna também será."

Ao andar pelo mundo, Tenzin Palmo entrou em contato com muitas das novas mulheres atuando para dar um rosto mais feminino ao Buda e aplaudiu seus esforços. "O empurrão das mulheres para introduzir estas mudanças será uma das maiores contribuições do Ocidente ao Dharma", disse. Ao longo dos anos, ela desenvolveu uma relação interessante com as defensoras mais ferrenhas. Como elas, Tenzin Palmo tem por objetivo a igualdade de oportunidades para todas as mulheres na arena espiritual. Como elas, abomina a misoginia latente do sistema patriarcal. Como elas, é ferozmente independente, decidida a forjar seu caminho independentemente dos obstáculos. Como elas, fala abertamente contra a discriminação e a injustiça onde quer que as encontre. Mas, ao contrário delas, Tenzin Palmo não acha que o ataque frontal e pleno frequentemente empregado pelas feministas funcione. E, em seu estilo hostil, disse isso a elas.

"Essas feministas iradas! Vou de encontro a elas o tempo todo. Elas têm toda aquela ideia de indignação justificada que usam como combustível para se opor a tudo que consideram injusto. Direcionam uma enorme quantidade de raiva aos homens, como se eles perpetrassem todo o mal. Francamente, não acho que toda essa raiva ajude. E digo isso a elas. Raiva é simplesmente raiva, usamos para justificar nossos estados negativos. Todos nós temos um enorme reservatório de raiva e, seja para onde for que direcionemos a raiva, apenas colocamos lenha na fogueira. Se abordamos algo com uma mente raivosa, o que acontece é que isso provoca antagonismo e atitude defensiva do outro lado. O Buda disse que o ódio não é superado pelo ódio, mas apenas pelo amor.

"Evidentemente os homens fizeram coisas horríveis, mas com frequência foram auxiliados e estimulados por mulheres. Olhando a situação com imparcialidade, as pessoas que mantêm as mulheres reprimidas muitas vezes são outras mulheres! Não são homens contra mulheres, mas mulheres contra mulheres. Afinal, a maior adversária das sufragistas foi a rainha Vitória! Se as mulheres se unissem, o que os homens poderiam fazer? A questão não é a polarização da raça humana. É mais sutil do que isso."

Suas palavras foram sábias. Se os vários milênios de patriarcado eram uma reação aos milênios anteriores de matriarcado, quando a deusa da Terra havia reinado soberana (conforme dizem muitos especialistas), qual o sentido de fazer o pêndulo oscilar radicalmente outra vez? Se uma nova ordem está emergindo, o equilíbrio entre feminino e masculino (e também entre Oriente e Ocidente) obviamente é a melhor solução. E como Tenzin Palmo falou algo sensato, as mulheres ouviram e disseram que não haviam pensado assim antes.

Tenzin Palmo tinha elaborado sua própria maneira de provocar a revolução. Uma maneira muito mais tranquila. "Ela deve basear-se em discussão franca, paciência, compromisso, muita equanimidade e um coração brando e caloroso." São os valores budistas clássicos. "O Buda disse que devemos amar todos os seres sencientes. Como então podemos estabelecer seres sencientes como inimigos?". Ela defendeu sobretudo um tom de voz baixo e não estridente. "Claro, você pode elevar a voz, mas primeiro tem que verificar sua motivação. É por amor pelas outras mulheres e por suas necessidades ou por raiva? Se estivermos falando movidas por emoções negativas, o resultado apenas será pior", ela repetiu. "Por outro lado, não temos que dar risinhos afetados."

Tenzin Palmo sabia como eram as mulheres espiritualmente poderosas. Havia o quadro de Piero della Francesca, sua pintura favorita de Nossa Senhora, com a santa em pé e seu manto aberto, abrigando várias pessoas debaixo dele. "Ela olha diretamente para o observador. Ela é forte, confiante, sem nada de riso afetado, mas também de forma alguma raivosa. Tem amor, compaixão e dignidade. É uma senhora muito poderosa", diz.

Havia também uma jovem tibetana chamada Khandro Rinpoche, que começara a ensinar no cenário mundial, a quem Tenzin Palmo tinha em alta consideração. "Ela é tão sagaz quanto alguém pode ser, absolutamente clara e ao mesmo tempo completamente feminina. Nunca a vi irada, contudo todos a respeitam enormemente. Ela tem autoridade interior e, quando senta no trono, senta-se com completa confiança, uma confiança destituída de ego. Não há orgulho. Junto com a sabedoria acurada, ela também tem um lado caloroso, maternal. Ela está absolutamente no controle, não tem nada de fraca ou sentimental."

Tenzin Palmo faz uma pausa para pensar, então acrescenta: "Qual é a nossa imagem de mulher? Para mim, resume-se em estabilidade e força interior. Quando tem isso, você tem autoridade natural, portanto as pessoas automaticamente vão querer segui-la. São estas as qualidades que vou tentar encorajar as mulheres do convento Dongyu Gatsal Ling a desenvolver".

E com isso Tenzin Palmo seguiu seu caminho, movendo-se calmamente pelo mundo, coletando esmolas para um convento onde tudo seja possível.

Capítulo 17

Agora

Faz nove anos que conheci Tenzin Palmo nos jardins da mansão toscana e fui catapultada para a lenta mas inexorável atividade de escrever a história da vida dela. Muita coisa mudou nesse meio tempo. Ela perdeu um pouco daquele brilho luminoso que tinha quando saiu da caverna, embora seu olhos sejam tão faiscantes e seu jeito seja tão animado como sempre. Os anos na estrada, sempre em movimento, ensinando sem parar, tiveram um preço. Tem sido uma jornada longa e difícil. À época da redação deste livro, ela havia arrecadado dinheiro suficiente para comprar a terra e assentar as fundações do convento. É uma tremenda realização para quaisquer padrões, mas é extraordinário uma mulher ter feito isso sozinha, sem o auxílio de profissionais de captação de recursos. Todavia, ainda há um longo caminho a percorrer; por isso ela segue em viagem, angariando mais fundos para turbinar os cofres do convento. Não obstante a lentidão do processo, ela permanece estranhamente despreocupada, sem mostrar sinais de impaciência para apressar e acabar a função. Ela não tem ambição pessoal neste projeto. Em um certo nível, ela realmente não se importa.

"Minha vida está nas mãos do Buda, do Dharma e da Sangha literalmente. Eu a entreguei. O que for necessário fazer para beneficiar todos os seres, vou fazer; não me importo", ela admitiu. "Além disso, descobri que se tento forçar as coisas do jeito que acho que deveriam ser feitas, dá tudo errado."

Tendo se rendido ao Buda, os aspectos práticos da vida curiosamente parecem resolver-se por si. As pessoas ficam por demais satisfeitas em ter a companhia de Tenzin Palmo pelo tempo que ela pode permanecer e oferecem passagens de avião, suas casas, alimentação, transporte, dinheiro, de modo que todas as necessidades físicas são atendidas. Ela diz que é para ser assim mesmo. "Um verdadeiro monástico vive sem segurança, dependendo da generosidade espontânea de outras pessoas. Ao contrário do que alguns ocidentais poderiam pensar, não se trata de ser um parasita, mas sim de seguir em frente com fé. Jesus também disse: 'Não se preocupem com o amanhã, quanto ao que comer e vestir'. Devemos ter fé em que, se praticamos com sinceridade, não passaremos fome, seremos amparados não só materialmente, mas em todos os sentidos."

Dessa forma, vivendo absolutamente movida por sua fé, Tenzin Palmo situa-se em uma estranha contracorrente em relação ao resto da sociedade do século XX, com sua ênfase na aquisição e na satisfação de desejos. Ela não tem casa, nem família, nem segurança, nem parceiro, nem relacionamento sexual, nem plano de previdência. Não tem necessidade de acumular. Não possui nada, exceto o básico indispensável — suas vestes, alguns textos, um moletom, um saco de dormir, uns poucos itens pessoais. Certa vez ela se esbaldou e comprou um luxo, uma almofada de pescoço para viagem, mas logo a perdeu. "Foi bem feito para mim. Eu estava ficando apegada demais", ela comenta com uma risada. Seu saldo bancário continua tão minguado como sempre, Tenzin Palmo recusa-se a tocar em qualquer das doações destinadas ao convento — mesmo para viajar para angariar fundos. Ela continua tão meticulosa como sempre a respeito de dinheiro dado para fins religiosos. A despeito da penúria, permanece sempre otimista, dinheiro não lhe interessa. Ela abrirá sua própria carteira muito feliz em dar o que puder para quem quer que lhe peça. Está seguindo a vida de renúncia que sempre quis e, ao fazê-lo, demonstra de modo eloquente que moderação e simplicidade podem trazer felicidade e paz de espírito.

Viajando com ela por várias partes do mundo, conheci uma figura sedutora, mas enigmática, uma mistura de contradições curiosas, de modo que não dá para decifrar bem. Ela é eminentemente prática, realista, de fala direta e, ao mesmo tempo, é de outro mundo e visionária, com o olhar focado em um horizonte distante demais para a maioria de nós. Ela fica tranquila, sem reclamar, enquanto espera horas, até dias, por pessoas, aviões, eventos, e com isso você pensa que ela é passiva e fácil de ser manobrada. Mas ninguém pode ser mais determinada, nem bater o pé com mais firmeza quando uma questão de seu interesse está em jogo. Ela diz sem rodeios para qualquer um por que não se deve comer carne, suspira pesadamente quando a conversa vai para os perus de Ação de Graças, fica notoriamente carrancuda ao ver uma série de livros de pesca orgulhosamente exibidos em uma estante. E ai de quem se oponha em assuntos teológicos; aí a plena força de sua formidável lógica e retórica é galvanizada, deixando o oponente sem fôlego e colocando-o a correr para se esconder. Ela é infinitamente amável, mas é bom ter cautela pois, apesar da humildade, existe algo de impressionante nela. E, às vezes, quando ela olha para você, talvez depois de você ter dito algo que julgava significativo, ela de fato pode fazê-lo sentir-se como uma criancinha.

Existem outras anomalias. A despeito de toda a eficiência e a das exigências de sua agenda de ensinamentos, seu ritmo é lento, tendo um ar incomum de lazer. De algum modo, parece ter ignorado aquela tradição dos anos de 1990 que decreta que viver ocupado é melhor e que, a menos que se trabalhe 60 horas por semana e vá à academia no tempo livre (a fim de ter melhor desempenho no trabalho), estamos desperdiçando nosso tempo. Ela não dá a mínima para o mito atual de que sentar-se e simplesmente olhar pela janela é pecado. E assim, em agudo contraste com as pessoas emocionalmente estressadas e fisicamente esgotadas que acorrem a ela, Tenzin Palmo permanece um oásis de tranquilidade. Como tal, ela ensina que "ser" muitas vezes é melhor do que "fazer" e que muitas vezes reservar tempo para ficar quieto e pensar é um investimento melhor para a futura produtividade do que abarrotar todos os momentos despertos com atividade febril.

Sua característica mais marcante, no entanto, permanece sendo a sociabilidade franca e espontânea. A despeito de seu status crescente e das milhares de pessoas que conheceu, ela não se cansou da companhia humana. Seu círculo de amigos é enorme e uma vez que entre em seu domínio, ninguém jamais é esquecido. Ela mantém contato com os amigos de infância e com quase toda a família, incluindo o irmão Mervyn e sua esposa Sandy, de quem foi colega de escola. É calorosa e acolhedora com todos, especialmente aqueles que chegam em busca genuína. Sua cordialidade é autêntica, sua preocupação com a ladainha de problemas que ouve é real, sua capacidade de escutar e dar conselhos é incansável. Todavia, no íntimo, você sente que se ela nunca o visse novamente, ela realmente não sentiria saudades. E a falta de necessidade emocional é desconcertante, pois o ego gosta de ser lisonjeado, quer ser desejado. Dela, no entanto, você nunca terá nada disso. Este é o "envolvimento desapegado" que ela conquistou a duras penas e que lhe permite vagar livremente pelo mundo sem o emaranhado de relações pessoais íntimas.

"Não acho que seja ruim", diz ela. "Não significa não sentir amor e compaixão, não se preocupar. Significa apenas que a pessoa não se fixa. Pode-se ficar tomado de alegria por estar com alguém, mas, caso não se fique, não importa. As pessoas, especialmente familiares, ficam chateadas se você não é apegada, mas isso é só porque confundimos amor e apego o tempo todo."

Ela ainda vê o jovem Khamtrul Rinpoche sempre que está no Tashi Jong, nos morros verdejantes do norte da Índia. Ele é agora um adolescente solene e bastante tímido. Ela ensina palavras em inglês e tenta infiltrar livros ocidentais no mundo estrito e, na sua opinião, também isolado de Rinpoche. Agora que seu grande mentor, o Khamtrul Rinpoche anterior, se foi, ela sente sua orientação vindo de outra fonte. "Acho que estou sendo guiada pelas dakinis", diz, referindo-se às poderosas forças espirituais femininas com que sempre teve uma associação particularmente estreita.

Também houve mudanças no cenário feminista budista mais amplo. Desde 1993, quando ela e outras mulheres confrontaram o Dalai Lama na Conferência de Dharamsala com a discriminação sexual que haviam enfrentado, a situação das monjas começou a melhorar um pouco. Uma equipe de monjas talentosas começou a excursionar pelo mundo fazendo mandalas de areia da divindade Kalachakra em favor da paz mundial — uma tarefa tradicionalmente realizada por monges. Um novo convento, Dolma Ling, foi inaugurado em Dharamsala e lá as monjas aprendem a arte de debater. É um enorme salto à frente pois a atividade intelectual da dialética habitualmente era considerada domínio exclusivo dos monges. Em dado momento de 1997, as monjas muniram-se de coragem suficiente para debater no pátio do templo do Dalai Lama, diante dos monges. Lá estavam elas, miúdas, jovens e entusiasmadas, batendo os pés e as palmas das mãos nos gestos rituais para enfatizar tópicos — e espectadores ocidentais garantiram que a cena trouxe-lhes lágrimas aos olhos. A questão de se introduzir a ordenação completa está cada vez mais próxima. O Dalai Lama enviou emissários a Taiwan para investigar a tradição chinesa das bhikshunis na esperança de torná-la disponível às monjas tibetanas. Depois de mil anos, chegou a hora.

Todavia, há um longo caminho a percorrer. Ainda não existem mulheres sentadas entre as fileiras apinhadas de figuras trajadas com mantos no grande templo. Lamentavelmente, no novo influxo de reencarnações reconhecidas dos antigos mestres e detentores de linhagem só há meninos — o que prenuncia pouca esperança de rompimento da hierarquia patriarcal. E o homem oriental comum ainda ficará boquiaberto em franca descrença ante a mera sugestão de que uma mulher possa atingir a iluminação.

Ao longo dos anos, a monja Tenzin Palmo ascendeu a um status legendário; quando a veem, as jovens monjas ocidentais sempre fitam-na com assombro reverencial. Ela é um ícone. Uma mulher que provou que os outros estavam errados. Uma mulher (e uma mulher ocidental) que sobreviveu em uma caverna, totalmente sozinha, por doze anos, dedicando-se à meditação séria sem quebrar ou reduzir seu propósito. Uma mulher cujas sábias palavras subsequentes são inspiração para as pessoas, tanto leigas quanto ordenadas. Como tal, Tenzin Palmo continua sendo um exemplo e uma luz para mulheres espirituais de toda parte.

Seus planos para o futuro, tanto quanto ela se permite ter algum, giram em torno de um único tema, aquele que ela manteve a vida inteira: obter a iluminação. Com esse objetivo ainda firmemente definido em sua mente, ela pretende voltar para a caverna uma vez concluída a tarefa de construir o convento. Assim fechará um círculo completo. Deixar o mundo, retornar e então partir mais uma vez para viver na solidão e seguir a vida interior. A despeito das novas e corajosas declarações de que a iluminação pode ser alcançada no mundo lá fora, ela sente que a caverna ainda é relevante em nosso mundo moderno e que, em última análise, é o lugar a que ela pertence.

"Eu gostaria de obter realizações muito profundas", diz ela com suavidade. "E todos os meus professores, incluindo o Dalai Lama, disseram que o retiro é a coisa mais importante para eu fazer nesta vida. Quando estou em retiro, sei, em um nível profundo, que estou no lugar certo, fazendo a coisa certa", diz ela.

E por isso ela continua a ser uma pessoa rara. Como Richard Gere, o ator e budista dedicado colocou: "A maioria de nós ocidentais teríamos câncer no cérebro se fôssemos para as cavernas. Somos tão ativos que nosso karma tem que se resolver por si. Poucos de nós fomos longe o bastante para ter espiritualizado nosso fluxo mental o suficiente para lidar com uma caverna."

Embora Tenzin Palmo sem dúvida tenha viajado longe o bastante no caminho espiritual, ela declara ainda ter um longo caminho a percorrer. "Mal comecei. Existem muitas outras barreiras que tenho que romper em minha mente. Veja, um lampejo não é suficiente. Você tem que repetir e repetir até as realizações estarem estabilizadas em sua mente. Por isso demora tanto tempo — doze anos, vinte e cinco anos, uma vida, várias vidas."

Todavia, ela não retornará à mesma caverna em Lahoul. Seu corpo está velho demais para suportar a provação física extrema de viver a quatro mil metros de altitude nos Himalaias, ela diz. Tampouco pode arrastar-se montanhas acima carregando quinze quilos de mantimentos, como fez antes. De qualquer modo, a velha casa na montanha não existe mais. Depois que ela partiu, em 1988, nenhum dos monges ou monjas da área teve vontade ou coragem de se mudar e continuar de onde Tenzin Palmo havia parado. Consequentemente, a caverna foi desmanchada — a porta e as janelas foram carregadas para a cidade para serem reutilizadas, e as pedras espalharam-se de volta pela encosta de onde tinham vindo. A saliência ressurgiu e, por muitos anos, pareceu que ninguém jamais havia sentado, ajardinado e orado lá em cima. Anos mais tarde, no entanto, a caverna voltou à vida brevemente por meio de outra mulher ocidental determinada. Em 1995, uma monja alemã chamada Edith Besch refundou o local celebrizado por Tenzin Palmo e construiu a caverna novamente — em escala muito maior. Foi adicionado um quarto e construída uma parede frontal. Havia até uma cozinha separada e um banheiro externo. Edith, porém, conseguiu ficar somente um ano na caverna, antes de adoecer com câncer e morrer em um mosteiro no vale abaixo, com apenas 43 anos de idade. Os habitantes locais atestaram que ela era notoriamente geniosa quando chegou, mas, depois de doze meses de retiro, surgiu serena e paciente apesar da doença e teve uma morte pacífica. Ao que parece, a caverna mais uma vez havia realizado sua magia.

Para Tenzin Palmo, sua próxima caverna será mais metafórica do que real. "O mais provável é que seja uma cabaninha de retiro em um lugar tranquilo e pacífico, mas não tão remoto. Talvez uma pequena ermida nas terras de alguém, onde não seja tão difícil conseguir mantimentos. Este local poderia ser em qualquer parte, embora certamente não na Inglaterra! Ainda não me sinto em casa lá. Pode muito bem ser no Oriente — sempre tive a sensação de que vou morrer no Oriente", ela cogitou.

A localização é irrelevante. Onde quer que seja, ela tem apenas um objetivo em mente: continuar seguindo o caminho para a perfeição em corpo de mulher.

Imagens

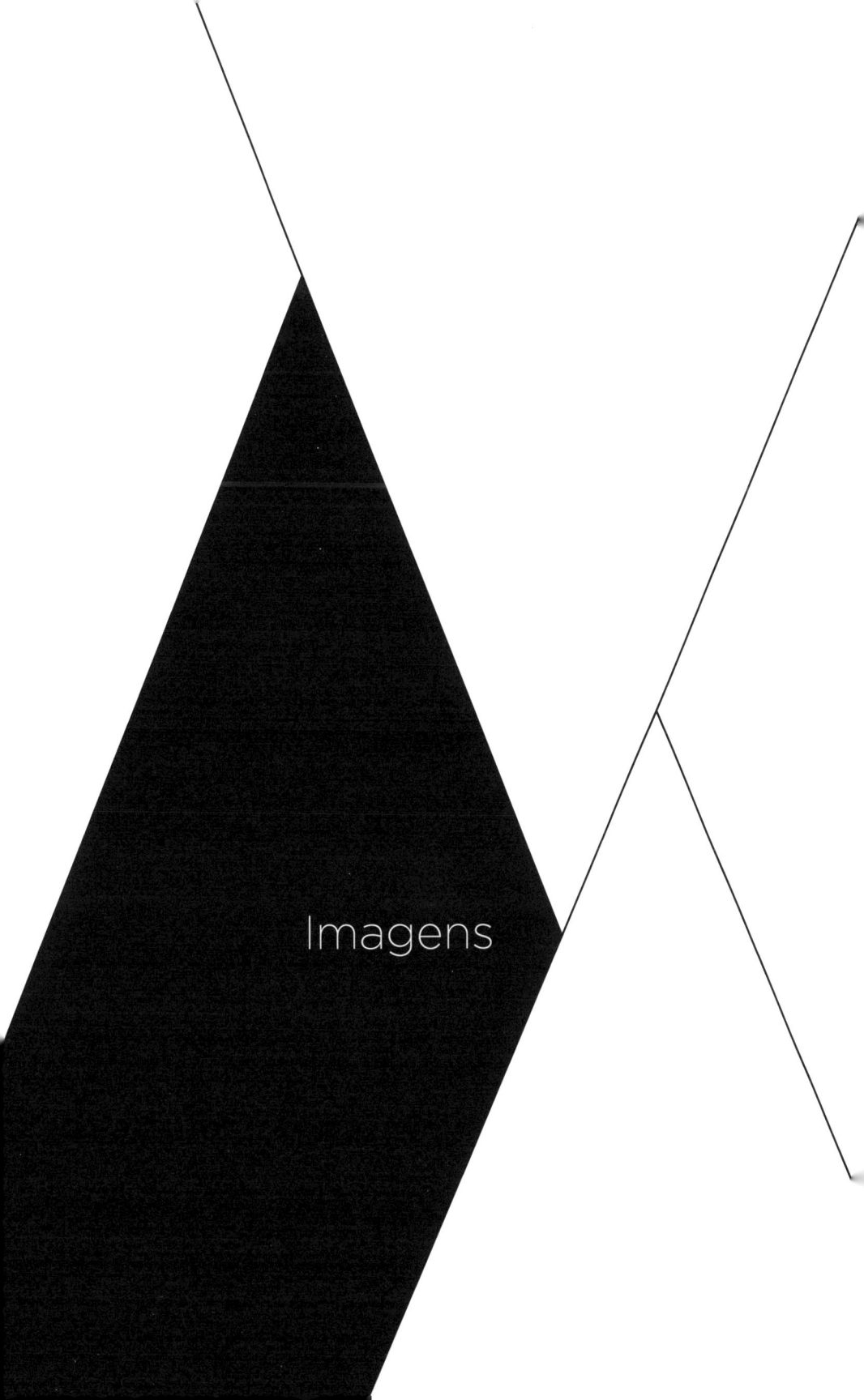

A jovem Tenzin Palmo (centro), então conhecida como Diane Perry, em sua cidade natal, Londres. "Três vezes dama de honra, nunca uma noiva — melhor eu fazer isso e me garantir", disse ela.

Gerald York (editor de uma revista budista), o jovem Chögyam Trungpa (primeiro professor de meditação de Tenzin Palmo) e o escritor John Blofeld (futuro patrocinador de Tenzin Palmo), na Escola de Verão da Sociedade Budista, Hertfordshire, 1962.

Aos 21 anos de idade, em 1964, logo após a ordenação como noviça. Tenzin Palmo escreveu para a mãe atrás da foto: "Está vendo? Pareço saudável! Eu deveria estar rindo, daí você saberia que também estou feliz!".

"Kailash", a antiga casa britânica da estação de montanha em Dalhousie que Freda Bedi transformou na Escola Domiciliar de Jovens Lamas. A primeira escala de Tenzin Palmo na Índia, 1964.

Uma turma de jovens tulkus (lamas reencarnados) para quem Tenzin Palmo deu aulas em Kailash, Dalhousie, 1964.

Primeiros tempos em Dalhousie, 1966. Choegyal Rinpoche (que ensinou histórias budistas para Tenzin Palmo), Khamtrul Rinpoche (guru de Tenzin Palmo), Lee Perry (mãe de Tenzin Palmo) e Togden Anjam.

Tenzin Palmo, uma das primeiras mulheres ocidentais a receber a ordenação completa de bhikshuni, Hong Kong, 1973. Sakya Trizin, o "segundo" guru de Tenzin Palmo, comentou: "Você parece uma Virgem Maria careca!".

Alguns dos monges com quem Tenzin Palmo fez amizade durante sua estada de seis anos no mosteiro de Tayul, Lahoul, entre 1970 e 1976.

Casas dos monges e monjas no mosteiro de Tayul. Os telhados planos proporcionavam o local perfeito para as festas de inverno.

Ainda próximo: o renomado artista Choegyal Rinpoche e Tenzin Palmo com o finado oitavo Khamtrul Rinpoche ao fundo. Mosteiro de Tashi Jong, Vale do Kangra, 1997.

Tenzin Palmo com o "novo" nono Khamtrul Rinpoche, Tashi Jong, 1997.

Togden Cholo, um dos meditadores de elite do Tashi Jong e amigo íntimo de Tenzin Palmo.

O jovem 8º Khamtrul Rinpoche no Tibete, 1958 (aprox.), cercado das regalias de seu status único. Pouco tempo depois, ele se tornou um refugiado.

A stupa (relicário) que Tenzin Palmo construiu numa borda do lado de fora de sua caverna como um ato de devoção religiosa.

O interior da caverna de Tenzin Palmo, mostrando o fogão a lenha, a mesa, a estante com textos envoltos em tecido, as imagens de budas e a caixa de meditação. "As pessoas ficavam surpresas com o quanto era arrumada e limpa. Era uma caverna muito bem construída", diz ela.

Do lado de fora da caverna, secando os pertences encharcados após o degelo da primavera — a caverna vertia terrivelmente. Observe o tamanho da caixa de meditação (na posição vertical à esquerda da caverna), sua "cama" por doze anos.

A horta de Tenzin Palmo, onde ela cultivava nabos e batatas (sua única fonte de alimentos frescos) e flores.

Quatro mil metros acima do nível do mar, uma caverna com vista! Durante o inverno de oito meses, Tenzin Palmo era agraciada com uma sólida parede branca.

Bibliografia

ALLIONE, Tsultrim. *Women of Wisdom* (Arkana, 1986)

ARMSTRONG, Karen. *The Gospel According to Woman* (Fount Paperbacks, 1986)

BATCHELOR, Stephen. *The Tibet Guide* (Wisdom Publications, 1987)

BLOFELD, John. *The Wheel of Life* (Shambala, 1972)

CHAGDUD TULKU. *Lord of the Dance* (Padma Publishing, 1992)

CROOK, John; LOW, James. *The Yogins of Ladakh* (Índia, Motilal Banarsidass, 1997)

DALAI LAMA, Sua Santidade; TENZIN GYATSO. *Beyond Dogma* (Souvenir Press, 1994)

DALAI LAMA, Sua Santidade; TENZIN GYATSO; CARRIERE, Jean-Claude. *The Power of Buddhism* (Newleaf, 1996)

DAVID-NEEL, Alexandra. *Magic and Mystery in Tibet* (Índia, Rupa, 1989)

DOWMAN, Keith. *Sky Dancer* (Snow Lion, 1996)

EVANZ-WENTZ, W.Y. *Milarepa* (Oxford University Press, 1969)

HARDY, Justine. *The Ochre Border* (Constable, 1995)

HARVEY, Andrew. *Hidden Journey* (Bloomsbury, 1991)

HIXON, Lex. *Mother of the Buddhas* (Quest, 1993)

HUMPHREYS, Christmas. *Both Sides of the Circle* (Allen and Unwin, 1978)

KORNFIELD, Jack. *A Path with Heart* (Rider, 1994)

LAMA YESHE. *Introduction to Tantra* (Wisdom, 1987)

LISIEUX, Therese of. (Trad. KNOX, Ronald). *Autobiography of a Saint* (Fountain, 1977)

NYDAHL, Ole. *Entering the Diamond Way* (Blue Dolphin, 1985)

PEMA CHODRON. *Start Where You Are* (Shambala, 1994)

RAHULA, Walpola. *What The Buddha Taught* (Gordon Fraser, 1967)

SATPREM. *Mother or The Divine Materialism* (Institute for Evolutionary Research, 1980)

SHAW, Miranda. *Passionate Enlightenment* (Princeton University Press, 1994)

SOGYAL RINPOCHE. *The Tibetan Book of Living and Dying* (Harper Collins, 1992)

TRUNGPA, Chögyam. *Born in Tibet* (Unwin, 1987)

TWEEDIE, Irina. *Daughter of Fire* (The Golden Sufi Center, 1986)

WHITMONT, Edward C. *Return of the Goddess* (Crossroad, 1984)

Agradecimentos

Gostaria de oferecer meus sinceros agradecimentos a: Robert Drew, por seu inestimável incentivo; Monica Joyce, intrépida companheira de viagem; Ngawang, por me transportar até a caverna; David Reynolds, por acreditar em mim; Ruth Logan e toda a equipe da Bloomsbury por seu tremendo empenho; Andrew Doust, por me repreender quando a coisa ficou difícil; e, claro, Tenzin Palmo, que generosamente permitiu-me entrar em sua vida.

Nota da autora

Se você deseja fazer uma doação para financiar o convento Dongyu Gatsal Ling de Tenzin Palmo, por favor envie um cheque ou vale postal pagável a Tenzin Palmo, a/c Vicki Mackenzie, na Bloomsbury Publishing Plc, 38 Soho Square, London W1V 5DF.

O Dongyu Gatsal Ling

O Dongyu Gatsal Ling começou suas atividades em janeiro de 2000 num pequeno cômodo de Tashi Jong, em Himachal Pradesh, recebendo um grupo de garotas vindas de Ladakh. Em seguida, outras monjas vindas do Tibete, Spiti, Kinnaur e outras regiões dos Himalaias juntaram-se às primeiras. Elas vivenciaram os primeiros dezoito meses de funcionamento do convento dentro do então recém-construído prédio para o college monástico em Tashi Jong.

No momento em que o Mosteiro de Khampagar pôs o college a funcionar, as monjas mudaram-se temporariamente para uma casa centenária de tijolos de barro; em 2005 os alojamentos no definitivo terreno do DGL foram construídos, e as monjas finalmente lá se estabeleceram, enquanto o restante das dependências do convento ia sendo levantado.

Nos sete acres de suas dependências, o DGL atualmente comporta um Centro de Estudos, uma pequena clínica, o templo, a área de recepção e loja, cozinha, refeitório, um Centro de Retiro para as monjas (além de seus dormitórios) e a casa e o escritório da própria Jetsunma Tenzin Palmo. Após terem sido historicamente negligenciadas, neste espaço as monjas têm todas as condições de trabalhar seu potencial intelectual e espiritual de acordo com a linhagem Drukpa Kagyu, com a especial oportunidade de restabelecer a tradição iogue feminina Togdenmas.

No Gatsal Ling vivem hoje 75 monjas, com idade entre 12 e 25 anos, que frequentam aulas de filosofia budista, de tibetano e inglês, ioga, além das práticas espirituais diárias. Elas também fazem retiros esporádicos de dois meses e recebem ensinamentos diretos de Suas Eminências o Nono Khamtrul Rinpoche e Dorzong Rinpoche. Ademais, suas rotinas são preenchidas com pujas diárias e trabalhos rotativos na manutenção, na limpeza e na cozinha do convento.

A sexta leva de monjas do DGL foi recentemente ordenada. O DGL continua sendo sustentado pela generosidade, recebendo doações de várias partes do mundo.

Que muitos seres
sejam beneficiados.

Impresso na gráfica Vozes sobre papel Avena 80g.
Setembro de 2022